# Simplex Ambiental Abreviado

# Simplex Ambiental Abreviado

## Notas ao Decreto-Lei n.º 11/2023, de 10 de fevereiro

**2023**

Ana Sirage Coimbra

ALMEDINA

**Simplex Ambiental Abreviado**
**Notas ao Decreto-Lei n.º 11/2023, de 10 de fevereiro**

AUTORA
Ana Sirage Coimbra

EDITOR
EDIÇÕES ALMEDINA, S.A.
Avenida Emídio Navarro, 81, 3D
3000-151 Coimbra
Tel.: 239 851 904 · Fax: 239 851 901
www.almedina.net · editora@almedina.net

DESIGN DE CAPA
EDIÇÕES ALMEDINA, S.A.

PRÉ-IMPRESSÃO
EDIÇÕES ALMEDINA, S.A.

IMPRESSÃO E ACABAMENTO

Julho, 2023

ISBN
978-989-40-1341-9

DEPÓSITO LEGAL



ALMEDINA | GRUPOALMEDINA

## PREFÁCIO

A obra Simplex Ambiental Abreviado, de Ana Sirage Coimbra, é uma anotação ao Decreto-Lei n.º 11/2023, de 10 de fevereiro, que procede à reforma e simplificação dos licenciamentos ambientais.

A iniciativa de simplificação de procedimentos administrativos é um propósito legislativo louvável, que responde aos anseios dos operadores económicos, dos aplicadores do direito e dos atores sociais, que ao longo dos anos têm assistido à escalada das exigências administrativas criadas para responder às legítimas preocupações relativamente aos impactes ambientais atuais e futuros das atividades – e inatividades – humanas.

- Porém, o desmantelar, mesmo parcialmente, a complexa engrenagem ambiental envolve riscos. Risco de retrocesso ambiental, se as alterações reduzirem as condições de garantia do nível desejado de proteção do ambiente.
- Risco de falhas procedimentais durante o período transitório entre os procedimentos (mais pesados) anteriores e os procedimentos (mais leves) atuais.
- Risco de má compreensão pelos principais destinatários do decreto-lei, os operadores económicos, que podem interpretar o Simplex Ambiental como um sinal legislativo outorgando "licença para poluir".

É por isso que, neste momento crucial de início de aplicação da lei, é essencial compreender bem o Simplex Ambiental.

Com efeito, a reforma e simplificação dos licenciamentos ambientais é um decreto-lei que responde a preocupações expressas de fomentar os negócios, a competitividade do País e a atratividade do investimento nacional e estrangeiro.

O empenhamento do legislador em mostrar a legitimidade do propósito legislativo levou-o até a convocar os resultados de avaliações levadas a cabo no nosso país por entidades externas, que concluíram pela existência de "barreiras excessivas no licenciamento de atividades económicas que foram apontadas em várias análises por instituições internacionais, como a Comissão Europeia, a Organização para a Cooperação e Desenvolvimento Económico e o Banco Mundial".

Naturalmente, o decreto-lei anuncia que vai simplificar sem retroceder, ou seja, sem reduzir o nível de proteção ambiental. Nas palavras do legislador, a lei pretende assegurar a "necessária proteção do interesse público em matérias de saúde pública, proteção do património cultural, defesa dos consumidores, ordenamento do território e urbanismo, bem como do ambiente". A lei procura ainda "promover a eliminação de licenças, autorizações, atos e procedimentos redundantes em matéria ambiental, garantindo-se, todavia, que a sua eliminação não prejudica o cumprimento das regras de proteção do ambiente, passando a Administração Pública a ter um enfoque especial na fiscalização, corresponsabilização e autocontrolo por parte dos operadores económicos."

O legislador esforça-se por sublinhar que não há retrocesso ambiental, mas não é por o afirmar repetidamente que o retrocesso não existe. Essa conclusão deve decorrer primeiro, de uma análise cuidadosa da lei e depois, de uma análise atenta da prática.

De facto, apesar de os objetivos anunciados da nova lei serem a simplificação administrativa, ela não deixa de estabelecer um regime jurídico complexo e uma evolução legislativa arriscada.

Um decreto-lei que, ao longo de 190 páginas do Diário da República, altera dezenas de leis, pode ser uma lei simplificadora, mas não é uma lei simples (e daí a importância de ter um resumo em linguagem clara...). Porém, tal como é possível recuar para tomar balanço antes de avançar, também legislativamente é possível complicar... para simplificar.

Os reais efeitos práticos dos propósitos simplificadores da lei só poderão aferir-se a posteriori, quando houver experiência relevante da sua aplicação. Uma análise apriorística do decreto-lei suscita dúvidas sobre inocuidade ambiental de opções como a de reduzir prazos para a emissão de pareceres e de permitir a prática de atos sem o respetivo parecer; dúvidas também sobre os deferimentos tácitos, tratados na lei com serena leviandade. Estas e outras opções legislativas que terão que passar pelo filtro da realidade para aferir o verdadeiro impacte ambiental deste diploma legal.

Por isso é que é louvável e altamente responsável a iniciativa de publicar uma primeira anotação ao Simplex Ambiental, especialmente vindo de quem conhece tão bem a prática como a teoria. A importância desta obra resulta de se tratar de uma anotação feita por uma autora que tem vasta experiência de aplicação da legislação ambiental e profunda compreensão das responsabilidades internacionais e intergeracionais subjacentes aos licenciamentos ambientais.

Internacionais, porque as atividades dependentes de licenciamento ambiental têm impactes dentro e fora do nosso país, à escala ibérica, europeia e mundial.

Intergeracionais, porque a duração dos efeitos ambientais se estende além do tempo de vida da instalação ou da empresa. Os efeitos perduram no tempo, muito depois do encerramento da atividade, afetando profundamente as gerações futuras.

Em suma, este decreto-lei será o que os seus destinatários e aplicadores – a administração e os operadores económicos, os cidadãos e as associações – fizerem dele e por isso é que a presente descodificação do Simplex Ambiental, feita pela Dra. Ana Sirage Coimbra, é tão importante.

Coimbra, 5 de maio de 2023

Alexandra Aragão
*Professora da Faculdade de Direito da Universidade de Coimbra*

# 1. APRESENTAÇÃO

Dando cumprimento a um dos desígnios do XXIII Governo Constitucional inserido nas medidas Simplex[1], o Decreto-Lei n.º 11/2023, de 10 de fevereiro, procede à reforma e simplificação dos licenciamentos ambientais, anunciando como propósitos a agilização dos procedimentos administrativos e a diminuição dos encargos sobre os operadores económicos[2]. Assinala-se a ulterior publicação das Declarações de Retificação n.º 7-A/2023, de 28 de fevereiro[3], Declaração de Retificação n.º 12-A/2023[4], de 10 de abril, e

[1] Reproduzindo medidas análogas ao Licenciamento Zero, iniciativa Simplex lançada em 2011. "Trata-se de um processo de simplificação administrativa e regulatória, no seguimento da transposição para a ordem jurídica nacional da Diretiva de Serviços Europeia (Decreto-lei 92/2010, de 26 de julho), e que prevê a desmaterialização de vários procedimentos administrativos relacionados com o licenciamento de algumas atividades económicas, contribuindo assim para o aumento da competitividade do País. Tem como objetivo simplificar os processos de instalação, modificação e encerramento de estabelecimentos de restauração ou de bebidas, de comércio de bens, de prestação de serviços ou de armazenagem". Disponível em https://www.ama.gov.pt/web/agencia-para-a-modernizacao-administrativa/licenciamento-zero, acedido em 13-02-2023.

[2] No preâmbulo do Decreto-Lei n.º 11/2023 pode ler-se: [...] O presente decreto-lei visa, assim, iniciar a reforma de simplificação dos licenciamentos existentes, através da eliminação de licenças, autorizações, atos e procedimentos dispensáveis ou redundantes face à tutela dos recursos ambientais, simplificando a atividades das empresas sem comprometer a proteção do ambiente. Para o efeito, procura-se promover a eliminação de licenças, autorizações, atos e procedimentos redundantes em matéria ambiental, garantindo-se, todavia, que a sua eliminação não prejudica o cumprimento das regras de proteção do ambiente, passando a Administração Pública a ter um enfoque especial na fiscalização, corresponsabilização e autocontrolo por parte dos operadores económicos.

[3] Declaração de Retificação publicada no Diário da República n.º 42/2023, 2.º Suplemento, Série I, de 2023-02-28.

[4] Declaração de Retificação publicada no Diário da República n.º 70/2023, 1.º Suplemento, Série I, de 2023-04-10.

Declaração de Retificação n.º 12-B/2023[5], de 10 de abril, que corrigem o mencionado decreto-lei em algumas imprecisões verificadas na versão original.

Ainda que o diploma tenha entrado em vigor no dia 11 de fevereiro de 2023 (dia seguinte ao da sua publicação, conforme estabelecido no artigo 39.º), o artigo 38.º n.º 1 remeteu a produção dos seus efeitos para 1 de março de 2023, excecionando, porém, as situações abrangidas pelos artigos 2.º (Reporte Ambiental Único)[6] e 31.º (que acrescenta o artigo 28.º-B ao Decreto-Lei n.º 135/99, de 22 de abril, na sua redação atual[7]), em que a dilação estipulada adia o prazo de produção de efeitos para 1 de janeiro de 2024.

Não podemos deixar de salientar a complexidade inerente à implementação da reforma iniciada com o intitulado Simplex Ambiental, prevendo um conjunto de medidas administrativas enunciadas no artigo 34.º do Decreto-Lei n.º 11/2023, de 10 de fevereiro, e sinalizadas no Quadro 1, infra:

[5] Declaração de Retificação publicada no Diário da República n.º 70/2023, 1.º Suplemento, Série I, de 2023-04-10.

[6] Nos termos do n.º 1 do artigo 2.º do Decreto-Lei n.º 11/2023, de 10 de fevereiro, o acompanhamento e monitorização previstos nos diferentes regimes ambientais da competência da Agência Portuguesa do Ambiente, I. P. (APA, I. P.), e das comissões de coordenação e desenvolvimento regionais é realizado de forma desmaterializada na plataforma SILiAmb – Sistema Integrado de Licenciamento do Ambiente, através do Reporte Ambiental Único.

[7] Diploma que define os princípios gerais de ação a que devem obedecer os serviços e organismos da Administração Pública na sua atuação face ao cidadão, e reúne de uma forma sistematizada as normas vigentes no contexto da modernização administrativa, abreviadamente Decreto-Lei da Modernização Administrativa (DLMA).

## QUADRO 1

(Artigo 34.º do Decreto-Lei n.º 11/2023, de 10 de fevereiro)

<table>
<tr><th colspan="3">CRONOGRAMA DAS MEDIDAS ADMINISTRATIVAS</th></tr>
<tr><td colspan="3">Nota: A Agência para a Modernização Administrativa, I. P., é responsável pela coordenação das medidas necessárias à execução administrativa do Decreto-Lei n.º 11/2023, bem como pela sua monitorização permanente, e por assegurar o cumprimento dos prazos fixados para a sua concretização.</td></tr>
<tr><th colspan="2">MEDIDA</th><th>PRAZO</th></tr>
<tr><td>1)</td><td>Realização dos desenvolvimentos informáticos necessários à adaptação do disposto no Decreto-Lei n.º 11/2023, designadamente ao Sistema Integrado de Licenciamento do Ambiente</td><td rowspan="3">1 de julho de 2023</td></tr>
<tr><td>2)</td><td>Identificação de todos os casos de deferimento tácito previstos em normas avulsas</td></tr>
<tr><td>3)</td><td>Formação dos trabalhadores das entidades administrativas que sejam responsáveis pela aplicação dos regimes jurídicos adotados ou modificados pelo Decreto-Lei n.º 11/2023</td></tr>
<tr><td>4)</td><td>Realização dos desenvolvimentos informáticos necessários ao reconhecimento da formação de deferimento tácito ou de outros efeitos positivos associados ao silêncio das entidades competentes por todos os sistemas informáticos que suportem a tramitação de procedimentos administrativos, incluindo sistemas informáticos de suporte à tramitação dos procedimentos do SIR e o Sistema Integrado de Licenciamento do Ambiente</td><td rowspan="4">1 de janeiro de 2024</td></tr>
<tr><td>5)</td><td>Realização dos desenvolvimentos informáticos necessários ao sistema de certificação de deferimentos tácitos e de outros efeitos positivos associados ao silêncio das entidades competentes, por entidade a designar por despacho do membro do Governo responsável pela área da modernização administrativa</td></tr>
<tr><td>6)</td><td>Realização dos desenvolvimentos informáticos necessários à interoperabilidade e comunicação da formação de deferimentos tácitos e de outros efeitos positivos associados ao silêncio das entidades competentes entre os sistemas informáticos de suporte à realização de procedimentos administrativos</td></tr>
<tr><td>7)</td><td>Constituição, organização e formação de equipas dedicadas à certificação de deferimentos tácitos e de outros efeitos positivos associados ao silêncio das entidades competentes, pela entidade designada por despacho do membro do Governo responsável pela área da modernização administrativa</td></tr>
</table>

Destacamos ainda o estabelecido no artigo 33.º Decreto-Lei n.º 11/2023, de 10 de fevereiro, com a epígrafe "Licenças ambientais emitidas", que refere que o disposto no n.º 8 do artigo 40.º do Decreto-Lei n.º 127/2013, de 30 de agosto[8], com a redação dada pelo presente decreto-lei, aplica-se às licenças ambientais válidas à data da sua entrada em vigor, ou seja, 11 de fevereiro de 2023.

Quanto às disposições transitórias, remetemos para o artigo 35.º do Decreto-Lei n.º 11/2023. Como regra geral, o n.º 1 esclarece que as alterações legislativas ora efetuadas aplicam-se aos procedimentos administrativos em curso. No entanto, nos casos em que por força das alterações legislativas concretizadas por este decreto-lei, um projeto fique dispensado de Avaliação de Impacte Ambiental obrigatória ou análise caso a caso, aos procedimentos pendentes aplicar-se-á o regime estipulado nas alíneas a) a d) do n.º 2 do artigo 35.º, respetivamente:

*a) Caso ainda não exista DIA emitida, os procedimentos pendentes caducam oficiosamente, sem qualquer necessidade de declaração;*
*b) Caso exista DIA emitida para um projeto em fase de anteprojeto, deixa de ser necessário realizar um procedimento para obtenção de uma declaração de verificação de conformidade ambiental de projeto de execução e o projeto pode ser aprovado pela entidade licenciadora ou competente para o autorizar sem observância das condições constantes da DIA;*
*c) Caso exista DIA ou declaração de verificação de conformidade ambiental de projeto de execução emitidas para um projeto em fase de execução, o projeto pode ser aprovado pela entidade licenciadora ou competente para autorizar o projeto sem necessidade de observar as condições aí previstas;*
*d) Quando, nas situações previstas nas alíneas b) e c), o projeto deixar de estar submetido a AIA obrigatória, mas seja obrigatória a realização de análise caso a caso, o proponente pode optar por aproveitar a DIA ou a declaração de verificação de conformidade ambiental de projeto de execução emitida, devendo o projeto, nestes casos, observar as condições constantes das mesmas.*

[8] O Decreto-Lei n.º 127/2013, de 30 de agosto, estabelece o regime de emissões industriais aplicável à prevenção e ao controlo integrados da poluição, bem como as regras destinadas a evitar e ou reduzir as emissões para o ar, a água e o solo e a produção de resíduos, a fim de alcançar um elevado nível de proteção do ambiente no seu todo, e transpõe para a ordem jurídica interna a Diretiva n.º 2010/75/UE, do Parlamento Europeu e do Conselho, de 24 de novembro de 2010, relativa às emissões industriais (prevenção e controlo integrados da poluição). Nos termos do n.º 8 do artigo 40.º do referido decreto-lei, as Licenças Ambientais não possuem prazo de validade e não estão sujeitas a renovação, sem prejuízo do disposto no n.º 7 do artigo 19.º e no artigo 22.º.

## 2. SÍNTESE DAS ALTERAÇÕES SINALIZADAS NO PREÂMBULO DO DECRETO-LEI N.º 11/2023, DE 10 DE FEVEREIRO

**– 1.º – Alterações e atualizações em matéria de avaliação de impacte ambiental (AIA):**

a) Numa primeira vertente, uma diminuição dos casos de realização de procedimentos de AIA, em situações onde tal dependa de uma decisão discricionária das entidades competentes (análise caso a caso).
b) Um segundo grupo de casos, de redução do conjunto de situações em que é obrigatória a AIA, mantendo-se, no entanto, a hipótese de análise caso a caso.
c) Um terceiro conjunto de situações, de eliminação da necessidade de realização de procedimentos, quer de AIA obrigatória, quer de avaliação caso a caso.
d) No caso de parques ou polos de desenvolvimento industrial e plataformas logísticas, evita-se a repetição de avaliação ambiental.
e) Em matéria de AIA, a alteração ao respetivo regime jurídico visa, igualmente simplificar a sua redação, clarificando e reduzindo os casos em que as modificações ou aditamentos de algumas tipologias de projetos, nomeadamente no setor industrial, estão obrigatoriamente sujeitas a AIA.
f) Relativamente a determinadas infraestruturas de serviços públicos nas áreas da água, energia elétrica, gás natural, gases de petróleo liquefeitos canalizados, transportes públicos e telecomunicações em corredor próprio, são efetuadas modificações para simplificar o procedimento de AIA, criando-se a figura da análise ambiental de corredores[9].

[9] De acordo com o preâmbulo do Decreto-Lei n.º 11/2023, "nestes casos, o promotor poderá optar por realizar um procedimento administrativo específico – a análise ambiental de corredores – para identificar as opções ambientalmente mais adequadas à infraestrutura que necessita de construir para o projeto sem necessidade de realizar uma AIA em fase de anteprojeto. Com a decisão obtida na análise ambiental de corredores, a qual deve identificar e aprovar todas as opções de corredores ambientalmente aceitáveis, poderá então ser realizada uma AIA em fase de projeto de execução. Note-se que a decisão emitida em sede de análise ambiental de corredores é emitida por uma conferência procedimental deliberativa que envolve todas as entidades administrativas relevantes, que se pronunciam por uma única vez e através de uma única deliberação".

g) Aclaração da redação de algumas tipologias de projetos sujeitos a AIA, de forma a auxiliar na delimitação do seu universo, e a conferir maior maleabilidade à análise efetuada nestas situações.
h) Elucidação do conteúdo que podem ter a declaração de impacte ambiental (DIA) favorável condicionada e a decisão de conformidade ambiental do projeto de execução, bem como o que pode ser exigido na fase de pós-avaliação.
i) Eliminação de sobreposições, tais como a necessidade de realizar procedimentos e obter atos permissivos, licenças e/ou autorizações, quando as pretensões já foram objeto de análise em sede de AIA realizada com base num projeto de execução, e viabilizadas através da DIA favorável ou favorável condicionada – após obtenção da DIA favorável (expressa ou tácita), fica dispensada a necessidade de realização de qualquer procedimento adicional relativamente àquelas matérias[10].

**– 2.º – Outras alterações e atualizações em matéria de licenciamento ambiental:**

j) Atendendo a que a diligência no acompanhamento e controlo de emissões encontra-se assegurada pelo regime legal aplicável, anula-se a necessidade de renovação da licença ambiental – decorridos 10 anos, dispensa-se o interessado de efetivar o procedimento de renovação da licença ambiental. No entanto, continua a caber ao interessado o ónus de desencadear o procedimento para alteração de licença ambiental, quando ocorram transformações substanciais da instalação industrial ou, quando em prol da defesa do ambiente, se justifique uma atualização da licença ambiental, decorrente da evolução das melhores técnicas disponíveis, e em outros casos previstos na lei.

[10] Nos termos do preâmbulo do Decreto-Lei n.º 11/2023, estão aqui abrangidas situações como: "i) a comunicação prévia à comissão de coordenação e desenvolvimento regional quanto a projetos localizados em áreas de Reserva Ecológica Nacional; ii) a autorização para o corte ou arranque de sobreiros, azinheiras e oliveiras; iii) o parecer para utilizações não agrícolas em áreas de Reserva Agrícola Nacional; iv) as autorizações e pareceres previstas no regime geral da proteção da natureza e da biodiversidade, e v) relatórios e autorizações das entidades competentes em matéria de património cultural".

k) Criação de condições para a dispensa da licença ambiental em determinadas instalações do setor químico sem escala industrial, através da clarificação do que não tem escala[11].

l) Isenção do título de emissões para o ar para quem já detenha ou possa vir a ter licença ambiental, evitando-se repetições de licenciamento de emissões.

m) Extinção da participação de entidades acreditadas na instrução dos procedimentos de licenciamento para obtenção de licença ambiental, conferindo-se caráter facultativo[12] à utilização de verificadores acreditados para o reporte de informações por operadores de instalações sujeitas ao regime de prevenção e controlo integrado de poluição.

n) Abolição da precedência entre a aprovação do plano de gestão de efluentes pecuários e a emissão de licença ambiental, permitindo que esta última seja emitida de forma mais célere, sob condição de aprovação do plano em questão.

o) Criação do Reporte Ambiental Único (RAU)[13] em matéria ambiental, com o objetivo de evitar o carregamento de informação redundante, e de simplificar e desmaterializar as obrigações de reporte.

[11] Mais concretamente: i) a experiência de uma nova tecnologia; ii) a preparação final de produtos em loja; iii) a produção em estabelecimentos comerciais; iv) a produção em loja de retalho, e v) as pequenas atividades de fabrico artesanal, entendendo-se como tais as que sejam exercidas em estabelecimentos com potência elétrica igual ou inferior a 99 kVA, potência térmica não superior a $4 \times 10^6$ kJ/h e número de trabalhadores não superior a 20.

[12] O recurso a entidades acreditadas ou verificadores acreditados ou qualificados pode constituir um encargo excessivo para as empresas, pelo que em vez de impor a sua utilização, deverá ficar ao critério dos interessados a escolha quanto à contratação daqueles profissionais.

[13] Segundo o preâmbulo do Decreto-Lei n.º 11/2023: "O RAU inclui todas as monitorizações referentes aos regimes ambientais da competência da Agência Portuguesa do Ambiente, I. P., e das comissões de coordenação e desenvolvimento regional que derivam de legislação da União Europeia. Todos os reportes são desmaterializados, o que permite eliminar redundâncias e promover sinergias em termos dos próprios reportes. Ou seja, a submissão de um determinado reporte alimenta outros reportes, promovendo-se a simplificação dos mesmos e a automatização no seu preenchimento, eliminando-se repetições e diminuindo o tempo de preenchimento de informação".

**– 3.º – Alterações e atualizações em matéria de água e/ou recursos hídricos:**

p) Simplificação do regime para a produção e utilização de água para reutilização, apoiando os princípios da economia circular, e assegurando a confiança na qualidade da água e a saúde pública[14].

q) Substituição da necessidade de uma licença por uma mera comunicação prévia, relativamente a obras para construção de infraestruturas hidráulicas e captação de águas para aproveitamento de recursos hídricos particulares:
   i) Quando esteja em causa a realização de construções inseridas em malha urbana com plano diretor municipal de segunda geração; e
   ii) Quando esteja em causa a recuperação de estruturas já existentes sem modificação das características iniciais.

r) Diversamente do que acontecia até aqui (em que o utilizador que tivesse, por exemplo, dois furos e duas rejeições para água necessitava de obter quatro títulos, com quatro procedimentos distintos), é instituído o princípio de apenas um título de utilização de recursos hídricos por operador: único procedimento = título único.

s) A renovação das licenças de utilização passa a ser automática caso não existam modificações, desobrigando-se o interessado da realização de um procedimento para renovação da licença.

**– 4.º – Alterações e atualizações em matéria de resíduos:**

t) Em harmonia com o modelo da economia circular[15], anulam-se os obstáculos administrativos para que as empresas reutilizem resíduos[16].

[14] Supressão da licença de produção e licença de utilização para aproveitamento de águas para reutilização, em diversas situações, como aquelas em que:
– esteja em causa a reutilização, pela mesma pessoa singular ou coletiva ou por entidades incluídas no mesmo grupo;
– quando em sistemas de gestão de águas residuais urbanas, apenas exista uma entidade gestora que produza água para uso próprio ou cedência a terceiros, desde que os recetores ambientais sejam os mesmos da descarga de águas que lhe dá origem.

[15] A economia circular é "um modelo de produção e de consumo que envolve a partilha, o aluguer, a reutilização, a reparação, a renovação e a reciclagem de materiais e produtos existentes, enquanto possível. Desta forma, o ciclo de vida dos produtos é alargado. Na prática, a economia circular implica a redução do desperdício ou dos resíduos ao mínimo. Quando um produto chega ao fim do seu ciclo de vida, os seus materiais são mantidos dentro da economia

u) Procedem-se a modificações no regime jurídico de gestão de resíduos (aprovado no anexo I do Decreto-Lei n.º 102-D/2020, de 10 de dezembro, na sua redação atual), eliminando do respetivo âmbito de aplicação a gestão de resíduos das explorações de depósitos minerais e de massas minerais – anula-se a duplicação de obrigações de monitorização por parte dos operadores simultaneamente abrangidos por aquele regime e pelo regime jurídico de deposição de resíduos em aterro, aprovado no anexo II do referido decreto-lei.

v) Promoção de uma diminuição significativa do número de produtores de resíduos perigosos sujeitos ao cumprimento da obrigação de apresentação de plano de minimização de produção de resíduos.

w) Facilitação do cumprimento das obrigações imputadas aos operadores, garantindo-se, em caso de conflito entre os produtores e os operadores de tratamento de resíduos, uma aplicação harmonizada da classificação de resíduos.

x) Previsão de que a caracterização de resíduos passe a ser realizada através do sistema integrado de registo eletrónico, possibilitando a desmaterialização do procedimento atual.

y) Promove-se a alteração do regime jurídico de deposição de resíduos em aterro, permitindo que, nos aterros para resíduos não perigosos, se proceda à humidificação dos resíduos através da reinjeção de lixiviados ou de concentrado da unidade de tratamento avançado por membrana – desobrigando-se assim os operadores, dos custos com o transporte e encaminhamento dos mesmos para destino final apropriado.

sempre que possível graças à reciclagem. E podem, deste modo, ser utilizados uma e outra vez, o que permite criar mais valor. A economia circular contrasta com o modelo tradicional, o modelo económico linear baseado no princípio "produz- utiliza-deita fora". Este modelo exige vastas quantidades de materiais a baixo preço e de fácil acesso e muita energia". Disponível em https://www.europarl.europa.eu/news/pt/headlines/economy/20151201STO05603/economia-circular-definicao-importancia-e-beneficios, acedido em 24-04-2023

[16] Com esta medida:

**a)** Elimina-se a necessidade de obtenção de licença de resíduos quando esteja em causa um estabelecimento industrial que já tenha obtido um título abrangido pelo Sistema da Indústria Responsável (SIR) em procedimento realizado para o efeito quanto a instalações intrínsecas ou extrínsecas à atividade industrial – substitui-se a licença por um parecer vinculativo no quadro do procedimento para a atribuição de um título, ao abrigo do SIR.

**b)** Nos estabelecimentos industriais de tipo 2 e 3, explicita-se que a utilização de resíduos em substituição de matérias-primas, não provoca um agravamento dos procedimentos administrativos a que estão sujeitos.

z) De forma a reduzir os constrangimentos com a admissibilidade de resíduos em aterro, eliminam-se alguns dos valores-limite aplicáveis a aterros de resíduos não perigosos, substituindo-os pela possibilidade de definição de parâmetros adicionais para determinados tipos de resíduos.

**– 5.º – Outras alterações e atualizações em matéria ambiental:**

aa) Edifícios novos ou sujeitos a obras deixam de estar obrigados a possuir instalações de gás.

bb) Medidas com implicações relevantes na área do ambiente e com um impacto transversal, aplicáveis à generalidade da atividade administrativa e da atuação das entidades públicas:

   a. Introdução de um mecanismo de certificação dos deferimentos tácitos, de modo gratuito e desmaterializado[17] – tratando-se de um instrumento com inegável importância em matéria ambiental (área em que existem diversas situações de deferimento tácito), será, no entanto, de aplicação generalizada a todos os deferimentos tácitos previstos no ordenamento jurídico, permitindo aos interessados que, com segurança, possam executar os direitos alcançados pela falta de resposta da Administração, dentro dos prazos previstos na lei.

   b. Adoção de várias medidas que possibilitem aos interessados beneficiar de regimes de deferimento tácito atualmente já previstos nos regimes da AIA e do licenciamento ambiental, consagrado no regime de prevenção e controlo integrado da poluição[18].

[17] De acordo com o preâmbulo do Decreto-Lei n.º 11/2023, estamos perante "uma medida de grande importância, pois muitas vezes estão previstos na lei casos de deferimento tácito, mas que pouco beneficiam os particulares, pois não existe uma forma simples e eficaz de obter um documento que comprove a obtenção da licença ou autorização pretendida devido à inércia da Administração durante um certo período de tempo. Agora, prevê-se que uma entidade administrativa a designar deva, num prazo muito curto, emitir esse documento de forma desmaterializada e gratuita, o qual servirá para comprovar perante qualquer entidade administrativa, incluindo inspeções e entidades policiais, que a licença ou autorização foi obtida por deferimento tácito".

[18] Conforme resulta do preâmbulo do Decreto-Lei n.º 11/2023:

1) Em matéria de AIA, fica estabelecido que os prazos para deferimento tácito se contam desde a data de receção do estudo de impacte ambiental, e não desde o momento do

**– 6.º – Outras alterações e atualizações em matéria procedimental:**

cc) Instituição de um modelo formatado para obviar a que as entidades incumbidas de realizar procedimentos administrativos recorram a expedientes procedimentais, como forma de suspender os prazos de decisão. Assim:

a. Fica estabelecido que aquelas entidades devem requerer aos interessados, uma única vez, novos documentos, esclarecimentos, elementos complementares ou informações.
b. Desde que o interessado responda à solicitação no prazo geral de 10 dias (com o envio dos documentos, esclarecimentos, elementos complementares ou informações), o prazo de decisão não fica suspenso.
c. Apenas se o interessado não cumprir aquele prazo de 10 dias é que o prazo de decisão fica suspenso, exatamente pelo período de tempo que medeia entre o 11.º dia e a data do envio dos documentos, esclarecimentos, elementos complementares ou informações.
d. Estabelece-se ainda que a prática de certos atos deve ser concentrada e realizada conjuntamente, evitando-se que o procedimento fique constantemente parado, enquanto se aguarda pela resposta e/ou pronúncia do interessado[19].
e. De modo a garantir a realização dos procedimentos administrativos nos prazos estabelecidos, e, nessa dimensão, impedir a sua estagnação durante um período de tempo excessivo a aguardar por pareceres não emitidos oportunamente, são adotadas algumas medidas:
   – Determina-se que os pareceres não podem ser emitidos fora do prazo previsto na lei.

pedido «devidamente instruído» (o que, na prática, fazia com que a contagem do prazo apenas se iniciasse quando a Administração Pública o entendesse).

2) Relativamente à licença ambiental, estatui-se que ocorre deferimento tácito pelo mero decurso do prazo.
3) Também no regime da utilização dos recursos hídricos, esclarece-se que nos pedidos de autorização, na ausência de decisão expressa após o decurso do prazo legalmente estabelecido, forma-se o deferimento tácito.

[19] A título exemplificativo, o pedido de elementos para correção do pedido e a produção de prova devem ser concretizados em simultâneo, e não em dois momentos separados.

- A entidade responsável fica obrigada a avançar com o procedimento logo que aquele prazo seja ultrapassado (em vez de persistir na solicitação do parecer ou de continuar a aguardar pela sua emissão).
- Redução dos prazos para a emissão de pareceres.

## 3. DAS ALTERAÇÕES AO CÓDIGO DO PROCEDIMENTO ADMINISTRATIVO E AO DECRETO-LEI DA MODERNIZAÇÃO ADMINISTRATIVA

Quanto ao Código do Procedimento Administrativo (Decreto-Lei n.º 4/2015, de 7 de janeiro, na redação atual, doravante CPA), e ao Decreto-Lei da Modernização Administrativa (Decreto-Lei n.º 135/99, de 22 de abril, na redação atual, adiante DLMA), realçamos as alterações concretizadas[20], centradas nos aspetos procedimentais com implicações no licenciamento ambiental. Relativamente às normas do CPA visadas pelo Decreto-Lei n.º 11/2023, de 10 de fevereiro, transcrevemos a sua redação atual:

### ARTIGO 62.º DO CPA
### Balcão único eletrónico

1 – Sempre que um procedimento administrativo se possa iniciar e desenvolver através de um balcão eletrónico, este deve designadamente proporcionar:

a) Informação clara e acessível a qualquer interessado sobre os documentos necessários para a apresentação e instrução dos correspondentes pedidos e condições para a obtenção dos efeitos jurídicos pretendidos com o pedido;
b) Meios de consulta eletrónica do estado dos pedidos;
c) Meios de pagamento por via eletrónica das taxas devidas, quando seja caso disso;
d) Informação completa sobre a disciplina jurídica dos procedimentos administrativos que se podem realizar através do balcão eletrónico em causa;
e) Endereço e contacto da entidade administrativa com competência para a direção do procedimento administrativo em causa;
f) Informação sobre os meios de reação judiciais e extrajudiciais de resolução de eventuais litígios.

[20] Destacadas em itálico e negrito nas normas transcritas do CPA.

2 – Os balcões eletrónicos devem poder intermediar nos procedimentos a serem desenvolvidos entre os interessados e as autoridades administrativas competentes, recebendo os atos de uns e outros, mediante a entrega do correspondente recibo, e transmitindo-o imediatamente.

***3 – Os prazos procedimentais iniciam a sua contagem com a submissão do requerimento no balcão eletrónico.***

***4 – Os balcões eletrónicos asseguram a emissão automatizada de atos meramente certificativos e a notificação de decisões que incidam sobre os requerimentos formulados e podem proceder à emissão automatizada de atos.***

5 – Sem prejuízo do exercício imediato dos direitos ou interesses legalmente protegidos do interessado no procedimento, não são devidas taxas quando, sempre que tal esteja legalmente previsto, os respetivos valores ou fórmulas de cálculo não sejam introduzidos nas plataformas eletrónicas no âmbito das quais correm os procedimentos a que dizem respeito.

6 – As taxas referidas no número anterior são, porém, devidas sempre que:

a) A falta de introdução dos respetivos valores ou fórmulas de cálculo nas plataformas a que se refere o número anterior não seja imputável à entidade destinatária das taxas; e

b) No prazo de cinco dias contados do início do procedimento, sejam inseridos os respetivos valores ou fórmulas de cálculo nas plataformas e notificado o interessado para proceder ao seu pagamento.

*Notas: Declaração de Retificação n.º 7-A/2023 – Diário da República n.º 42/2023, 2º Suplemento, Série I, de 2023-02-28, retifica a data de produção de efeitos das alterações ao presente artigo, determinadas pelo Decreto-Lei n.º 11/2023, de 10 de fevereiro, de 2024-01-01 para 2023-03-01.*

*Contém as alterações dos seguintes diplomas:*

*Decreto-Lei n.º 11/2023, de 10 de fevereiro*

## ANOTAÇÃO

Esta norma está necessariamente ligada ao artigo 14.º do CPA, com a epígrafe "Princípios da administração eletrónica". De acordo com o n.º 4 deste artigo, "os serviços administrativos devem disponibilizar meios eletrónicos de relacionamento com a Administração Pública e divulgá-los de forma adequada, de modo a que os interessados os possam utilizar no exercício dos seus direitos e interesses legalmente protegidos, designadamente para formular as suas pretensões, obter e prestar informações, realizar consultas, apresentar alegações, efetuar pagamentos e impugnar atos administrativos". Segundo Jardim e Raimundo (2018: 539)[21], no percurso de evolução "das tecnologias de informação, e através da construção de redes informáticas que permitam uma troca rápida e simples de informação, foi possível desenvolver os balcões únicos eletrónicos, que surgem como resposta às exigências de celeridade, eficácia e simplificação da actuação da administração pública: partindo do balcão tradicional, depois auxiliado por meios informáticos, despois ligado à rede, e finalmente disponível independentemente da presença física e mediação por um funcionário, num quadro de *balcão virtual*. A presença humana neste último tipo de balcão não é plenamente dispensada, mas é relegada para outro tipo de tarefas, *ex ante* (como a programação) ou *ex post* (como a resolução de problemas ou queixas dos utentes)".

No artigo 62.º do CPA foram alterados os n.ºs 3 e 4. Quanto ao n.º 3[22], fica estabelecido que o início da contagem dos prazos procedimentais se inicia com a submissão do requerimento no balcão único eletrónico. A nosso ver, esta determinação é decisiva para assegurar o princípio da boa administração (artigo 5.º do CPA), quando exige à Administração Pública uma atuação guiada por critérios de eficiência, economicidade e celeridade. No contexto atual, atendendo ao grau de informatização dos serviços públicos, e à generalização da utilização dos meios eletrónicos nas relações entre o cidadão e a administração, não se vislumbram impedimentos técnicos cujo período de resolução possa comprometer e/ou inviabilizar uma decisão em tempo útil. Pela sua adequação, recordamos igualmente que com a entrada em vigor do Regulamento Geral de Proteção de Dados [Regulamento (UE) 2016/679 do Parlamento Europeu e do Conselho, de 27 de abril de 2016], enquanto responsáveis pelo tratamento de dados pessoais, tanto no momento de definição dos meios de tratamento (planeamento), como no momento do próprio tratamento (execução), os organismos públicos estão obrigados a adotar medidas técnicas e organizativas adequadas em matéria de prote-

[21] JARDIM, Ana França e RAIMUNDO, Miguel Assis. "Balcão Único Eletrónico". In: *Comentários ao Novo Código do Procedimento Administrativo*, Vol. I: p. 531-566, (Coord.) Carla Amado Gomes, Ana Fernanda Neves e Tiago Serrão, 4.ª ed., Lisboa: AAFDL Editora, 2018.

[22] Na redação anterior (versão originária do Decreto-Lei n.º 4/2015, de 07 de Janeiro), o n.º 3 do artigo 62.º do CPA estabelecia o seguinte: "O tempo que medeia entre a receção pelo balcão eletrónico dos documentos apresentados e a sua entrega ao destinatário é descontado nos prazos procedimentais em caso de justo impedimento, designadamente quando ocorra, de modo comprovado, uma interrupção técnica do funcionamento dos meios eletrónicos indispensáveis à transmissão, que não seja imputável ao órgão competente".

ção de dados. Adicionalmente, estas exigências forçaram as organizações a investir na atualização parque tecnológico existente, bem como a contratar e/ou formar recursos humanos qualificados, também para dar resposta a uma administração inteiramente eletrónica.

Relativamente ao n.º 4[23] do artigo 62.º, assinalamos o aditamento na parte final "e podem proceder à emissão automatizada de atos". Para Cabral de Moncada (2015: 250)[24], "agora as coisas são diferentes; para além da admissibilidade dos meios eletrónicos e não apenas mecânicos, não são apenas os *fundamentos das decisões* que podem ser reproduzidos por aqueles meios mas as próprias *decisões*, ou algumas delas, que dão corpo aos atos administrativos, como se verá. Ora, conciliar estas novas possibilidades com as garantias dos interessados não é um problema apenas técnico. É um problema jurídico. Como compatibilizar com os meios electrónicos o juízo individualizado e concreto de ponderação em que se louva a decisão final que o acto administrativo corporiza?". A este propósito, em artigo sobre a Lei n.º 11/2007, de 22 de junho, de acesso eletrónico dos cidadãos aos Serviços Públicos Públicos em Espanha, Martín Delgado (2010: 135-136)[25] refere que "la aparición de nuevas tecnologías ha dado lugar a una revolución tecnológica de indudables consecuencias en el ámbito económico y social que terminará afectando sustancialmente –ya lo está haciendo, de hecho– a la Administración y, con ello, a la propia forma de entender algunas de las instituciones más importantes del Derecho Administrativo, principalmente al procedimiento administrativo. La aplicación de las nuevas tecnologías al Derecho Administrativo plantea dos retos: un reto tecnológico y un reto jurídico. El reto tecnológico consiste en crear programas y sistemas que se adecuen a las exigencias constitucionales, legales y, en general, normativas que caracterizan al Derecho Administrativo, ámbito en el que van a ser aplicados; el reto jurídico consiste en establecer tales exigencias (adaptar en algunos casos, crear en otros) en

[23] Na redação anterior (versão originária do Decreto-Lei n.º 4/2015, de 07 de janeiro), o n.º 4 do artigo 62.º do CPA apresentava a seguinte formulação: "Salvo o disposto em lei especial, os balcões eletrónicos asseguram a emissão automatizada de atos meramente certificativos e a notificação de decisões que incidam sobre os requerimentos formulados através daquele suporte eletrónico".

[24] Moncada, Luiz S. Cabral de. *Código do Procedimento Administrativo anotado*, 1.ª ed., Coimbra: Coimbra Editora S.A, 2015.

[25] Delgado, Isaac Martín. "La gestión electrónica del procedimiento administrativo". In: *Serie Claves del Gobierno Local*, n.º 12: p. 135-166, Fundación Democracia y Gobierno Local, 2010.

el marco de las nuevas tecnologías y en determinar el régimen jurídico de su aplicación".

### ARTIGO 92.º DO CPA
### Forma e prazos dos pareceres

1 – Os pareceres devem ser sempre fundamentados e concluir de modo expresso e claro sobre todas as questões indicadas na consulta.

***2 – O responsável pela direção do procedimento deve solicitar em simultâneo, aos órgãos competentes, a emissão dos pareceres a que haja lugar logo que, perante a marcha do procedimento, estejam reunidos os pressupostos para tanto[26].***

***3 – Na falta de disposição especial, os pareceres são emitidos no prazo de 15 dias.***

***4 – (Revogado.)***

***5 – Quando um parecer obrigatório não for emitido dentro dos prazos previstos no n.º 3, deve o procedimento prosseguir e ser decidido.***

***6 – (Revogado.)***

***7 – O parecer não pode ser emitido após o decurso do prazo previsto no n.º 3.***

*Notas: Declaração de Retificação n.º 7-A/2023 – Diário da República n.º 42/2023, 2º Suplemento, Série I, de 2023-02-28, retifica a data de produção de efeitos das alterações ao presente artigo, determinadas pelo Decreto-Lei n.º 11/2023, de 10 de fevereiro, de 2024-01-01 para 2023-03-01.*

*Contém as alterações dos seguintes diplomas:*
*Decreto-Lei n.º 11/2023, de 10 de fevereiro*
*Lei n.º 72/2020, de 16 de novembro*

## ANOTAÇÃO

Relativamente ao n.º 2 do artigo 92.º, assinalamos a substituição da expressão "sempre que possível em simultâneo", para "deve solicitar em simultâneo", ou seja, através desta reformulação, aparentemente terá sido intenção do legislador impor ao responsável pela direção do procedimento a reunião dos pareceres num único momento do procedimento. Por essa razão, nos

[26] Na redação anterior, o n.º 2 do artigo 92.º do CPA estabelecia que: "O responsável pela direção do procedimento deve solicitar, sempre que possível em simultâneo, aos órgãos competentes a emissão dos pareceres a que haja lugar logo que, perante a marcha do procedimento, estejam reunidos os pressupostos para tanto.

termos da parte final do n.º 2, encontrando-se reunidos os pressupostos para o efeito, nada obsta a que a emissão dos pareceres exigíveis ocorra conjuntamente. Sobre a figura do responsável pelo procedimento, Coutinho (2018: 447)[27] considera que "para além da questão semântica que serve um propósito imediato de clarificação no que se refere à distribuição de funções no procedimento administrativo distinguindo claramente, seguindo o exemplo da lei italiana, a responsabilidade pela direção e promoção da tramitação administrativa e a tarefa decisória, a alteração mais evidente passa pela obrigatoriedade de delegação e pela amplitude dos poderes do responsável pela direção do procedimento, em articulação com as competências atribuídas pelo novo Código a esta figura...".

Quanto ao prazo para a emissão de pareceres (n.º 3 do artigo 92.º do CPA), o Decreto-Lei n.º 11/2023 concretiza uma nova redução em relação ao prazo que já havia sido encurtado de 30 para 20 dias, na redação dada pela Lei n.º 72/2020, de 16 de novembro[28], ao Decreto-Lei n.º 4/2015, de 07 de janeiro.

Na nova redação do n.º 5 do artigo 92.º do CPA, fica estabelecida a exigência de prossecução do procedimento, mesmo que os pareceres obrigatórios não sejam proferidos no prazo de 15 dias. E em coerência com esta determinação, o n.º 7 do artigo 92.º veda a possibilidade de emissão do parecer após o decurso daquele prazo. Com esta renovação, institui-se a regra do velho ditado popular, "quem cala consente", afastando-se a hipótese de após a emissão de um parecer extemporâneo, a decisão final do procedimento vir

[27] Coutinho, Juliana Ferraz. "O responsável pelo procedimento administrativo". In: *Comentários ao Novo Código do Procedimento Administrativo,* Vol. I: p. 445-462, (Coord.) Carla Amado Gomes, Ana Fernanda Neves e Tiago Serrão, 4.ª ed., Lisboa: AAFDL Editora, 2018.

[28] Artigo 92.º do CPA, na redação conferida pela Lei n.º 72/2020, de 16 de novembro
[...]
1 – [...]
2 – [...]
3 – Na falta de disposição especial, os pareceres são emitidos no prazo de 20 dias, exceto quando o responsável pela direção do procedimento fixar, fundamentadamente, prazo diferente.
4 – O prazo diferente previsto no número anterior não deve ser inferior a 10 dias nem superior a 30 dias. *Obs.: Sendo que na redação inicial do Decreto-Lei n.º 4/2015, de 07 de janeiro, o n.º 4 do artigo 92.º estabelecia que o prazo diferente previsto no n.º 3 não devia ser inferior a 15 dias nem superior a 45 dias.*
5 – [...]
6 – [...]

a ser colocada em crise depois da sua prolação. A nosso ver, esta limitação acentua a responsabilidade das entidades obrigadas à emissão dos pareceres, nomeadamente quando essa apreciação possa ser decisiva para fundamentar uma decisão desfavorável ao interessado no procedimento. Continua a fazer sentido afirmar, como Amado Gomes (2018: 813-814)[29], "que o legislador do CPA poderia ter pensado na promoção da intervenção do superior hierárquico do órgão emitente do parecer por parte do responsável pelo procedimento, numa segunda tentativa (ou em órgão com poderes de superintendência ou tutela), identicamente ao que sucede no plano do auxílio administrativo (cfr. o artigo 66.º/3 do CPA). Ou, olhando para leis especiais, ter previsto a possibilidade de o particular pedir certidão da não emissão e com esta interpelar diretamente o órgão em falta, ou acioná-lo através de um processo urgente – que poderia ser a intimação prevista nos artigos 104.º a 108.º do CPTA".

Desconhecendo a existência de uma avaliação do impacto que as alterações efetuadas pela Lei n.º 72/2020, de 16 de novembro, ao Decreto-Lei n.º 4/2015, de 07 de janeiro, efetivamente surtiram na marcha do procedimento, vemos com bastante apreensão que num intervalo de tempo tão curto (aproximadamente dois anos)[30], o legislador venha apressadamente introduzir modificações que repetidamente justificadas com o argumento de conferir uma maior celeridade procedimental, possam vir a prejudicar o interesse público, pelo silêncio da administração. No âmbito da Lei n.º 72/2020, de 16 de novembro, em comentário às inovações em relação ao regime anterior, Garcia e Macieirinha (2022: 221)[31] consideram que a previsão legal "agora introduzida, de superação da omissão do parecer vinculativo (animada pela intenção da celeridade) não exime o órgão decisório de avaliar a relevância daquela omissão e, em concreto, se a não consideração dos interesses a ponderar no parecer em falta afeta (e em que medida) o sentido

[29] Gomes, Carla Amado. "Da inutilidade dos pareces no novo Código do Procedimento Administrativo". In: *Comentários ao Novo Código do Procedimento Administrativo,* Vol. I: p. 797--817, (Coord.) Carla Amado Gomes, Ana Fernanda Neves e Tiago Serrão, 4.ª ed., Lisboa: AAFDL Editora, 2018.

[30] Assinalamos o n.º 2 do artigo 11.º da Lei n.º 72/2020, de 16 de novembro, que estabeleceu que o disposto nos artigos 92.º, 114.º, 128.º e 198.º do Código do Procedimento Administrativo, na redação conferida pela citada lei, aplicar-se-ia aos procedimentos administrativos iniciados apenas após 1 de dezembro de 2020.

[31] Quadros, Fausto de, *et al. Comentários à revisão do Código do Procedimento Administrativo,* 2.ª ed. revista e atualizada, Coimbra: Edições Almedina S.A., 2022.

da decisão final, atendendo desde logo aos princípios da imparcialidade e da proporcionalidade".

Entendemos que a nova redação do artigo 92.º converge com três normas do CPA:

1. **Artigo 56.º do CPA (Princípio da adequação procedimental):** "Na ausência de normas jurídicas injuntivas, o responsável pela direção do procedimento goza de discricionariedade na respetiva estruturação, que, no respeito pelos princípios gerais da atividade administrativa, deve ser orientada pelos interesses públicos da participação, da eficiência, da economicidade e da celeridade na preparação da decisão". A este propósito, de acordo com Fernandez (2018: 469-471)[32], a "classificação de uma norma jurídica como injuntiva ou como supletiva pode fazer-se por recurso à própria qualificação do legislador ou, na sua falta, ao critério da valoração da regra. Assim, são supletivas as normas jurídicas em que é incluída a expressão *salvo disposição das partes em contrário ou diversa*. Mas as que não gozam do benefício desta expressão – e admita-se, será a esmagadora maioria das regras do procedimento administrativo – podem não ser necessariamente injuntivas, pois tudo depende da valoração da mesma, ou seja, de saber se a regra ou princípio em causa é essencial ou não a determinado regime. [...] não obstante a designação que, em epígrafe é concedida ao princípio em causa, não decorre diretamente do artigo 56.º que o poder discricionário de estruturar é concedido para adequar o modelo legal às especificidades da atividade administrativa em produção mediante aquele procedimento. Mesmo perante esta omissão, parece evidente que a estruturação administrativa (casuística) e não legal (geral e abstrata) do procedimento tem de ser justificada pela desadequação dos trâmites legais previstos à simplicidade, à complexidade ou a especificidade material ou subjetiva do caso concreto, pois de outro modo, estaria a admitir-se o exercício deste poder pelo órgão responsável pelo procedimento apenas por este discordar da sequência de atos e formalidades reguladas".

[32] Fernandez, Elizabeth. "Âmbito e limites do exercício do princípio da adequação procedimental". In: *Comentários ao Novo Código do Procedimento Administrativo*, Vol. I: p. 463-474, (Coord.) Carla Amado Gomes, Ana Fernanda Neves e Tiago Serrão, 4.ª ed., Lisboa: AAFDL Editora, 2018.

2. **Artigo 59.º do CPA (Dever de celeridade):** "O responsável pela direção do procedimento e os outros órgãos intervenientes na respetiva tramitação devem providenciar por um andamento rápido e eficaz, quer recusando e evitando tudo o que for impertinente e dilatório, quer ordenando e promovendo tudo o que seja necessário a um seguimento diligente e à tomada de uma decisão dentro de prazo razoável". Na perspetiva de Cabral de Moncada (2015: 241-242)[33], infringir o dever de celeridade poderá ter implicações "na validade da decisão final e na ilicitude da conduta administrativa. A arguição da ilegalidade do acto administrativo a título de violação de lei com fundamento na violação do dever de celeridade é perfeitamente possível, tendo em vista os prazos legais para a *decisão dos procedimentos* constantes do artigo 128.º. Líquida é a responsabilidade civil extracontratual em que a Administração incorre por violação daquele dever de boa administração".
3. **Artigo 60.º do CPA (Cooperação e boa-fé procedimental):**

   *1 – Na sua participação no procedimento, os órgãos da Administração Pública e os interessados devem cooperar entre si, com vista à fixação rigorosa dos pressupostos de decisão e à obtenção de decisões legais e justas.*

   *2 – Os interessados devem concorrer para a economia de meios na realização de diligências instrutórias e para a tomada da decisão num prazo razoável, abstendo-se de requerer diligências inúteis e de recorrer a expedientes dilatórios.*

Em comentário ao artigo 60.º do Decreto-Lei n.º 4/2015, de 07 de janeiro, para Caupers (2018: 336-337)[34], no novo CPA, um legislador insatisfeito com a dimensão do princípio da colaboração com os particulares consagrado no artigo 11.º, "e com o reconhecimento do princípio da boa fé, em termos muito próximos daqueles que já constavam da lei anterior (artigo 6.º-A), no artigo 10.º, optou por insistir nas matérias em causa, desta feita no âmbito da PARTE III do código, reguladora do procedimento administrativo propriamente dito. Curiosamente, não designou a «Cooperação e boa-fé procedi-

[33] Moncada, Luiz S. Cabral de. *Código do Procedimento Administrativo anotado*, 1.ª ed., Coimbra: Coimbra Editora S.A, 2015.

[34] Caupers, João. "O princípio da colaboração da administração pública com os particulares no novo CPA". In: *Comentários ao Novo Código do Procedimento Administrativo*, Vol. I: p. 463-474, (Coord.) Carla Amado Gomes, Ana Fernanda Neves e Tiago Serrão, 4.ª ed., Lisboa: AAFDL Editora, 2018.

mental» nem como princípio – como fez com a «adequação procedimental» (artigo 56.º) e com o «inquisitório» (artigo 58.º) –, nem como *dever*, termo por que optou relativamente à «celeridade» (artigo 59.º). Em todo o caso, é visível da redação dos dois números do artigo 60.º que se trata de verdadeiros deveres e não de princípios".

### ARTIGO 108.º DO CPA
### Deficiência do requerimento inicial

1 – Se o requerimento inicial não satisfizer o disposto no artigo 102.º, o requerente é convidado a suprir as deficiências existentes.

***2 – Para efeitos do disposto no número anterior, o convite é efetuado segundo os trâmites previstos no artigo 117.º e, quando haja lugar a solicitação de prova aos interessados, no mesmo momento que esta.***

***3 – Sem prejuízo do disposto no n.º 1, devem os órgãos e agentes administrativos procurar suprir oficiosamente as deficiências dos requerimentos, de modo a evitar que os interessados sofram prejuízos por virtude de simples irregularidades ou de mera imperfeição na formulação dos seus pedidos.***

***4 – São liminarmente rejeitados os requerimentos não identificados e aqueles cujo pedido seja ininteligível.***

*Notas: Declaração de Retificação n.º 7-A/2023 – Diário da República n.º 42/2023, 2º Suplemento, Série I, de 2023-02-28, retifica a data de produção de efeitos das alterações ao presente artigo, determinadas pelo Decreto-Lei n.º 11/2023, de 10 de fevereiro, de 2024-01-01 para 2023-03-01.*

*Contém as alterações dos seguintes diplomas:*

*Decreto-Lei n.º 11/2023, de 10 de fevereiro*

## ANOTAÇÃO

Neste artigo a maior novidade surge com o estatuído no n.º 2 do artigo 108.º[35], ao remeter o suprimento das deficiências do requerimento inicial para o momento de solicitação de prova aos interessados (artigo 117.º do

[35] Na redação anterior (versão originária do Decreto-Lei n.º 4/2015, de 07 de janeiro), o artigo 108.º apresentava a seguinte formulação:
*1 – Se o requerimento inicial não satisfizer o disposto no artigo 102.º, o requerente é convidado a suprir as deficiências existentes.*

CPA), quando esta ocorra. Com esta medida concentram-se na fase instrutória as ações essenciais ao desenvolvimento do procedimento que dependam da iniciativa dos interessados, eliminando-se a necessidade de notificações intercalares que prejudicam a celeridade pretendida na emissão da decisão.

### ARTIGO 117.º DO CPA
### Solicitação de provas aos interessados

1 – O responsável pela direção do procedimento pode determinar aos interessados a prestação de informações, a apresentação de documentos ou coisas, a sujeição a inspeções e a colaboração noutros meios de prova.

***2 – A solicitação, aos interessados, de informações, documentos ou coisas e de elementos complementares, o convite do interessado ao aperfeiçoamento do pedido, a sujeição a inspeções ou o pedido de prestação de provas aos interessados apenas pode ocorrer por uma única vez no procedimento.***

***3 – É legítima a recusa às determinações previstas no número anterior, quando a obediência às mesmas:***

***a) Envolver a violação de sigilo profissional ou segredo comercial ou industrial;***
***b) Implicar o esclarecimento de factos cuja revelação esteja proibida ou dispensada por lei;***
***c) Importar a revelação de factos puníveis, praticados pelo próprio interessado, pelo seu cônjuge ou por seu ascendente ou descendente, irmão ou afim nos mesmos graus;***
***d) For suscetível de causar dano moral ou material ao próprio interessado ou a alguma das pessoas referidas na alínea anterior.***

***4 – As situações previstas no n.º 2 só suspendem a contagem de prazos a partir do décimo dia após a sua receção pelo interessado sem que este as observe.***

*Notas: Declaração de Retificação n.º 7-A/2023 – Diário da República n.º 42/2023, 2º Suplemento, Série I, de 2023-02-28, retifica a data de produção de efeitos das alterações ao presente artigo, determinadas pelo Decreto-Lei n.º 11/2023, de 10 de fevereiro, de 2024-01-01 para 2023-03-01.*

*Contém as alterações dos seguintes diplomas:*
*Decreto-Lei n.º 11/2023, de 10 de fevereiro*

*2 – Sem prejuízo do disposto no número anterior, devem os órgãos e agentes administrativos procurar suprir oficiosamente as deficiências dos requerimentos, de modo a evitar que os interessados sofram prejuízos por virtude de simples irregularidades ou de mera imperfeição na formulação dos seus pedidos.*
*3 – São liminarmente rejeitados os requerimentos não identificados e aqueles cujo pedido seja ininteligível.*

## ANOTAÇÃO

O artigo 117.º deve ser conciliado com o artigo 60.º do CPA, tendo por base, ainda segundo Caupers (2018: 336-337)[36], "o objeto sobre que recai o dever de cooperação. Este dever, dispõe o n.º 1 do artigo 61.º, incide sobre a (a) «fixação rigorosa dos pressupostos da decisão» e sobre (b) a «obtenção de decisões legais e justas». As implicações do primeiro parecem situar-se essencialmente no plano probatório: uma vez que é de presumir o conhecimento do direito pela administração, os «pressupostos» em causa serão os pressupostos de facto. A administração e os particulares têm, pois, reciprocamente, o dever de produzir os elementos de prova necessários à demonstração dos factos, para que a decisão administrativa não seja tomada com base, não na realidade destes, mas na sua configuração distorcida".

Pela sua adequação, também acerca da cooperação e boa-fé procedimental, Garcia e Macieirinha (2022: 149)[37], consideram que o artigo 60.º do CPA se traduz numa "concretização dos princípios gerais da boa-fé (artigo 10.º) e da colaboração (artigo 11.º). Como é evidente, embora o procedimento seja dirigido por um órgão da administração, à sua conclusão com sucesso e em tempo razoável não é indiferente o comportamento *procedimental* dos interessados, sobre quem também impende o dever de se absterem de requerer diligências inúteis ou de recorrer a expedientes dilatórios, que apenas visem frustrar o bom andamento do procedimento".

Nas modificações efetuadas ao artigo 117.º destacamos, desde logo, o estatuído no n.º 2, que concentra num único momento as diligências instrutórias a realizar junto dos interessados, tendo em vista a preparação da decisão.

O n.º 3 corresponde ao anterior n.º 2 do artigo 117.º. Para Cabral de Moncada (2015: 419)[38], quando for legítima, a recusa às determinações do responsável pelo procedimento previstas no n.º 2 "tem de ser apenas alegada. Exigir a prova material dos factos em que se alicerça a recusa seria desproteger o interessado. Na apreciação da bondade da recusa a Administração goza de ampla liberdade discricionária. Uma apreciação negativa da recusa

[36] Caupers, João. "O princípio da colaboração da administração pública com os particulares no novo CPA". In: *Comentários ao Novo Código do Procedimento Administrativo,* Vol. I: p. 463-474, (Coord.) Carla Amado Gomes, Ana Fernanda Neves e Tiago Serrão, 4.ª ed., Lisboa: AAFDL Editora, 2018.

[37] Quadros, Fausto de, *et al. Comentários à revisão do Código do Procedimento Administrativo,* 2.ª ed. revista e atualizada, Coimbra: Edições Almedina S.A., 2022.

[38] Moncada, Luiz S. Cabral de. Código do Procedimento Administrativo anotado, 1.ª ed., Coimbra: Coimbra Editora S.A, 2015.

corporiza um acto administrativo intercalar que deve ser notificado, fundamentado e é passível de impugnação graciosa e contenciosa. Nos outros casos, a recusa não é legítima. Não sendo legítima, dela resultarão consequências desfavoráveis ao interessado [...] O mesmo se diga da recusa da via escrita que é, em princípio, obrigatória".

Por último, quanto à inovação do n.º 4 do artigo 117.º, assinalamos que a suspensão da contagem do prazo procedimental para resposta às solicitações do responsável pelo procedimento previstas no n.º 2, apenas opera a partir do 11.º dia (inclusive) após efetivação da notificação (isto é, após a sua receção pelo destinatário)[39], sem que este dê provimento ao requerido e/ou se pronuncie. Nestes casos, convém recordar o disposto no artigo 119.º do CPA, acerca da falta de prestação de provas[40]. De mencionar também que de acordo com o n.º 1 do artigo 132.º do CPA, deverá ser declarado deserto[41]

[39] Referindo-se ao artigo 111.º do CPA, em anotação de Ricardo Branco ao regime jurídico das notificações administrativas (in *Revista de Direito Administrativo*, n.º 3, set-dez, 2018, AAFDL, p. 98), claro está, que «quem fala em notificação na pessoa do interessado, fala, como bem prescreve o n.º 1, na notificação, em vez, em nome e por conta do mesmo interessado, de mandatário que venha a constituir no procedimento, ao abrigo da faculdade que conferida pelo n.º 1 do artigo 67.º, em cujos termos "os particulares têm o direito de intervir pessoalmente no procedimento administrativo ou de nele se fazer representar ou assistir através de mandatário". Nos termos gerais de Direito, é naturalmente através da junção, ao processo físico, por ocasião da sua primeira intervenção, de procuração bastante, que cada interessado, querendo, constitui mandatário no procedimento». E neste sentido, quanto aos destinatários das notificações, o artigo 111.º do CPA estabelece o seguinte:
*1 – As notificações são efetuadas na pessoa do interessado, salvo quando este tenha constituído mandatário no procedimento, caso em que devem ser efetuadas a este.*
*2 – Para efeitos do disposto no número anterior, devem os interessados ou os mandatários, quando constituídos, comunicar ao responsável pelo procedimento quaisquer alterações dos respetivos domicílios que venham a acorrer na pendência do procedimento.*

[40] Artigo 119.º do CPA – Falta de prestação de provas:
*1 – Se os interessados regularmente notificados para a prestação verbal de informações ou apresentação de provas não derem cumprimento à notificação, pode proceder-se a nova notificação ou prescindir-se da prática do ato, conforme as circunstâncias aconselharem.*
*2 – A falta de cumprimento da notificação é livremente apreciada para efeitos de prova, consoante as circunstâncias do caso, não dispensando o órgão administrativo de procurar averiguar os factos, nem de proferir a decisão.*
*3 – Quando as informações, documentos ou atos solicitados ao interessado sejam necessários à apreciação do pedido por ele formulado, não deve ser dado seguimento ao procedimento, disso se notificando o particular.*

[41] Sendo certo, porém, que a deserção não faz extinguir o direito que o particular pretendia fazer valer – cf. n.º 2 do artigo 132.º do CPA.

o procedimento que, por motivos imputáveis ao interessado, esteja parado por um período superior a seis meses, salvo se houver interesse público na decisão do procedimento.

### ARTIGO 121.º DO CPA
### Direito de audiência prévia

1 – Sem prejuízo do disposto no artigo 124.º, os interessados têm o direito de ser ouvidos no procedimento antes de ser tomada a decisão final, devendo ser informados, nomeadamente, sobre o sentido provável desta.

2 – No exercício do direito de audiência, os interessados podem pronunciar-se sobre todas as questões com interesse para a decisão, em matéria de facto e de direito, bem como requerer diligências complementares e juntar documentos.

***3 – O órgão competente apenas pode realizar uma única audiência prévia, na qual deve incluir toda a matéria de facto e de direito que sustenta o sentido provável da decisão.***

***4 – O disposto no número anterior não prejudica a realização de audiência prévia adicional em virtude de ocorrência de factos supervenientes que alterem o sentido da decisão.***

***5 – A realização da audiência não suspende a contagem de prazos em procedimentos administrativos.***

*Notas: Declaração de Retificação n.º 7-A/2023 – Diário da República n.º 42/2023, 2º Suplemento, Série I, de 2023-02-28, retifica a data de produção de efeitos das alterações ao presente artigo, determinadas pelo Decreto-Lei n.º 11/2023, de 10 de fevereiro, de 2024-01-01 para 2023-03-01.*

*Contém as alterações dos seguintes diplomas:*

*Decreto-Lei n.º 11/2023, de 10 de fevereiro*

## ANOTAÇÃO:

Em relação à redação anterior[42], assinalamos as seguintes modificações:

1. Aclaração de que a audiência prévia apenas deve ocorrer uma única vez no procedimento, e conter toda a matéria de facto e de direito que

[42] Na versão anterior (redação originária do Decreto-Lei n.º 4/2015, de 7 de janeiro, o artigo 121.º (Direito de audiência prévia), apresentava a seguinte formulação:

fundamenta o sentido presumível da decisão – n.º 3 do artigo 121.º do CPA.

2. Em coerência com o referido no ponto anterior, introdução do conceito de audiência prévia adicional, apenas para as situações de ocorrência de factos supervenientes que podem mudar o sentido da decisão – n.º 4 do artigo 121.º do CPA.
3. Contrariamente ao que sucedia até aqui, a previsão de que a realização da audiência não suspende a contagem de prazos em procedimentos administrativos.

Referindo-se à audiência prévia, Cabral de Moncada (2015: 429)[43] entende tratar-se de "um direito dos *interessados* no procedimento e característico da posição procedimental destes. Por *interessados*, todavia, não podem ser aqui entendidos todos e quaisquer sujeitos da relação jurídica procedimental mas apenas os que nele intervierem pessoalmente. Só estes é que devem ser ouvidos. Ir mais longe deve ficar ao critério discricionário da Administração. Os interessados devem ser ouvidos pessoalmente mas sem prejuízo da audiência de pessoas coletivas representativas dos interesses em causa na decisão final ou de órgãos e agentes da mesma pessoa coletiva ou de pessoas coletivas diferentes, como já se sabe. Todos estes são interessados para efeitos de audiência prévia".

## ARTIGO 128.º DO CPA
## Prazos para a decisão dos procedimentos

1 – Os procedimentos de iniciativa particular devem ser decididos no prazo de 60 dias, salvo se outro prazo decorrer da lei, podendo o prazo, em circunstâncias excecionais devidamente fundamentadas, ser prorrogado pelo responsável pela

*1 – Sem prejuízo do disposto no artigo 124.º, os interessados têm o direito de ser ouvidos no procedimento antes de ser tomada a decisão final, devendo ser informados, nomeadamente, sobre o sentido provável desta.*
*2 – No exercício do direito de audiência, os interessados podem pronunciar-se sobre todas as questões com interesse para a decisão, em matéria de facto e de direito, bem como requerer diligências complementares e juntar documentos.*
*3 – A realização da audiência suspende a contagem de prazos em todos os procedimentos administrativos.*

[43] MONCADA, Luiz S. Cabral de. *Código do Procedimento Administrativo anotado*, 1.ª ed., Coimbra: Coimbra Editora S.A, 2015.

direção do procedimento, por um ou mais períodos, até ao limite máximo de 90 dias, mediante autorização do órgão competente para a decisão final, quando as duas funções não coincidam no mesmo órgão.

2 – A decisão de prorrogação referida no número anterior é notificada ao interessado pelo responsável pela direção do procedimento.

***3 – O prazo referido no n.º 1 conta-se a partir da data de entrada do requerimento ou petição em qualquer entidade competente para o receber, independentemente da existência de formalidades especiais para a fase preparatória da decisão.***

***4 – (Revogado.)***

5 – Para eventual apuramento de responsabilidade disciplinar, a inobservância dos prazos referidos nos números anteriores deve ser justificada pelo órgão responsável dentro dos 10 dias seguintes ao termo dos mesmos prazos.

6 – Os procedimentos de iniciativa oficiosa, passíveis de conduzir à emissão de uma decisão com efeitos desfavoráveis para os interessados caducam, na ausência de decisão, no prazo de 120 dias.

*Notas: Declaração de Retificação n.º 7-A/2023 – Diário da República n.º 42/2023, 2º Suplemento, Série I, de 2023-02-28, retifica a data de produção de efeitos das alterações ao presente artigo, determinadas pelo Decreto-Lei n.º 11/2023, de 10 de fevereiro, de 2024-01-01 para 2023-03-01.*

*Contém as alterações dos seguintes diplomas:*

*Decreto-Lei n.º 11/2023, de 10 de fevereiro*

*Lei n.º 72/2020, de 16 de novembro*

## ANOTAÇÃO

Apesar de a nova redação do artigo 128.º manter os prazos para a decisão fixados nas alterações ao CPA efetuadas pela Lei n.º 72/2020, de 16 de novembro, agora mudam as regras estabelecidas para a sua contagem. Assim, o n.º 3 do artigo 128.º determina que para a contagem do prazo de decisão, vale a data de entrada do requerimento e/ou petição, independentemente da existência de formalidades especiais para a fase preparatória da decisão – e, por consequência, o n.º 4 da anterior redação foi revogado[44].

[44] Na versão anterior, os n.ºs 3 e 4 do artigo 128.º do CPA apresentavam a seguinte redação: *3 – O prazo referido no n.º 1 conta-se, na falta de disposição especial, da data de entrada do requerimento ou petição no serviço competente, salvo quando a lei imponha formalidades especiais para a fase preparatória da decisão e fixe prazo para a respetiva conclusão.*

Quanto à forma de contagem dos prazos, há que atender ao disposto no artigo 87.º do CPA[45].

## ARTIGO 130.º
## Atos tácitos

1 – Existe deferimento tácito quando a lei ou regulamento determine que a ausência de notificação da decisão final sobre pretensão dirigida a órgão competente dentro do prazo legal tem o valor de deferimento.

2 – Considera-se que há deferimento tácito se a notificação do ato não for expedida até ao primeiro dia útil seguinte ao termo do prazo da decisão.

3 – O prazo legal de produção de deferimento tácito suspende-se se o procedimento estiver parado por motivo imputável ao interessado e só se interrompe com a notificação de decisão expressa.

4 – Quando a prática de um ato administrativo dependa de autorização prévia ou um ato esteja sujeito à aprovação de um órgão da Administração Pública ou de outra entidade no exercício de poderes públicos, prescinde-se da autorização prévia ou da aprovação desde que o órgão que as solicitou tenha interpelado o órgão competente para as emitir.

5 – A interpelação a que se refere o número anterior deve ser efetuada decorridos 10 dias, a contar do termo do prazo para a autorização ou aprovação, devendo o órgão competente, nesse caso, emiti-las no prazo de 20 dias.

***6 – A falta de pagamento de taxas ou despesas não impede a formação de deferimento tácito.***

*4 – No caso previsto na parte final do número anterior, o prazo conta-se do termo do prazo fixado para a conclusão daquelas formalidades.*

[45] Nos termos do artigo 87.º do CPA, à contagem dos prazos são aplicáveis as regras seguintes:

*a) O prazo começa a correr independentemente de quaisquer formalidades;*

*b) Não se inclui na contagem o dia em que ocorra o evento a partir do qual o prazo começa a correr;*

*c) O prazo fixado suspende-se nos sábados, domingos e feriados;*

*d) Na contagem dos prazos legalmente fixados em mais de seis meses, incluem-se os sábados, domingos e feriados;*

*e) É havido como prazo de um ou dois dias o designado, respetivamente, por 24 ou 48 horas;*

*f) O termo do prazo que coincida com dia em que o serviço perante o qual deva ser praticado o ato não esteja aberto ao público, ou não funcione durante o período normal, transfere-se para o primeiro dia útil seguinte;*

*g) Considera-se que o serviço não está aberto ao público quando for concedida tolerância de ponto, total ou parcial.*

*Notas: Declaração de Retificação n.º 7-A/2023 – Diário da República n.º 42/2023, 2º Suplemento, Série I, de 2023-02-28, retifica a data de produção de efeitos das alterações ao presente artigo, determinadas pelo Decreto-Lei n.º 11/2023, de 10 de fevereiro, de 2024-01-01 para 2023-03-01.*

*Contém as alterações dos seguintes diplomas:*

*Decreto-Lei n.º 11/2023, de 10 de fevereiro*

## ANOTAÇÃO

Nos termos do n.º 1 do artigo 133.º do CPA, o procedimento extingue-se pela falta de pagamento, no prazo estipulado, de quaisquer taxas ou despesas de que a lei faça depender a realização dos atos procedimentais, salvaguardados os casos previstos no n.º 2 do artigo 15.º[46]. Pelo que, atendendo a que a falta de pagamento de taxas ou despesas se mantém como uma uma das causas de extinção do procedimento previstas na lei[47], não compreendemos o aditamento do n.º 6 ao artigo 130.º do CPA (que não impede a formação de deferimento tácito[48], quando ocorra falta de pagamento de taxas ou despesas), por entrar em clara contradição com o referido artigo 133.º.

[46] Com a epígrafe "Princípio da gratuitidade", o artigo 15.º, n.º 2 do CPA estabelece que em situações de insuficiência económica, a Administração isenta, total ou parcialmente, o interessado do pagamento das taxas ou das despesas referidas no n.º 1.

[47] Referindo-se às causas de extinção do procedimento, o artigo 93.º do CPA esclarece que o mesmo se extingue pela tomada da decisão final, ou por qualquer dos outros factos previstos naquele Código – o que sucede com o n.º 1 do artigo 133.º do CPA.

[48] Em anotação de Luiz S. Cabral de Moncada ao artigo 130.º do CPA (in *Código do Procedimento Administrativo anotado*, 1.ª ed., Coimbra Editora S.A, 2015, p. 451-452), pode ler-se: "[...] O ato tácito ou silente (ou presumido) de deferimento pressupõe em qualquer dos casos um requerimento dirigido pelo interessado à Administração. É uma figura típica dos procedimentos de heteroiniciativa e não dos de iniciativa oficiosa. Pressupõe ainda o incumprimento do dever de decidir, ou seja, a ilegalidade da Administração, o qual incumprimento, bem vistas as coisas, tanto é consequência do silêncio como da falta de notificação de decisão expressa no prazo legal. Sucede que a lei em vez de remeter o interessado para a tutela contenciosa que lhe caberia, avança com a solução vantajosa da atribuição de efeitos positivos à falta da notificação no prazo legal tanto faz se devida ou não ao silêncio ou seja, resolve a questão favoravelmente ao interessado pela via procedimental em vez de pela via jurisdicional. [...] O acto administrativo tácito de efeitos positivos é sempre uma ficção legal. Na realidade, o que ocorreu foi o facto jurídico da ausência de notificação no prazo legal mesmo que o acto expresso tenha sido praticado ou em virtude do puro e simples silêncio, a que a lei ligou efeitos positivos equivalentes aos do deferimento expresso da pretensão do interessado".

Para Políbio Henriques (2022: 279)[49], "é seguro que (ao contrário do que sucedia com o anterior artigo 108.º) o artigo 130.º, relativamente às *relações entre a Administração e os particulares*, não consagra uma regra geral no sentido de que o silêncio da Administração sobre os requerimentos dos interessados vale como deferimento, não enuncia tipos de situações em que o silêncio tenha esse valor e, por consequência *não é fonte imediata da formação de qualquer deferimento tácito*. Este só tem lugar, caso a caso, na dependência de lei especial expressa que o preveja". Acrescenta o mesmo autor (2002: 280)[50], que de forma inovatória, o n.º 2 do artigo 130.º estabelece que "quando o silêncio tem o valor de deferimento, para *impedir a formação* do ato tácito, não basta à Administração proferir a decisão final no prazo legal; para o efeito, *a lei exige-lhe ainda que expeça a respetiva notificação até ao primeiro dia útil seguinte ao termo do prazo da decisão.* [...] Os n.ºs 4 e 5, *com aplicação restrita às relações entre órgãos da Administração Pública,* preveem diretamente um regime de deferimento tácito, determinando que quando «a prática de um ato administrativo dependa de autorização prévia ou um ato esteja sujeito à aprovação de um órgão da Administração Pública ou de outra entidade no exercício de poderes públicos» esgotado o prazo para a autorização ou aprovação, prescinde-se delas «desde que o órgão que as solicitou tenha interpelado o órgão competente para as emitir (n.º 4), nos termos previstos no n.º 5.

Realçamos, porém, que de acordo com os n.ºs 11 e 12 do artigo 28.º-B do Decreto-Lei n.º 135/99, de 22 de abril:

> *11 – A formação do deferimento não depende da obtenção do certificado previsto no presente artigo e pode ser feita valer junto de todas as entidades independentemente da obtenção do mesmo.*
> *12 – O disposto no presente artigo não prejudica a possibilidade de declarar a nulidade, anular ou revogar o ato resultante de deferimento tácito, nos termos da lei.*

Pela sua importância, não podemos deixar de assinalar a determinação constante do artigo 50.º do Decreto-Lei n.º 135/99, de 22 de abril, na sua redação atual, que estabelece a sua prevalência sobre quaisquer disposições gerais relativas aos diversos serviços e organismos da Administração Pública.

[49] QUADROS, Fausto de, *et al. Comentários à revisão do Código do Procedimento Administrativo*, 2.ª ed. revista e atualizada, Coimbra: Edições Almedina S.A., 2022.
[50] *Cf. ob cit.*

No que diz respeito ao DLMA, os artigos 31.º e 32.º do Decreto-Lei n.º 11/2023 aditaram ao Decreto-Lei n.º 135/99, de 22 de abril, na versão de vigência à data da publicação do Simplex Ambiental, as normas seguintes:

### ARTIGO 28.º-B
### Certificação de deferimentos tácitos e de comunicação prévia com prazo sem pronúncia da entidade competente

*1 – Os interessados podem solicitar à entidade designada por despacho do membro do Governo responsável pela área da modernização administrativa a passagem de certidão que ateste a ocorrência de qualquer deferimento tácito ou outro tipo de efeitos positivos associados à ausência de resposta das entidades competentes, à luz do Código do Procedimento Administrativo ou de qualquer outra lei ou regulamento, independentemente da natureza da entidade competente para a prática do ato.*

*2 – A passagem da certidão referida no número anterior depende de:*

*a) Entrega de cópia digitalizada do requerimento inicial;*

*b) Formação de deferimento tácito ou ocorrência de outros efeitos positivos associados ao silêncio das entidades competentes.*

*3 – A entidade designada por despacho do membro do Governo responsável pela área da modernização administrativa, de forma imediata, eletrónica e automática, assim que o pedido é recebido, solicita, através de transmissão eletrónica de dados, ao ministério ou à pessoa coletiva competente para a prática do ato administrativo que esta informe se foi notificado ato expresso e que, caso exista, faça prova do mesmo e da respetiva notificação, através da inserção da informação em plataforma de verificação de deferimentos tácitos disponível a partir do portal único de serviços.*

*4 – Para o efeito previsto no número anterior, os ministérios e pessoas coletivas públicas recebem um email enviado para o seu endereço de correio eletrónico institucional com o aviso constante do anexo I do presente decreto-lei e do qual faz parte integrante.*

*5 – A entidade designada por despacho do membro do Governo responsável pela área da modernização administrativa emite a referida certidão no prazo de oito dias úteis após a receção do pedido se:*

*a) Estiverem reunidos os requisitos para a formação de deferimento tácito à luz das normas aplicáveis; e*

*b) O ministério, a pessoa coletiva ou o órgão competente para a prática do ato administrativo:*

*i) Confirmar que não notificou ato expresso;*

*ii) Não se pronunciar no prazo de três dias úteis após a receção do pedido de informação previsto no n.º 3; ou*

*iii) Não apresentar fundamentos suficientes para obstar ao reconhecimento da formação do deferimento tácito.*

*6 – Para efeitos da subalínea iii) da alínea b) do número anterior, são fundamentos suficientes para obstar ao reconhecimento da formação do deferimento tácito:*

*a) O não decurso do prazo necessário para a formação do deferimento tácito; ou*

*b) A existência de ato expresso de indeferimento aprovado e notificado no prazo legalmente estabelecido.*

*7 – A falta de pagamento de taxas não impede o reconhecimento da formação de deferimento tácito ou a ocorrência de outros efeitos positivos associados ao silêncio das entidades competentes.*

*8 – A certidão emitida deve observar o modelo constante do anexo II do presente decreto-lei e do qual faz parte integrante.*

*9 – O procedimento previsto no presente artigo é integralmente tramitado a partir do portal único de serviços, incluindo designadamente:*

*a) A apresentação do pedido;*

*b) A emissão de recibo do pedido;*

*c) O pedido de informação ao ministério ou pessoa coletiva competente sobre a existência de ato expresso e respetiva resposta;*

*d) A emissão da certidão; e*

*e) Todas as notificações e comunicações entre a entidade designada por despacho do membro do Governo responsável pela área da modernização administrativa e o interessado.*

*10 – A certidão prevista neste artigo é gratuita, não sendo por ela devido o pagamento de qualquer taxa.*

*11 – A formação do deferimento não depende da obtenção do certificado previsto no presente artigo e pode ser feita valer junto de todas as entidades independentemente da obtenção do mesmo.*

*12 – O disposto no presente artigo não prejudica a possibilidade de declarar a nulidade, anular ou revogar o ato resultante de deferimento tácito, nos termos da lei.*

*Notas: A Declaração de Retificação n.º 7-A/2023, de 2023-02-28, retifica a data de produção de efeitos do presente artigo, aditado pelo Decreto-Lei n.º 11/2023, de 10 de fevereiro, de 2023-03-01 para 2024-01-01.*

## ANEXO I

**Modelo de aviso a enviar ao ministério ou à pessoa coletiva sobre a ocorrência de pedido de emissão de certidão de ato tácito e o envio de informação sobre a existência de ato expresso, previsto no n.º 4 do artigo 28.º-A (a que se refere o n.º 4 do artigo 28.º-B)**

*A ... (entidade a designar) recebeu um pedido de emissão de uma certidão de existência de deferimento tácito por a ... (colocar designação do ministério, serviço, instituto público, empresa pública, município, freguesia, associação pública ou outra pessoa coletiva) não ter emitido um ato expresso no prazo legalmente previsto.*

*Caso não seja demonstrado, no prazo de três dias úteis, que foi emitido um ato expresso antes da decorrência do prazo para a formação do deferimento tácito ou que o deferimento tácito não se formou, a ... (entidade a designar) emite ao interessado uma certidão de que o ato tácito se produziu. A prova de que foi emitido um ato expresso faz-se através da inserção de cópia digitalizada do ato expresso a partir do portal único dos serviços.*

*Pode aceder ao portal único dos serviços e consultar mais informações sobre o pedido de emissão de certidão de deferimento tácito aqui (disponibilizar hyperlink na palavra «aqui»).*

## ANEXO II

**Modelo de certidão de deferimento tácito previsto no n.º 6 do artigo 28.º-A (a que se refere o n.º 8 do artigo 28.º-B)**

*A presente certidão atesta que ... (colocar a firma ou nome do interessado) obteve uma ... (colocar a designação legal do tipo de ato requerido e que foi obtido por deferimento tácito) para ... (identificar a atividade permitida através do ato de deferimento tácito).*

*As autoridades públicas competentes devem, para todos os efeitos legais, assumir que a ... (colocar a firma ou nome do interessado) obteve todos os atos necessários para a realização da atividade em causa junto das entidades competentes, não podendo, designadamente, aplicar coimas por ausência da licença/autorização/permissão necessária para o desenvolvimento desta atividade.*

## ANOTAÇÃO

Ao percorrermos o preâmbulo Decreto-Lei n.º 135/99, de 22 de abril, verificamos que o seu teor mantém toda a atualidade: "[...] A resposta pronta, correcta e com qualidade, que efective direitos e viabilize iniciativas, não se compadece com processos e métodos de trabalho anacrónicos e burocráticos, pouco próprios das modernas sociedades democráticas, que devem superar conflitos de valores da tradicional cultura administrativa, face às imposições dos actuais ritmos de vida e às aspirações cada vez mais exigentes do cidadão, cliente do serviço público [...] Criar um modelo de Administração Pública ao serviço do desenvolvimento harmonioso do País, das necessidades da sociedade em geral e dos cidadãos e agentes económicos em particular tem sido uma das preocupações permanentes da modernização administrativa, que se vem consubstanciando pela aproximação da Administração aos utentes, pela prestação de melhores serviços, pela desburocratização de procedimentos e pelo aumento de qualidade da gestão e funcionamento do aparelho administrativo do Estado". Em harmonia com a visão de Jorge Pação (2018: 503)[51], assistimos a "um novo modelo de organização e relacionamento interadministrativo, a par da preocupação de centrar a (boa) governação pública nas relações de cooperação, sustentada numa administração em rede, para a qual as tecnologias de informação e comunicação têm dado um especial contributo. São, neste plano, visíveis e compreensíveis as tentativas de alcançar, através da cooperação administrativa, a boa administração, olhando-se para a atuação conjunta dos entes públicos, não só como uma forma de promover a eficiência da atuação administrativa, mas também como motor da inovação na gestão pública".

Neste âmbito, assinalamos as responsabilidades atribuídas à AMA (Agência para a Modernização Administrativa, I. P.) na sequência da entrada em vigor do Decreto-Lei n.º 11/2023, para a passagem das certidões que atestem a ocorrência de qualquer deferimento tácito ou outro tipo de efeitos positivos associados à ausência de resposta das entidades competentes – n.º 1 do artigo 28.º-B do Decreto-Lei n.º 135/99, de 22 de abril, na sua redação atual.

## 4. NOTAS FINAIS

É indiscutível que o Simplex Ambiental constitui um enorme desafio, para que se possam, efetivamente, atingir os objetivos anunciados. As medidas

[51] Pação, Jorge. "A cooperação administrativa". In: *Organização Administrativa: Novos Actores, Novos Modelos*, Vol. II: p. 501-526, (Coord.) Carla Amado Gomes, Ana Fernanda Neves e Tiago Serrão, Lisboa: AAFDL, 2018.

administrativas refletidas no artigo 34.º do Decreto-Lei n.º 11/2023 mostram o nível de sofisticação tecnológica necessário, e permitem antever dificuldades ligadas não só à sua implementação, como também a uma adequada preparação dos recursos humanos envolvidos no processo (quando sabemos que essa formação implicará, inevitavelmente, ausências periódicas ao serviço, afetando as demais atividades que fazem parte do normal funcionamento das entidades administrativas visadas pela reforma)[52]. Pela sua correlação, partilhamos a reflexão de Cunha Rolo (2015: 178)[53], quando menciona que "existem inovações do CPA assaz exigentes para todos os atores do procedimento, em especial para os órgãos e responsáveis da direção do procedimento: no âmbito do planeamento e coordenação internas e interadministrativas, na conformação das estruturas organizatório-funcionais administrativas aos desígnios pretendidos com as sobreditas inovações, na adequação da nova (des)valoração das formalidades e tramitação procedimental (*maxime*, através da menor relevância ou relativização das formas, regras e vícios procedimentais) em relação ao mérito da decisão administrativa e, por último, do perfil de conhecimentos, atributos e competências necessário aos implementadores, mais abrangente e baseado em *soft skills* do que as competências técnicas tradicionais".

Apesar de o Governo sublinhar que esta reforma e simplificação do licenciamento ambiental não prejudicará o cumprimento das regras de proteção do ambiente, um maior enfoque na fiscalização, corresponsabilização e autocontrolo por parte dos operadores económicos exige um claro reforço dos meios de acompanhamento e/ou monitorização, ainda por efetivar. Sem desvalorizar o mérito das empresas que, de forma exemplar, asseguram o rigor dos seus procedimentos, também sabemos que em diversas áreas da atividade económica abrangidas por políticas públicas de "licenciamento

[52] O que também emerge do preâmbulo do Decreto-Lei n.º 11/2023, ao reconhecer que: "... a efetiva implementação da presente política pública exige um significativo empenho por parte da Administração Pública, uma vez que as medidas previstas no presente decreto-lei implicam a alteração de procedimentos e práticas administrativas, a adaptação de sistemas informáticos, a formação de trabalhadores da Administração Pública e a realização de ações e tarefas complementares necessárias à disponibilização de novos serviços, como a certificação dos deferimentos tácitos".

[53] Rolo, Nuno Cunha. "Governação Integrada e o novo Código do Procedimento Administrativo". In: *Governação Integrada e Administração Pública*: p. 165-184, (Org.) Rui Marques e David Ferraz, Lisboa: Ina Editora, 2015.

zero", como é o caso, muitos operadores económicos atestam cumprir requisitos cuja observância não se verifica no local de desenvolvimento da atividade. E isto torna-se ainda mais preocupante quando, para além da dispersão de entidades com competências de fiscalização em matéria ambiental [como a Agência Portuguesa do Ambiente (APA), a Inspeção-Geral da Agricultura, do Mar, do Ambiente e do Ordenamento do Território (IGAMAOT), as Comissões de Coordenação e Desenvolvimento Regional, as câmaras municipais, o Instituto da Conservação da Natureza e das Florestas (ICNF) e os Núcleos de Proteção Ambiental da Guarda Nacional Republicana], continua a existir um défice significativo de recursos humanos qualificados para uma deteção atempada dos ilícitos ambientais, quer na vertente criminal, quer na contraordenacional. É hoje evidente que a área ambiental carece de uma tutela de urgência, que evite e/ou minimize danos duradouros em componentes ambientais naturais, como a água, a biodiversidade, o solo, o subsolo e a paisagem.

## 5. RESUMO DOS DIPLOMAS LEGAIS ALTERADOS PELO DECRETO-LEI N.º 11/2023, DE 10 DE FEVEREIRO

### QUADRO 2
### DIPLOMAS LEGAIS ALTERADOS

O Decreto-Lei n.º 11/2023, de 10 de fevereiro (Reforma e Simplificação dos Licenciamentos Ambientais), aprova medidas para reduzir os encargos e simplificar os procedimentos administrativos sobre as empresas.

| | |
|---|---|
| a) | Sexta alteração ao **Decreto-Lei n.º 151-B/2013, de 31 de outubro,** na sua redação atual, que aprova o regime jurídico da AIA dos projetos públicos e privados suscetíveis de produzirem efeitos significativos no ambiente, transpondo a Diretiva 2011/92/UE, do Parlamento Europeu e do Conselho, de 13 de dezembro, relativa à avaliação dos efeitos de determinados projetos públicos e privados no ambiente. |
| b) | Primeira alteração ao **Decreto-Lei n.º 120/86, de 28 de maio**, que estabelece disposições quanto ao condicionamento do arranque de oliveiras. |
| c) | Terceira alteração ao **Decreto-Lei n.º 169/2001, de 25 de maio**, alterado pelos Decretos-Leis n.ºs 155/2004, de 30 de junho, e 29/2015, de 10 de fevereiro, que estabelece medidas de proteção ao sobreiro e à azinheira. |
| d) | Terceira alteração ao **Decreto-Lei n.º 142/2008, de 24 de julho**, alterado pelos Decretos-Leis n.ºs 242/2015, de 15 de outubro, e 42-A/2016, de 12 de agosto, que estabelece o regime jurídico da conservação da natureza e da biodiversidade e revoga os Decretos-Leis n.ºs 264/79, de 1 de agosto, e 19/93, de 23 de janeiro. |
| e) | Quinta alteração ao **Decreto-Lei n.º 166/2008, de 22 de agosto**, na sua redação atual, que aprova o Regime Jurídico da Reserva Ecológica Nacional. |
| f) | Segunda alteração ao **Decreto-Lei n.º 73/2009, de 31 de março**, alterado pelo Decreto-Lei n.º 199/2015, de 16 de setembro, que aprova o Regime Jurídico da Reserva Agrícola Nacional. |
| g) | Primeira alteração ao **Decreto-Lei n.º 140/2009, de 15 de junho**, que aprova o regime jurídico dos estudos, projetos, relatórios, obras ou intervenções sobre bens culturais classificados, ou em vias de classificação, de interesse nacional, de interesse público ou de interesse municipal. |
| h) | Segunda alteração ao **Decreto-Lei n.º 97/2017, de 10 de agosto**, alterado pela Lei n.º 59/2018, de 21 de agosto, que estabelece o regime das instalações de gases combustíveis em edifícios. |

| | |
|---|---|
| i) | Primeira alteração ao **Decreto-Lei n.º 127/2013, de 30 de agosto**, que estabelece o regime de emissões industriais aplicável à prevenção e ao controlo integrados da poluição, bem como as regras destinadas a evitar e/ou reduzir as emissões para o ar, a água e o solo e a produção de resíduos, transpondo a Diretiva 2010/75/UE, do Parlamento Europeu e do Conselho, de 24 de novembro, relativa às emissões industriais. |
| j) | Primeira alteração ao **Decreto-Lei n.º 39/2018, de 11 de junho**, que estabelece o regime da prevenção e controlo das emissões de poluentes para o ar, e transpõe a Diretiva (UE) 2015/2193. |
| k) | Primeira alteração ao **Decreto-Lei n.º 119/2019, de 21 de agosto**, que estabelece o regime jurídico de produção de água para reutilização, obtida a partir do tratamento de águas residuais, bem como da sua utilização. |
| l) | Nona alteração ao **Decreto-Lei n.º 226-A/2007, de 31 de maio**, na sua redação atual, que estabelece o regime da utilização dos recursos hídricos. |
| m) | Sexta alteração à **Lei n.º 58/2005, de 29 de dezembro**, na sua redação atual, que aprova a Lei da Água, transpondo para a ordem jurídica nacional a Diretiva 2000/60/CE, do Parlamento Europeu e do Conselho, de 23 de outubro, e estabelecendo as bases e o quadro institucional para a gestão sustentável das águas. |
| n) | Segunda alteração ao **Decreto-Lei n.º 30/2021, de 7 de maio**, alterado pela Lei n.º 10/2022, de 12 de janeiro, que procede à regulamentação da Lei n.º 54/2015, de 22 de junho, no que respeita aos depósitos minerais. |
| o) | Segunda alteração ao **Decreto-Lei n.º 102-D/2020, de 10 de dezembro**, alterado pela Lei n.º 52/2021, de 10 de agosto, que aprova o regime geral da gestão de resíduos, o regime jurídico da deposição de resíduos em aterro e altera o regime da gestão de fluxos específicos de resíduos, transpondo as Diretivas (UE) 2018/849, 2018/850, 2018/851 e 2018/852. |
| p) | Sexta alteração ao **Decreto-Lei n.º 169/2012, de 1 de agosto**, na sua redação atual, que cria o SIR, que regula o exercício da atividade industrial, a instalação e exploração de zonas empresariais responsáveis, bem como o processo de acreditação de entidades no âmbito deste Sistema. |
| q) | Segunda alteração ao **Decreto-Lei n.º 30-A/2022, de 18 de abril**, alterado pelo Decreto-Lei n.º 72/2022, de 19 de outubro, que aprova medidas excecionais que visam assegurar a simplificação dos procedimentos de produção de energia a partir de fontes renováveis. |
| r) | Segunda alteração ao **Decreto-Lei n.º 4/2015, de 7 de janeiro**, alterado pela Lei n.º 72/2020, de 16 de novembro, que aprova o novo Código do Procedimento Administrativo. |
| s) | Sétima alteração ao **Decreto-Lei n.º 135/99, de 22 de abril**, na sua redação atual, que define os princípios gerais de ação a que devem obedecer os serviços e organismos da Administração Pública na sua atuação face ao cidadão, bem como reúne de uma forma sistematizada as normas vigentes no contexto da modernização administrativa. |

# 6. RESUMO DOS REGIMES JURÍDICOS ABRANGIDOS PELO REPORTE AMBIENTAL ÚNICO

**QUADRO 3**
**REPORTE AMBIENTAL ÚNICO**
(RAU)[54]

O RAU inclui nomeadamente a **informação a remeter ao abrigo dos seguintes regimes jurídicos** – n.º 2 do artigo 2.º do Decreto-Lei n.º 11/2023, de 10 de fevereiro:

| | Diploma legal | ASSUNTO |
|---|---|---|
| 1 | **Decreto-Lei n.º 277/99, de 23 de julho**, na sua redação atual | Transpõe para o direito interno as disposições constantes da Diretiva n.º 96/59/CE, do Conselho, de 16 de setembro, e estabelece as regras a que ficam sujeitas a eliminação dos PCB usados, tendo em vista a destruição total destes. |
| 2 | **Decreto-Lei n.º 3/2004, de 3 de janeiro**, na sua redação atual | Regime jurídico do licenciamento da instalação e da exploração dos centros integrados de recuperação, valorização e eliminação de resíduos perigosos, designados por CIRVER. |
| 3 | **Decreto-Lei n.º 181/2006, de 6 de setembro**, na sua redação atual | Limita o teor total de compostos orgânicos voláteis (COV) nos produtos identificados no anexo I do presente decreto-lei, do qual faz parte integrante, tendo em vista prevenir ou reduzir a poluição atmosférica devida à formação de ozono troposférico resultante das emissões dos COV. |
| 4 | **Decreto-Lei n.º 226-A/2007, de 31 de maio**, na sua redação atual | Estabelece o regime da utilização dos recursos hídricos. |
| 5 | **Decreto-Lei n.º 127/2008, de 21 de julho**, na sua redação atual | Regula a execução na ordem jurídica nacional do Regulamento (CE) n.º 166/2006, do Parlamento Europeu e do Conselho, de 18 de janeiro, relativo à criação do Registo Europeu das Emissões e Transferências de Poluentes. |

[54] Nos termos do n.º 1 do artigo 2.º do Decreto-Lei n.º 11/2023, de 10 de fevereiro (Reforma e Simplificação dos Licenciamentos Ambientais), o acompanhamento e monitorização previstos nos diferentes regimes ambientais da competência da Agência Portuguesa do Ambiente, I. P. (APA, I. P.), e das comissões de coordenação e desenvolvimento regionais é realizado de forma desmaterializada na **plataforma SILiAmb - Sistema Integrado de Licenciamento do Ambiente, através do RAU. De acordo com o n.º 2 do artigo 38.º do Decreto-Lei n.º 11/2023, o disposto no artigo 2.º apenas produz efeitos a partir de 01 de janeiro de 2024.**

| | | |
|---|---|---|
| 6 | **Decreto-Lei n.º 147/2008, de 29 de julho**, na sua redação atual | Estabelece o regime jurídico da responsabilidade por danos ambientais e transpõe para a ordem jurídica interna a Diretiva n.º 2004/35/CE, do Parlamento Europeu e do Conselho, de 21 de outubro, que aprovou, com base no princípio do poluidor-pagador, o regime relativo à responsabilidade ambiental aplicável à prevenção e reparação dos danos ambientais, com a alteração que lhe foi introduzida pela Diretiva n.º 2006/21/CE, do Parlamento Europeu e do Conselho, relativa à gestão de resíduos da indústria extrativa. |
| 7 | **Decreto-Lei n.º 93/2010, de 27 de julho**, na sua redação atual | Estabelece o regime de comércio de licenças de emissão de gases com efeito de estufa das atividades da aviação, transpondo a Diretiva n.º 2008/101/CE, do Parlamento Europeu e do Conselho, de 19 de Novembro, que altera a Diretiva n.º 2003/87/CE, do Parlamento Europeu e do Conselho, de 13 de Outubro |
| 8 | **Decreto-Lei n.º 127/2013, de 30 de agosto** | Estabelece o regime de emissões industriais aplicável à prevenção e ao controlo integrados da poluição, bem como as regras destinadas a evitar e ou reduzir as emissões para o ar, a água e o solo e a produção de resíduos, transpondo a Diretiva n.º 2010/75/UE, do Parlamento Europeu e do Conselho, de 24 de novembro de 2010, relativa às emissões industriais (prevenção e controlo integrados da poluição). |
| 9 | **Decreto-Lei n.º 151-B/2013, de 31 de outubro**, na sua redação atual | Estabelece o regime jurídico da avaliação de impacte ambiental (AIA) dos projetos públicos e privados suscetíveis de produzirem efeitos significativos no ambiente, transpondo a Diretiva n.º 2011/92/UE, do Parlamento Europeu e do Conselho, de 13 de dezembro, relativa à avaliação dos efeitos de determinados projetos públicos e privados no ambiente. |
| 10 | **Decreto-Lei n.º 150/2015, de 5 de agosto** | Estabelece o regime de prevenção de acidentes graves que envolvem substâncias perigosas e de limitação das suas consequências para a saúde humana e para o ambiente, transpondo para a ordem jurídica interna a Diretiva n.º 2012/18/UE, do Parlamento Europeu e do Conselho, de 4 de julho de 2012, relativa ao controlo dos perigos associados a acidentes graves que envolvem substâncias perigosas. |
| 11 | **Decreto-Lei n.º 145/2017, de 30 de novembro**, na sua redação atual | Assegura a execução, na ordem jurídica nacional, do Regulamento (UE) n.º 517/2014, relativo aos gases fluorados com efeito de estufa. |
| 12 | **Decreto-Lei n.º 39/2018, de 11 de junho**, na sua redação atual | Estabelece o regime da prevenção e controlo das emissões de poluentes para o ar, e transpõe a Diretiva (UE) 2015/2193. |

| | | |
|---|---|---|
| 13 | **Decreto-Lei n.º 108/2018, de 3 de dezembro**, na sua redação atual | Estabelece o regime jurídico da proteção radiológica, transpondo a Diretiva 2013/59/Euratom. |
| 14 | **Decreto-Lei n.º 12/2020, de 6 de abril**, na sua redação atual | Estabelece o regime jurídico aplicável ao comércio de licenças e emissão de gases com efeito de estufa, transpondo a Diretiva (UE). |
| 15 | **Decreto-Lei n.º 102-D/2020, de 10 de dezembro**, na sua redação atual | Aprova o regime geral da gestão de resíduos, o regime jurídico da deposição de resíduos em aterro e altera o regime da gestão de fluxos específicos de resíduos, transpondo as Diretivas (UE) 2018/849, 2018/850, 2018/851 e 2018/852. |
| 16 | **Despacho n.º 22 007/2009**, publicado no Diário da República, 2.ª série, n.º 192, de 2 de outubro de 2009, do Ministro do Ambiente, do Ordenamento do Território e do Desenvolvimento Regional. | Programa de controlo de aplicação do Decreto-Lei n.º 181/2006, de 6 de setembro, que estabelece o regime de limitação das emissões de compostos orgânicos voláteis (COV) resultantes da utilização de solventes orgânicos em determinadas tintas e vernizes e em produtos de retoque de veículos, transpondo para a ordem jurídica interna a Diretiva n.º 2004/42/CE, do Parlamento Europeu e do Conselho, de 21 de abril. |

7. **ANEXO:** Decreto-Lei n.º 11/2023, de 10 de fevereiro (procede à reforma e simplificação dos licenciamentos ambientais). Inclui:
   - Republicação do Decreto-Lei n.º 226-A/2007, de 31 de maio (Regime da Utilização dos Recursos Hídricos)
   - Republicação do Decreto-Lei n.º 151-B/2013, de 31 de outubro (Avaliação de Impacte Ambiental – AIA)
   - Republicação do Decreto-Lei n.º 119/2019, de 21 de agosto (Regime Jurídico de Produção de Água para Reutilização)

# ANEXO

# Decreto-Lei n.º 11/2023, de 10 de fevereiro
## Procede à reforma e simplificação dos licenciamentos ambientais

## CAPÍTULO I
## Disposição geral

### ARTIGO 1.º
### Objeto

1 – O presente decreto-lei aprova medidas para reduzir os encargos e simplificar os procedimentos administrativos sobre as empresas, designadamente através da:

*a)* Redução dos casos em que os procedimentos de avaliação de impacte ambiental (AIA) dependem de uma decisão discricionária das entidades competentes, através de análise caso a caso;

*b)* Clarificação do âmbito objetivo da obrigação de realização de AIA;

*c)* Redução de casos de AIA obrigatória fora das áreas sensíveis, sem prejuízo da realização de análise caso a caso;

*d)* Redução dos casos onde é obrigatória a realização de AIA;

*e)* Eliminação de casos onde não se justifica a exigência de procedimentos de AIA, evitando duplas avaliações ambientais, quanto a parques industriais e plataformas logísticas;

*f)* Simplificação do procedimento de AIA relativo a infraestruturas de serviços públicos essenciais que funcionem em rede, através da figura da análise ambiental de corredores;

*g)* Clarificação da redação de algumas tipologias de projetos sujeitos a AIA, permitindo uma melhor delimitação do seu universo e flexibilização da análise desenvolvida nestas situações;

*h)* Clarificação e objetivação do conteúdo que a declaração de impacte ambiental (DIA) favorável condicionada e a decisão de conformidade ambiental do projeto de execução poderão ter e o que pode ser exigido na fase de pós-avaliação;

*i)* Eliminação da necessidade de realizar certos procedimentos e obter certas autorizações e outros atos ou procedimentos adicionais quanto a questões que já foram analisadas em sede de AIA e viabilizadas através de DIA favorável ou favorável condicionada ou de decisão favorável sobre a conformidade ambiental do projeto de execução;

*j)* Eliminação da necessidade de renovação da licença ambiental, assim deixando de ter de ser renovada ao fim de 10 anos e dispensando o interessado de realizar esse procedimento;

*k)* Clarificação de que, para efeitos de dispensa de licença ambiental relativamente a instalações do setor químico, não tem escala industrial:

*i)* A experiência de uma nova tecnologia;

*ii)* A preparação final de produtos em loja;

*iii)* A produção em estabelecimentos comerciais;

*iv)* A produção em loja de retalho; e

*v)* As pequenas atividades de fabrico artesanal, entendendo-se como tais as que sejam exercidas em estabelecimentos com potência elétrica igual ou inferior a 99 kVA, potência térmica não superior a $4 \times 10^6$ kJ/h e número de trabalhadores não superior a 20;

*l)* Eliminação da participação de entidades acreditadas na instrução dos procedimentos de licenciamento para obtenção de licença ambiental e esclarecimento de que a utilização de verificadores acreditados para o reporte de informações por operadores de instalações sujeitas ao regime de prevenção e controlo integrado de poluição é meramente facultativa;

*m)* Eliminação da precedência entre a aprovação do plano de gestão de efluentes pecuários e a emissão de licença ambiental;

*n)* Eliminação da necessidade de obtenção de título de emissões para o ar, em certas situações;

*o)* Criação do Reporte Ambiental Único (RAU) em matéria ambiental, assim concentrando reportes ambientais e eliminando redundâncias decorrentes do preenchimento de vários reportes com informação repetida;

*p)* Simplificação do regime para a produção e utilização de água para reutilização, através da eliminação de licenças e da substituição de várias licenças por comunicações prévias com prazo, bem como pela determinação de que os procedimentos relativos à água para reutilização são gratuitos;

*q)* Substituição da licença para utilização de recursos hídricos por uma comunicação prévia com prazo, quando esteja em causa a realização de construções, inseridas em malha urbana com plano diretor municipal de segunda geração e esteja em causa a recuperação de estruturas já existentes sem alteração das características iniciais;

*r)* Adoção do princípio de apenas um título de utilização de recursos hídricos por utilizador, evitando um procedimento administrativo para cada título;

*s)* Determinação de que a renovação das licenças de utilização de recursos hídricos passa a ser automática caso não existam alterações;

*t)* Eliminação da obrigatoriedade de dotar com instalações de gás os edifícios a construir ou sujeitos a obras com controlo prévio;

*u)* Eliminação da necessidade de obtenção de licença de resíduos quando esteja em causa um estabelecimento industrial que já tenha obtido um título abrangido pelo Sistema da Indústria Responsável (SIR) em procedimento realizado para o efeito quanto a instalações intrínsecas ou extrínsecas à atividade industrial, substituindo-se a licença por um parecer vinculativo no quadro do procedimento para a atribuição de um título, ao abrigo do SIR;

*v)* Exclusão dos resíduos provenientes das explorações de depósitos minerais e de massas minerais do âmbito de aplicação do regime jurídico de gestão de resíduos, eliminando a duplicação de obrigações de monitorização por parte dos operadores;

*w)* Diminuição significativa do número de produtores de resíduos perigosos sujeitos ao cumprimento da obrigação de apresentação de plano de minimização de produção de resíduos;

*x)* Determinação de que o plano de minimização de produção de resíduos deve ser apresentado de cinco em cinco anos;

*y)* Admissibilidade de proceder, nos aterros para resíduos não perigosos, à humidificação dos mesmos através da reinjeção de lixiviados ou de concentrado da unidade de tratamento avançado por membrana, de modo a desonerar os operadores dos custos com o transporte e encaminhamento dos mesmos para destino final adequado;

*z)* Eliminação da exigência de cumprimento de alguns dos valores-limite aplicáveis a aterros de resíduos não perigosos, substituindo-os pela possibilidade de definição de parâmetros adicionais para determinadas tipologias de resíduos, por forma a diminuir os constrangimentos dos operadores com a admissibilidade de resíduos em aterro;

*aa)* Instituição de um procedimento desmaterializado e gratuito para obtenção de um documento que comprove a obtenção de direitos por deferimento tácito;

*bb)* Adoção de medidas destinadas a permitir a utilização efetiva de regimes de deferimento tácito previstos nos regimes de AIA, licenciamento ambiental e no regime da utilização dos recursos hídricos;

*cc)* Limitação da possibilidade de suspensão de prazos de decisão pela Administração Pública;

*dd)* Adoção de medidas para evitar o incumprimento dos prazos para decisão final do procedimento por falta de pareceres.

2 – Para os efeitos previstos no número anterior, o presente decreto-lei procede, designadamente:

*a)* À sexta alteração ao Decreto-Lei n.º 151-B/2013, de 31 de outubro, na sua redação atual, que aprova o regime jurídico da AIA dos projetos públicos e privados suscetíveis de produzirem efeitos significativos no ambiente, transpondo a Diretiva 2011/92/UE, do Parlamento Europeu e do Conselho, de 13 de dezembro, relativa à avaliação dos efeitos de determinados projetos públicos e privados no ambiente;

*b)* À primeira alteração ao Decreto-Lei n.º 120/86, de 28 de maio, que estabelece disposições quanto ao condicionamento do arranque de oliveiras;

*c)* À terceira alteração ao Decreto-Lei n.º 169/2001, de 25 de maio, alterado pelos Decretos-Leis n.ºs 155/2004, de 30 de junho, e 29/2015, de 10 de fevereiro, que estabelece medidas de proteção ao sobreiro e à azinheira;

*d)* À terceira alteração ao Decreto-Lei n.º 142/2008, de 24 de julho, alterado pelos Decretos-Leis n.ºs 242/2015, de 15 de outubro, e 42-A/2016, de 12 de agosto, que estabelece o regime jurídico da conservação da natureza e da biodiversidade e revoga os Decretos-Leis n.ºs 264/79, de 1 de agosto, e 19/93, de 23 de janeiro;

*e)* À quinta alteração ao Decreto-Lei n.º 166/2008, de 22 de agosto, na sua redação atual, que aprova o Regime Jurídico da Reserva Ecológica Nacional;

*f)* À segunda alteração ao Decreto-Lei n.º 73/2009, de 31 de março, alterado pelo Decreto-Lei n.º 199/2015, de 16 de setembro, que aprova o Regime Jurídico da Reserva Agrícola Nacional;

*g)* À primeira alteração ao Decreto-Lei n.º 140/2009, de 15 de junho, que aprova o regime jurídico dos estudos, projetos, relatórios, obras ou intervenções sobre bens culturais classificados, ou em vias de classificação, de interesse nacional, de interesse público ou de interesse municipal;

*h)* À segunda alteração ao Decreto-Lei n.º 97/2017, de 10 de agosto, alterado pela Lei n.º 59/2018, de 21 de agosto, que estabelece o regime das instalações de gases combustíveis em edifícios;

*i)* À primeira alteração ao Decreto-Lei n.º 127/2013, de 30 de agosto, que estabelece o regime de emissões industriais aplicável à prevenção e ao controlo integrados da poluição, bem como as regras destinadas a evitar e/ou reduzir as emissões para o ar, a água e o solo e a produção de resíduos, transpondo a Diretiva 2010/75/UE, do Parlamento Europeu e do Conselho, de 24 de novembro, relativa às emissões industriais;

*j)* À primeira alteração ao Decreto-Lei n.º 39/2018, de 11 de junho, que estabelece o regime da prevenção e controlo das emissões de poluentes para o ar, e transpõe a Diretiva (UE) 2015/2193;

*k)* À primeira alteração ao Decreto-Lei n.º 119/2019, de 21 de agosto, que estabelece o regime jurídico de produção de água para reutilização, obtida a partir do tratamento de águas residuais, bem como da sua utilização;

*l)* À nona alteração ao Decreto-Lei n.º 226-A/2007, de 31 de maio, na sua redação atual, que estabelece o regime da utilização dos recursos hídricos;

*m)* À sexta alteração à Lei n.º 58/2005, de 29 de dezembro, na sua redação atual, que aprova a Lei da Água, transpondo para a ordem jurídica nacional a Diretiva 2000/60/CE, do Parlamento Europeu e do Conselho, de 23 de outubro, e estabelecendo as bases e o quadro institucional para a gestão sustentável das águas;

*n)* À segunda alteração ao Decreto-Lei n.º 30/2021, de 7 de maio, alterado pela Lei n.º 10/2022, de 12 de janeiro, que procede à regulamentação da Lei n.º 54/2015, de 22 de junho, no que respeita aos depósitos minerais;

*o)* À segunda alteração ao Decreto-Lei n.º 102-D/2020, de 10 de dezembro, alterado pela Lei n.º 52/2021, de 10 de agosto, que aprova o regime geral da gestão de resíduos, o regime jurídico da deposição de resíduos em aterro e altera o regime da gestão de fluxos específicos de resíduos, transpondo as Diretivas (UE) 2018/849, 2018/850, 2018/851 e 2018/852;

*p)* À sexta alteração ao Decreto-Lei n.º 169/2012, de 1 de agosto, na sua redação atual, que cria o SIR, que regula o exercício da atividade industrial, a instalação e exploração de zonas empresariais responsáveis, bem como o processo de acreditação de entidades no âmbito deste Sistema;

*q)* À segunda alteração ao Decreto-Lei n.º 30-A/2022, de 18 de abril, alterado pelo Decreto-Lei n.º 72/2022, de 19 de outubro, que aprova medidas excecionais que visam assegurar a simplificação dos procedimentos de produção de energia a partir de fontes renováveis;

*r)* À segunda alteração ao Decreto-Lei n.º 4/2015, de 7 de janeiro, alterado pela Lei n.º 72/2020, de 16 de novembro, que aprova o novo Código do Procedimento Administrativo;

*s)* À sétima alteração ao Decreto-Lei n.º 135/99, de 22 de abril, na sua redação atual, que define os princípios gerais de ação a que devem obedecer os serviços e organismos da Administração Pública na sua atuação face ao cidadão, bem como reúne de uma forma sistematizada as normas vigentes no contexto da modernização administrativa.

## CAPÍTULO II
## Simplificações procedimentais gerais em matéria de ambiente

### ARTIGO 2.º
### Reporte Ambiental Único

1 – O acompanhamento e monitorização previstos nos diferentes regimes ambientais da competência da Agência Portuguesa do Ambiente, I. P. (APA, I. P.), e das comissões de coordenação e desenvolvimento regionais é realizado de forma desmaterializada na plataforma SILiAmb – Sistema Integrado de Licenciamento do Ambiente, através do RAU.

2 – O RAU inclui nomeadamente a informação a remeter ao abrigo dos seguintes regimes jurídicos:

*a)* Decreto-Lei n.º 277/99, de 23 de julho, na sua redação atual;
*b)* Decreto-Lei n.º 3/2004, de 3 de janeiro;
*c)* Decreto-Lei n.º 181/2006, de 6 de setembro, na sua redação atual;
*d)* Decreto-Lei n.º 226-A/2007, de 31 de maio, na sua redação atual;
*e)* Decreto-Lei n.º 127/2008, de 21 de julho, na sua redação atual;
*f)* Decreto-Lei n.º 147/2008, de 29 de julho, na sua redação atual;
*g)* Decreto-Lei n.º 93/2010, de 27 de julho, na sua redação atual;
*h)* Decreto-Lei n.º 127/2013, de 30 de agosto;
*i)* Decreto-Lei n.º 151-B/2013, de 31 de outubro, na sua redação atual;
*j)* Decreto-Lei n.º 150/2015, de 5 de agosto;
*k)* Decreto-Lei n.º 145/2017, de 30 de novembro, na sua redação atual;

*l)* Decreto-Lei n.º 39/2018, de 11 de junho;
*m)* Decreto-Lei n.º 108/2018, de 3 de dezembro, na sua redação atual;
*n)* Decreto-Lei n.º 12/2020, de 6 de abril, na sua redação atual;
*o)* Decreto-Lei n.º 102-D/2020, de 10 de dezembro, na sua redação atual;
*p)* Despacho n.º 22 007/2009, publicado no Diário da República, 2.ª série, n.º 192, de 2 de outubro de 2009, do Ministro do Ambiente, do Ordenamento do Território e do Desenvolvimento Regional.

3 – A informação é submetida pelos particulares através do RAU, com a periodicidade estabelecida no respetivo regime, sem prejuízo do disposto no n.º 6.

4 – Não é permitida a solicitação de informação adicional para além da submetida através do RAU.

5 – Não pode ser exigido através do RAU o envio de informação com periodicidade inferior à que se encontre prevista em cada um dos regimes jurídicos.

6 – Os dados submetidos através do RAU são automaticamente reaproveitados para o cumprimento de obrigações de reporte ao abrigo dos n.ºs 1 e 2 cuja periodicidade seja superior à anual, estando o interessado dispensado de a preencher.

7 – A informação submetida no RAU é disponibilizada automaticamente a todas as entidades com competência para a sua análise.

8 – O acesso e utilização do RAU deve ser simples, designadamente através da utilização de linguagem clara, estando vedada a utilização de termos excessivamente técnicos ou de difícil compreensão.

## CAPÍTULO III
## Alterações legislativas a regimes jurídicos em matéria ambiental

### ARTIGO 3.º
### Alteração ao Decreto-Lei n.º 151-B/2013, de 31 de outubro

Os artigos 1.º, 3.º, 7.º, 13.º, 14.º, 18.º, 19.º, 20.º, 21.º, 24.º, 26.º e 45.º do regime jurídico da AIA dos projetos públicos e privados suscetíveis de produzirem efeitos significativos no ambiente, aprovado pelo Decreto-Lei n.º 151-B/2013, de 31 de outubro, na sua redação atual, passam a ter a seguinte redação:

«ARTIGO 1.º
[...]

1 - [...]
2 - [...]
3 - [...]

*a)* [...]
*b)* [...]

*i)* [...]
*ii)* [...]
*iii)* Não estando abrangidos pelos limiares fixados, não se localizando em área sensível, nem se encontrando abrangidos pelas exclusões expressamente previstas para o caso geral no anexo II do presente decreto-lei, sejam considerados, por decisão da entidade licenciadora ou competente para a autorização do projeto nos termos do artigo 3.º, como suscetíveis de provocar impacte significativo no ambiente em função da sua localização, dimensão ou natureza, de acordo com os critérios estabelecidos no anexo III do presente decreto-lei;

*c)* [...]

4 - [...]

5 - Não estão sujeitas a AIA nem a análise caso a caso as alterações ou ampliações de projetos incluídos nas tipologias dos n.ºs 3 a 9 do anexo II do presente decreto-lei, executados ou em execução, que, tendo sido submetidos a AIA, já foram autorizados, desde que, cumulativamente:

*a)* O projeto inicial e a alteração ou ampliação não se localizem em área sensível;

*b)* Se desenvolvam na área do projeto objeto de DIA favorável ou favorável condicionada;

*c)* Não correspondam a uma alteração da atividade e/ou substâncias ou misturas utilizadas ou produzidas, relativamente aos códigos de atividade económica autorizados; e

*d)* Não incluam a concretização de uma componente que corresponda em si mesma a outra tipologia distinta do projeto inicial.

6 - Não estão sujeitas a AIA nem a análise caso a caso as alterações a projetos que anteriormente tenham obtido DIA favorável ou favorável condicio-

nada, que resultem da substituição de equipamentos, com ou sem alteração da capacidade instalada, quando:

*a)* Se incluam nas tipologias dos n.ºs 3 a 9 do anexo II do presente decreto-lei;

*b)* Se desenvolvam na área do projeto objeto de DIA favorável ou favorável condicionada;

*c)* Sejam cumpridas as condições da DIA;

*d)* O projeto inicial e a alteração não se localizem em área sensível; e

*e)* Não se verifique uma alteração da atividade e/ou das substâncias ou misturas utilizadas ou produzidas, com referência aos códigos de atividade económica autorizados.

7 – (Anterior n.º 5.)
8 – [...]
9 – (Anterior n.º 6.)
10 – (Anterior n.º 7.)

Artigo 3.º

[...]

1 – A decisão de sujeição a AIA dos projetos submetidos a uma análise caso a caso, nos termos previstos na subalínea iii) da alínea b) do n.º 3, nas subalíneas ii) e iii) da alínea b) e na alínea c) do n.º 4 e no n.º 5 do artigo 1.º compete à entidade licenciadora ou competente para a autorização do projeto, que notifica o proponente da abertura de procedimento de avaliação de sujeição a AIA.

2 – [...]

3 – Para efeitos do pedido de apreciação prévia e decisão de sujeição a AIA, o proponente deve proceder à apresentação dos elementos identificados no anexo IV do presente decreto-lei e do qual faz parte integrante.

4 – Recebido o pedido e os elementos, a entidade licenciadora ou competente para a autorização de projeto ou a autoridade de AIA, conforme aplicável, procede à análise da suscetibilidade de o projeto provocar impactes significativos no ambiente, com base nos critérios estabelecidos no anexo III do presente decreto-lei, e emite decisão sobre a necessidade de sujeição a AIA, no prazo de 25 dias a contar da receção do pedido.

5 – Quando a entidade licenciadora ou competente para a autorização for simultaneamente proponente do projeto, deve pedir parecer obrigatório à autoridade de AIA.

6 – Excetuam-se do disposto no n.º 1 os projetos e as alterações ou ampliações de projetos que se localizem, parcial ou totalmente, em área sensível, cuja decisão compete à autoridade de AIA, a qual tem em consideração o resultado da consulta às entidades com competência na gestão da área classificada em causa.

7 – A ausência de decisão da autoridade de AIA no prazo previsto no n.º 4 determina a sujeição a AIA de projetos e de alterações ou ampliações de projetos que se localizem em áreas sensíveis.

8 – [...]

9 – [...]

10 – Nos casos previstos no número anterior, o prazo referido no n.º 4 inicia-se uma vez concluído o período de consulta pública.

11 – As decisões a que se referem os n.ºs 1 e 3 devem incluir, no mínimo, os seguintes elementos:

*a)* [...]

*b)* [...]

### Artigo 7.º

### [...]

[...]

*a)* Remeter à autoridade de AIA os elementos apresentados pelo proponente para efeitos dos procedimentos de AIA e de verificação da conformidade ambiental do projeto de execução com a DIA, quando esses elementos não sejam remetidos através da plataforma eletrónica da autoridade de AIA;

*b)* [...]

*c)* [...]

*d)* [...]

### Artigo 13.º

### [...]

1 – O EIA deve conter as informações necessárias em função das características do estudo prévio, anteprojeto ou projeto de execução em causa, atendendo aos conhecimentos e métodos de avaliação existentes, devendo

incluir os elementos fixados no anexo V do presente decreto-lei, do qual faz parte integrante, e observar as normas técnicas constantes de portaria aprovada pelo membro do Governo responsável pela área do ambiente, ouvidos os responsáveis pelas áreas de tutela dos projetos abrangidos pelo presente decreto-lei.

2 – O EIA deve, ainda, incluir as diretrizes da monitorização, identificando os parâmetros ambientais a avaliar, as fases do projeto nas quais vai ter lugar e a sua duração, bem como a periodicidade prevista para a apresentação dos relatórios de monitorização à autoridade de AIA.

3 – [...]

4 – [...]

### Artigo 14.º

[...]

1 – O proponente apresenta o EIA, acompanhado do respetivo estudo prévio, anteprojeto ou projeto de execução, conforme aplicável, através de uma plataforma eletrónica da entidade licenciadora ou da entidade competente para a autorização do projeto ou da autoridade de AIA.

2 – Caso a entidade licenciadora ou competente para autorização do projeto não disponha de plataforma eletrónica ou o projeto em causa não esteja sujeito a procedimento de licenciamento ou autorização, o proponente deve submeter o EIA, acompanhado do respetivo estudo prévio, anteprojeto ou projeto de execução, conforme aplicável, à autoridade de AIA, através da plataforma do Sistema Integrado de Licenciamento de Ambiente (SILiAmb), a qual comunica o EIA, no prazo de um dia, acompanhado do respetivo estudo prévio, anteprojeto ou projeto de execução, conforme aplicável, à entidade licenciadora ou competente para autorização do projeto.

3 – A falta de elementos instrutórios obrigatórios, que não sejam passíveis de obter oficiosamente, nos termos do anexo V do presente decreto-lei, constitui fundamento de rejeição liminar do pedido e consequente extinção do procedimento, a comunicar ao proponente, caso este não aperfeiçoe o pedido no prazo fixado para o efeito.

4 – [...]

5 – [...]

6 – [...]

7 – A CA procede à apreciação prévia do EIA, pronunciando-se sobre a sua conformidade, no prazo de 30 dias contados da data da constituição da CA.

8 – [...]

9 – Para efeitos da verificação da conformidade do EIA, a autoridade de AIA, sob proposta da CA, pode solicitar ao proponente, por uma única vez, a reformulação do RNT ou elementos adicionais sobre os elementos instrutórios referidos no anexo V do presente decreto-lei que sejam diretamente relevantes para formar a sua conclusão fundamentada sobre os efeitos significativos do projeto no ambiente.

10 – A reformulação do RNT e os elementos referidos no número anterior são apresentados em prazo fixado para o efeito, nunca inferior a 10 dias, sob pena de o procedimento não prosseguir.

11 – Com base na apreciação da CA, a autoridade de AIA emite decisão sobre a conformidade do EIA, a qual, em caso de desconformidade, deve ser devidamente fundamentada indicando as normas legais ou regulamentares em causa, e determina o indeferimento liminar do pedido de avaliação e a consequente extinção do procedimento.

12 – (Anterior n.º 11.)

13 – (Anterior n.º 12.)

### Artigo 18.º

[...]

1 – A DIA pode ser favorável, favorável condicionada ou desfavorável, com fundamento na avaliação ponderada dos impactes ambientais, positivos e negativos, associados às várias fases de desenvolvimento do projeto, tendo por referência os objetivos da AIA estabelecidos no artigo 5.º.

2 – [...]

3 – [...]

*a)* [...]

*b)* [...]

*c)* [...]

*d)* Razões de facto e de direito que justificam a decisão, incluindo, no caso de a DIA ser favorável condicionada, a fundamentação das condições a adotar, nos termos dos n.ºs 4 a 7;

*e)* [...]

*f)* [...]; e

*g)* Caso a DIA seja favorável condicionada, o tipo de condições a adotar ao longo das várias fases de desenvolvimento do projeto, nos termos dos n.ºs 4 a 7.

4 – Quando a DIA é favorável condicionada, esta fixa as condições a adotar ao longo das várias fases de desenvolvimento do projeto, que podem incluir, conforme aplicável, as condicionantes à realização do projeto, os elementos a apresentar, as medidas de minimização e de compensação dos impactes ambientais negativos, bem como de potenciação dos impactes positivos, ou os programas de monitorização a adotar.

5 – As condições fixadas nos termos do número anterior devem ser fundamentadas, de forma inequívoca, com razões de facto e de direito, incluindo no que diz respeito à relação das mesmas com os impactes ambientais perspetivados, e devem ser proporcionais à natureza, localização e dimensão do projeto, à significância dos seus impactes ambientais e apresentar o detalhe adequado à fase em que o projeto é sujeito a AIA.

6 – A DIA favorável condicionada apenas pode estabelecer a necessidade de apresentação ou demonstração do cumprimento de condições previamente ao licenciamento ou autorização do projeto, quando estas digam respeito a situações que podem ter implicações ao nível do desenho final do projeto de execução a licenciar ou autorizar.

7 – A DIA favorável condicionada apenas pode estabelecer a necessidade de apresentação ou demonstração do cumprimento de condições previamente ao início da fase de construção, caso se verifique que essas mesmas condições são necessárias à minimização, compensação, potenciação ou monitorização de impactes durante a fase de construção.

8 – Quando as condicionantes estabelecidas na DIA consistam na obtenção de pareceres ou autorizações previstas em legislação ou regulamentação setorial, estes devem ser emitidos no prazo legal ou regulamentarmente estabelecido, findo o qual são aplicáveis as consequências legalmente previstas, nomeadamente o seu deferimento tácito.

9 – (Anterior n.º 5.)

10 – (Anterior n.º 6.)

### Artigo 19.º

[...]

1 – [...]

2 – A DIA é emitida nos seguintes prazos, contados da data da submissão do pedido através da plataforma eletrónica a que se refere o n.º 1 do artigo 14.º, sob pena de deferimento tácito:

*a)* 150 dias;

*b)* [...]

*c)* Quando haja lugar à intervenção da entidade acreditada para verificação da conformidade do EIA, nos termos do n.º 13 do artigo 14.º, no prazo de 70 dias.

3 – [...]

4 – [...]

5 – Quando tenham sido solicitados elementos ou informações adicionais, a contagem dos prazos previstos no presente artigo só se suspende a partir do sétimo dia após a sua receção pelo proponente sem que este o cumpra.

6 – [...]

7 – Os prazos previstos no presente artigo não prejudicam a aplicação de prazos reduzidos definidos em cronograma de projeto de potencial interesse nacional, nos termos da lei.

8 – [...]

### Artigo 20.º
[...]

1 – [...]

2 – Para efeitos do disposto no número anterior, o proponente apresenta o projeto de execução, acompanhado do RECAPE:

*a)* Através de uma plataforma eletrónica da entidade licenciadora ou competente para a autorização do projeto; ou

*b)* Caso a entidade licenciadora ou competente para autorização do projeto não disponha de plataforma eletrónica ou o projeto em causa não esteja sujeito a procedimento de licenciamento ou autorização, o proponente deve submeter o RECAPE através da plataforma SILiAmb, a qual comunica o RECAPE, no prazo de um dia, à entidade licenciadora ou competente para autorização do projeto.

3 – [...]

4 – [...]

5 – [...]

6 – [...]

7 – [...]

8 – [...]

### Artigo 21.º
[...]

1 – [...]
2 – [...]
3 – [...]
4 – [...]
5 – A decisão de conformidade ambiental do projeto de execução deve definir as condições ambientais de aprovação do mesmo a adotar nas fases de construção, exploração e desativação do projeto, sendo-lhe aplicável com as necessárias adaptações o disposto no artigo 18.º
6 – [...]
7 – [...]
8 – [...]
9 – [...]

### Artigo 24.º
[...]

1 – [...]
2 – [...]
3 – [...]
4 – [...]
5 – A autoridade de AIA pode solicitar, por uma única vez, elementos adicionais necessários à análise do pedido de prorrogação referidos nos números anteriores.
6 – [...]
7 – [...]
8 – [...]

### Artigo 26.º
[...]

1 – [...]
2 – [...]

*a)* A análise dos relatórios de monitorização e de outra documentação relevante para demonstração do cumprimento das condições fixadas na DIA ou na decisão sobre a conformidade ambiental do projeto de execução;

*b)* [...]
*c)* [...]

3 – Para efeitos do disposto na alínea a) do número anterior, compete ao proponente dar cumprimentos às condições fixadas na DIA ou na decisão sobre a conformidade ambiental do projeto de execução, incluindo assegurar a monitorização do projeto nos termos fixados nas referidas decisões, ou, na falta destes, de acordo com o EIA ou o RECAPE apresentados pelo proponente, ou com os elementos referidos no n.º 1 do artigo 16.º ou no n.º 8 do artigo 20.º, e remeter à autoridade de AIA os respetivos relatórios ou outros documentos relevantes.

4 – [...]

5 – Caso a decisão sobre os elementos previstos no n.º 3 possa condicionar a construção, exploração ou desativação, a autoridade de AIA deve emitir pronúncia sobre os mesmos no prazo de 30 dias a contar da sua submissão pelo proponente.

6 – Para efeitos do disposto no número anterior, as entidades consultadas devem remeter à autoridade de AIA, no prazo máximo de 10 dias após solicitação da mesma, a respetiva apreciação.

7 – Caso a autoridade de AIA não se pronuncie no prazo referido no n.º 5, ocorre deferimento tácito.

8 – (Anterior n.º 5.)

9 – (Anterior n.º 6.)

10 – (Anterior n.º 7.)

### Artigo 45.º

[...]

1 – [...]

2 – [...]

3 – [...]

4 – [...]

5 – [...]

6 – [...]

7 – A avaliação ambiental nos termos do Decreto-Lei n.º 232/2007, de 15 de junho, na sua redação atual, dos parques ou polos de desenvolvimento industrial, zonas industriais e logísticas e plataformas logísticas dispensa a necessidade de AIA e de análise caso a caso dos mesmos, ao abrigo do presente decreto-lei, sem prejuízo da eventual necessidade de AIA relativamente aos projetos específicos aí a instalar.»

*Contém as alterações dos seguintes diplomas:*

*Retificado pelo/a Declaração de Retificação n.º 12-B/2023 – Diário da República n.º 70/2023, 1.º Suplemento, Série I, de 2023-04-10, produz efeitos a partir de 2023-02-11*

*Retificado pelo/a Declaração de Retificação n.º 7-A/2023 – Diário da República n.º 42/2023, 2.º Suplemento, Série I, de 2023-02-28, produz efeitos a partir de 2023-02-11*

## ARTIGO 4.º

## Alteração ao anexo II do Decreto-Lei n.º 151-B/2013, de 31 de outubro

O anexo II do regime jurídico da AIA dos projetos públicos e privados suscetíveis de produzirem efeitos significativos no ambiente, aprovado pelo Decreto-Lei n.º 151-B/2013, de 31 de outubro, na sua redação atual, é alterado com a redação constante do anexo I do presente decreto-lei e do qual faz parte integrante.

## ARTIGO 5.º

## Alteração sistemática ao Decreto-Lei n.º 151-B/2013, de 31 de outubro

1 – É aditado ao regime jurídico da AIA dos projetos públicos e privados suscetíveis de produzirem efeitos significativos no ambiente, aprovado pelo Decreto-Lei n.º 151-B/2013, de 31 de outubro, na sua redação atual, um capítulo IV com a epígrafe «Análise ambiental de corredores» e que integra os artigos 31.º-A a 31.º-E.

2 – Os capítulos IV, V e VI são renumerados, passando respetivamente a capítulos V, VI e VII.

## ARTIGO 6.º

## Aditamento ao Decreto-Lei n.º 151-B/2013, de 31 de outubro

São aditados ao regime jurídico da AIA dos projetos públicos e privados suscetíveis de produzirem efeitos significativos no ambiente, aprovado pelo Decreto-Lei n.º 151-B/2013, de 31 de outubro, na sua redação atual, os artigos 31.º-A, 31.º-B, 31.º-C, 31.º-D e 31.º-E, com a seguinte redação:

### «Artigo 31.º-A

### Objetivo e âmbito da análise ambiental de corredores

1 – O procedimento de análise ambiental de alternativas de corredores de infraestruturas lineares visa proceder à seleção de alternativas ambientalmente mais sustentáveis para o seu desenvolvimento.

2 – O procedimento previsto no número anterior pode ser utilizado nos seguintes casos:

*a)* Concessionários de serviços públicos essenciais de fornecimento de água, de transporte e distribuição de energia elétrica, de gás natural, gases de petróleo liquefeitos canalizados e gases de origem renovável;

*b)* Exploração e gestão de sistemas municipais de abastecimento público de água e de saneamento de águas residuais urbanas por entidades habilitadas, nos termos do Decreto-Lei n.º 90/2009, de 9 de abril;

*c)* Transporte público em corredor próprio;

*d)* Infraestruturas relativas a serviços públicos essenciais de comunicações eletrónicas.

3 – A decisão que define os corredores ambientalmente mais sustentáveis habilita o interessado a iniciar um procedimento de AIA na fase de projeto de execução.

4 – A realização do procedimento previsto no presente capítulo depende de iniciativa do operador e pode ser utilizado quando o projeto implique a realização de AIA ou avaliação de incidências ambientais.

### Artigo 31.º-B
### **Entidades intervenientes**

1 – Compete à APA, I. P., coordenar o procedimento de análise ambiental de corredores, com o envolvimento das entidades com competências ambientais ou territoriais relevantes.

2 – Para efeitos da análise ambiental de corredores, é constituída uma conferência procedimental deliberativa nos termos do CPA, pelas entidades que compõem a CA do projeto em causa nos termos do artigo 9.º, ficando deste modo dispensada a constituição da CA.

### Artigo 31.º-C
### **Procedimento de análise ambiental de corredores**

1 – As concessionárias ou entidades responsáveis pela prestação dos serviços previstos no n.º 2 do artigo 31.º-A podem submeter à APA, I. P., um estudo ambiental de alternativas de corredores (EAAC) para desenvolvimento de infraestruturas referidas no n.º 2 do artigo 31.º-A.

2 – O estudo previsto no número anterior pode incidir simultaneamente sobre múltiplas infraestruturas lineares.

3 – O EAAC deve conter as informações necessárias à análise e decisão sobre a alternativa de corredor ambientalmente mais sustentável, designadamente os elementos referidos no anexo VII do presente decreto-lei e do qual faz parte integrante.

4 – O pedido previsto no n.º 1 é submetido através do SILiAmb.

5 – No prazo máximo de três dias após a receção do EAAC, a APA, I. P., procede à constituição da conferência procedimental, remetendo-o às entidades que a integram.

6 – A conferência procedimental identifica, no prazo de 15 dias após a receção do EAAC, a necessidade de apresentação de elementos adicionais pelo interessado.

7 – Caso seja identificada a necessidade de apresentação de elementos adicionais, a APA, I. P., solicita os mesmos ao proponente, no prazo de dois dias a contar do prazo estabelecido no número anterior, por uma única vez e fixando um prazo para a sua entrega.

8 – Uma vez remetida a informação, a APA, I. P., promove a consulta pública do EAAC, no prazo de 3 dias a contar da receção dos elementos por um período máximo de 30 dias, salvo se tiver existido AAE, caso em que o período máximo é de 15 dias.

9 – No prazo máximo de 80 dias a contar da receção do EAAC, as entidades que integram a conferência procedimental remetem a sua pronúncia à APA, I. P., a qual deve conter, no mínimo:

*a)* Identificação de todos os corredores alternativos considerados viáveis e, de entre estes, identificação dos preferenciais;

*b)* Identificação de eventuais corredores a excluir;

*c)* Fundamentação das opções indicadas;

*d)* Identificação de orientações para a elaboração dos projetos de execução.

10 – Com base nas referidas pronúncias, a APA, I. P., elabora e apresenta uma proposta de decisão à conferência procedimental, a qual deve identificar todas as alternativas de corredores que se considerem sustentáveis, as quais são consideradas aprovadas.

11 – A decisão da conferência procedimental é notificada pela APA, I. P., ao proponente no prazo máximo de 100 dias a contar da data de receção do EAAC.

12 – O prazo previsto no n.º 9 é diminuído em 15 dias quando tiver existido AAE.

13 – Ocorre deferimento tácito caso a decisão da conferência procedimental não seja notificada no prazo referido no n.º 9, contado desde a data da submissão do pedido.

### Artigo 31.º-D
### Efeitos da decisão e articulação com os regimes de avaliação ambiental estratégica e avaliação de impacte ambiental

1 – A decisão da conferência procedimental vincula o proponente, a APA, I. P., e as entidades representadas na conferência procedimental no que respeita aos corredores de implantação de infraestruturas aprovados, pelo período de quatro anos a contar da data da sua notificação ao interessado.

2 – O EAAC apresentado de forma suficientemente detalhada em plano ou programa submetido a avaliação ambiental nos termos do Decreto-Lei n.º 232/2007, de 15 de junho, na sua redação atual, pode ser instruído com os elementos constantes do relatório ambiental, das consultas realizadas e da declaração ambiental que se mantenham válidos, desde que se mantenham os respetivos pressupostos de facto e de direito.

3 – As entidades que se tenham pronunciado na avaliação ambiental nos termos do Decreto-Lei n.º 232/2007, de 15 de junho, na sua redação atual, estão vinculadas ao sentido da sua pronúncia, salvo invocação da alteração dos fundamentos de facto ou de direito.

4 – Os projetos de infraestruturas previstos no n.º 2 do artigo 31.º-A a localizar em corredores aprovados na sequência do procedimento previsto no presente capítulo podem ser submetidos a procedimento de AIA, na fase de projeto de execução, desde que tal se verifique durante o prazo de validade da decisão da conferência procedimental.

5 – Nas situações previstas no número anterior, o proponente deve ter em conta a decisão da conferência procedimental no desenvolvimento dos projetos de execução e respetivos EIA.

### Artigo 31.º-E
### Prorrogação do prazo de validade da decisão

1 – Pode ser solicitada a prorrogação do prazo de validade da decisão da conferência procedimental.

2 – O pedido de prorrogação do prazo de validade da decisão só pode ser deferido caso se mantenham as condições que presidiram à emissão da mesma, designadamente no que se refere à situação do ambiente potencialmente afetado pelo corredor.

3 – O proponente deve instruir o pedido de prorrogação com:

*a)* Justificação da necessidade de prorrogação; e

*b)* Demonstração da manutenção das condições essenciais que presidiram à emissão da decisão, designadamente no que se refere à situação do ambiente potencialmente afetado pelo projeto.

4 – A decisão de prorrogação do prazo de validade da decisão é proferida pela APA, I. P., no prazo de 40 dias a contar da data do pedido.

5 – A APA, I. P., pode solicitar, por uma única vez, elementos adicionais necessários à análise do pedido de prorrogação referido nos números anteriores.

6 – Terminado o prazo fixado para apresentação dos elementos mencionados no número anterior sem que os mesmos tenham sido apresentados ou sem que tenha sido solicitada a extensão do referido prazo, o pedido de prorrogação é indeferido.

7 – Ocorre deferimento tácito caso a decisão da APA, I. P., não seja notificada no prazo referido no n.º 4.»

### ARTIGO 7.º
### Aditamento de anexo ao Decreto-Lei n.º 151-B/2013, de 31 de outubro

É aditado ao regime jurídico da AIA dos projetos públicos e privados suscetíveis de produzirem efeitos significativos no ambiente, aprovado pelo Decreto-Lei n.º 151-B/2013, de 31 de outubro, na sua redação atual, o anexo VII, com a redação constante do anexo II do presente decreto-lei e do qual faz parte integrante.

### ARTIGO 8.º
### Alteração ao Decreto-Lei n.º 120/86, de 28 de maio

O artigo 1.º do Decreto-Lei n.º 120/86, de 28 de maio, passa a ter a seguinte redação:

«Artigo 1.º

1 – (Anterior corpo do artigo.)

2 – Excetua-se do disposto no número anterior o arranque ou corte de oliveiras quando necessários para um projeto que esteja sujeito a procedimento de avaliação de impacte ambiental ou de avaliação de incidências ambientais em fase de projeto de execução e o arranque ou corte resulte da declaração de impacte ambiental ou da decisão favorável sobre a conformidade ambiental do projeto de execução, ficando dispensado qualquer tipo de autorização.

3 – O disposto no número anterior também se aplica a projetos em fase de anteprojeto, quando os mesmos possuam grau de detalhe suficiente para identificar o arranque ou corte.»

## ARTIGO 9.º
## Alteração ao Decreto-Lei n.º 169/2001, de 25 de maio

Os artigos 2.º, 3.º, 6.º, 9.º e 25.º do Decreto-Lei n.º 169/2001, de 25 de maio, na sua redação atual, passam a ter a seguinte redação:

«Artigo 2.º

[...]

1 – [...]

2 – [...]

*a)* [...]

*b)* Empreendimentos agrícolas com relevante e sustentável interesse para a economia local, com as condicionantes constantes do n.º 7 do artigo 3.º e do artigo 6.º;

*c)* [...]

Artigo 3.º

[...]

1 – [...]

2 – [...]

3 – Excetua-se ainda do disposto no n.º 1:

*a)* O corte ou arranque de sobreiros e azinheiras quando previstos no estudo de impacto ambiental de um projeto sujeito ao procedimento de avaliação de impacte ambiental ou de avaliação de incidências ambientais em fase de projeto de execução, ou no relatório de conformidade ambiental do projeto de execução, no caso de o projeto ser sujeito a estes procedimentos em fase de anteprojeto ou estudo prévio, e ter obtido, na declaração de impacte ambiental ou na decisão favorável sobre a conformidade ambiental do projeto de execução, parecer favorável do Instituto da Conservação da Natureza e das Florestas, I. P., ficando dispensado qualquer tipo de autorização ou comunicação prévia e devendo as respetivas medidas de compensação eventualmente aplicáveis constar da declaração de impacte ambiental ou da decisão favorável sobre a conformidade ambiental do projeto de execução;

*b)* O corte ou arranque de sobreiros ou azinheiras previsto em estudo de impacto ambiental de um projeto sujeito ao procedimento de avaliação de impacte ambiental ou de avaliação de incidências ambientais em fase de anteprojeto, nos termos da alínea anterior, quando o mesmo possua grau de detalhe suficiente para identificar as árvores em causa;

*c)* O corte ou arranque de sobreiros ou azinheiras quando, no âmbito da manutenção ferroviária ou conservação rodoviária, esteja em causa a segurança da circulação ou situações de perigo iminente para pessoas e bens, devidamente registada em auto pela entidade gestora da infraestrutura, devendo obrigatoriamente tais situações ser objeto de comunicação prévia, com uma antecedência mínima de cinco dias face ao início dos trabalhos, ao Instituto da Conservação da Natureza e das Florestas, I. P.

4 – (Anterior proémio do n.º 3.)

*a)* [Anterior alínea a) do n.º 3.]

*b)* [Anterior alínea b) do n.º 3.]

*c)* [Anterior alínea c) do n.º 3.]

*d)* Quando os povoamentos de sobreiros ou azinheiras têm origem em regeneração natural incidente em áreas de produção florestal, desde que não configurem a espécie dominante na área onde se inserem nem ultrapassem o valor médio do perímetro à altura do peito de 130 cm.

5 – (Anterior proémio do n.º 4.)

*a)* Ao INCF, I. P., nos casos previstos nas alíneas b), c) e d), após parecer da direção regional de agricultura competente, sem prejuízo da apresentação das declarações de imprescindível utilidade pública ou de relevante e sustentável interesse para a economia local, quando a natureza das conversões as exija;

*b)* [Anterior alínea b) do n.º 4.]

6 – (Anterior n.º 5.)
7 – (Anterior n.º 6.)
8 – (Anterior n.º 7.)
9 – (Anterior n.º 8.)

Artigo 6.º

[...]

1 – As declarações de imprescindível utilidade pública e de relevante e sustentável interesse para a economia local dos empreendimentos previstos nas alíneas a) e b) do n.º 2 do artigo 2.º competem ao membro do Governo responsável pela área da agricultura, ao membro do Governo da tutela do empreendimento se não se tratar de projeto agrícola e, no caso de não haver lugar a avaliação de impacte ambiental, ao membro do Governo responsável pela área do ambiente, devendo, em qualquer caso, ser emitidas no prazo máximo de 45 dias.

2 – [...]

3 – [...]

Artigo 9.º

[...]

1 – [...]

2 – [...]

3 – A decisão relativa aos pedidos de autorização referidos no n.º 4 do artigo 3.º deve ser comunicada:

*a)* No prazo de 45 dias, para os pedidos de autorização elaborados ao abrigo da alínea c) do n.º 4 do artigo 3.º;

*b)* No prazo de 60 dias, para os pedidos de autorização elaborados ao abrigo das alíneas a), b) e d) do n.º 4 do artigo 3.º.

4 – Findo o prazo referido no número anterior sem que tenha sido notificada a decisão final sobre o respetivo pedido de autorização, considera-se o mesmo tacitamente deferido.

5 – *(Revogado.)*

6 – [...]

7 – [...]

Artigo 25.º

[...]

1 – [...]

2 – [...]

3 – Nos sítios da Lista Nacional de Sítios, nos sítios de interesse comunitário, nas zonas especiais de conservação e nas zonas de proteção especial o exercício das competências previstas no n.º 5 do artigo 3.º e no artigo 23.º carece de parecer favorável do ICNF, I. P.

4 – [...]»

## ARTIGO 10.º

## Alteração ao Decreto-Lei n.º 142/2008, de 24 de julho

O artigo 23.º-B do regime jurídico da conservação da natureza e da biodiversidade, aprovado pelo Decreto-Lei n.º 142/2008, de 24 de julho, na sua redação atual, passa a ter a seguinte redação:

«Artigo 23.º-B

[...]

1 – [...]

2 – [...]

3 – [...]

4 – [...]

5 – Quando a pretensão em causa esteja sujeita a procedimento de avaliação de impacte ambiental ou de avaliação de incidências ambientais em fase de projeto de execução, a pronúncia favorável expressa ou tácita da autoridade nacional no âmbito desses procedimentos dispensa a necessidade de obtenção de autorização ou parecer previstos neste artigo.

6 – (Anterior n.º 5.)

7 – (Anterior n.º 6.)

8 – (Anterior n.º 7.)

9 – (Anterior n.º 8.)»

## ARTIGO 11.º
## Alteração ao Decreto-Lei n.º 166/2008, de 22 de agosto

O artigo 24.º do regime jurídico da Reserva Ecológica Nacional, aprovado pelo Decreto-Lei n.º 166/2008, de 22 de agosto, na sua redação atual, passa a ter a seguinte redação:

«Artigo 24.º

[...]

1 – [...]
2 – [...]
3 – [...]
4 – [...]
5 – [...]
6 – [...]
7 – Quando a pretensão em causa esteja sujeita a procedimento de avaliação de impacte ambiental ou de avaliação de incidências ambientais em fase de projeto de execução, a pronúncia favorável expressa ou tácita da comissão de coordenação e desenvolvimento regional no âmbito desses procedimentos, incluindo na fase de verificação da conformidade ambiental do projeto de execução, dispensa a comunicação prévia.
8 – [...]
9 – [...]»

## ARTIGO 12.º
## Alteração ao Decreto-Lei n.º 73/2009, de 31 de março

O artigo 23.º do regime jurídico da Reserva Agrícola Nacional, aprovado pelo Decreto-Lei n.º 73/2009, de 31 de março, na sua redação atual, passa a ter a seguinte redação:

«Artigo 23.º

[...]

1 – [...]
2 – [...]
3 – [...]
4 – [...]

5 – [...]

6 – [...]

7 – Quando a utilização esteja sujeita a procedimento de avaliação de impacte ambiental ou de avaliação de incidências ambientais em fase de projeto de execução, o parecer favorável, expresso ou tácito, no âmbito desse procedimento, incluindo na fase de verificação da conformidade ambiental do projeto de execução, dispensa qualquer parecer.

8 – A emissão do parecer previsto no número anterior é gratuita.

9 – *(Revogado.)*

10 – [...]

11 – O parecer emitido no âmbito de procedimento de avaliação de impacte ambiental ou de avaliação de incidências ambientais em fase de projeto de execução incide sobre todos os aspetos relevantes em matéria de RAN.

12 – Encontra-se dispensada de parecer prévio das entidades regionais da RAN a instalação de vedações de prédios integrados na RAN desde que sejam executadas em rede metálica ou plástica e com recurso a estacas de madeira, a prumos de betão ou de cimento, sem murete ou base contínua em betão ou qualquer outro material.»

### ARTIGO 13.º
### Alteração ao Decreto-Lei n.º 140/2009, de 15 de junho

O artigo 1.º do Decreto-Lei n.º 140/2009, de 15 de junho, passa a ter a seguinte redação:

«ARTIGO 1.º

[...]

1 – [...]

2 – [...]

3 – Quando a obra ou intervenção sobre bens culturais classificados, ou em vias de classificação, esteja sujeita a procedimento de avaliação de impacte ambiental ou de avaliação de incidências ambientais em fase de projeto de execução ou de verificação da conformidade ambiental do projeto de execução, o relatório prévio, o relatório intercalar, o resultado da vistoria prévia e a autorização previstos no presente decreto-lei são obrigatoriamente incluídos no parecer da administração do património cultural competente no âmbito desse procedimento, não se realizando posteriormente.»

## ARTIGO 14.º
## Alteração ao Decreto-Lei n.º 97/2017, de 10 de agosto

Os artigos 3.º e 29.º do Decreto-Lei n.º 97/2017, de 10 de agosto, na sua redação atual, passam a ter a seguinte redação:

«Artigo 3.º
**Instalação de gás nos edifícios**

1 – *(Revogado.)*

2 – *(Revogado.)*

3 – A execução de instalações de gás em edifícios carece de projeto elaborado e atestado nos termos dos artigos seguintes.

Artigo 29.º
[...]

1 – [...]

*a)* O incumprimento do previsto no disposto no artigo 3.º, nos n.ºs 1, 2, 3 e 5 do artigo 5.º, no artigo 8.º e nos n.ºs 2, 3 e 6 do artigo 9.º;

*b)* [...]

*c)* [...]

*d)* [...]

*e)* [...]

2 – [...]»

## ARTIGO 15.º
## Alteração ao Decreto-Lei n.º 127/2013, de 30 de agosto

Os artigos 17.º, 19.º, 23.º, 26.º, 40.º e 85.º do Decreto-Lei n.º 127/2013, de 30 de agosto, passam a ter a seguinte redação:

«Artigo 17.º
[...]

1 – A informação de monitorização prevista no artigo 14.º, relativa às instalações abrangidas pelo anexo I do presente decreto-lei é remetida anualmente à APA, I. P., e pode, caso o operador assim o entenda, ser previamente validada por verificadores qualificados.

2 – [...]
3 – *(Revogado.)*

### Artigo 19.º
[...]

1 – [...]
2 – [...]
3 – [...]
4 – [...]
5 – [...]
6 – [...]
7 – [...]
8 – [...]
9 – [...]
10 – [...]
11 – Sempre que se verifique uma das situações referidas no n.º 7 sem que o operador solicite a atualização da LA, a APA, I. P., pode determinar, por decisão fundamentada, a necessidade dessa atualização, sob pena de suspensão da LA.

### Artigo 23.º
[...]

1 – Decorrido o prazo estabelecido para a decisão do pedido de licença sem que esta tenha sido notificada ao interessado, considera-se tacitamente deferido o pedido de licenciamento.
2 – [...]
3 – *(Revogado.)*
4 – *(Revogado.)*

### Artigo 26.º
[...]

No caso de instalações onde se exerça atividade de gestão de efluentes pecuários, a licença ambiental é emitida sob condição de aprovação do Plano de Gestão de Efluentes Pecuários (PGEP), previsto no novo regime do exercício da atividade pecuária (NREAP), aprovado pelo Decreto-Lei n.º 81/2013, de 14 de junho, na sua redação atual.

Artigo 40.º

[...]

1 – [...]
2 – [...]
3 – [...]
4 – [...]
5 – [...]
6 – [...]
7 – [...]
8 – As LA não possuem prazo de validade e não estão sujeitas a renovação, sem prejuízo do disposto no n.º 7 do artigo 19.º e no artigo 22.º
9 – [...].

Artigo 85.º

[...]

1 – [...]
2 – [...]
3 – Na falta de disposições aplicáveis no regime jurídico de licenciamento da atividade relativas à realização de vistoria prévia ao início de exploração ou alteração de instalações de incineração ou coincineração de resíduos, o requerente solicita à APA, I. P., a realização de uma vistoria com uma antecedência mínima de 30 dias relativamente à data prevista para o início da exploração da instalação.
4 – [...]
5 – [...]
6 – [...]
7 – [...]
8 – [...]
9 – [...]»

## ARTIGO 16.º
## Alteração ao anexo I do Decreto-Lei n.º 127/2013, de 30 de agosto

O anexo I do Decreto-Lei n.º 127/2013, de 30 de agosto, é alterado com a redação constante do anexo III do presente decreto-lei e do qual faz parte integrante.

## ARTIGO 17.º
## Alteração ao Decreto-Lei n.º 39/2018, de 11 de junho

Os artigos 2.º e 5.º do Decreto-Lei n.º 39/2018, de 11 de junho, passam a ter a seguinte redação:

«Artigo 2.º

[...]

1 - [...]

*a)* [...]

*b)* [...]

*c)* Atividades industriais, nos termos previstos na parte 2 do anexo I do presente decreto-lei e do qual faz parte integrante, com exceção das instalações de combustão, fornos de processo e secadores com potência térmica nominal inferior a 1 MW;

*d)* *(Revogada.)*

*e)* *(Revogada.)*

2 - [...]

3 - [...]

Artigo 5.º

[...]

1 - [...]

2 - [...]

3 - [...]

4 - Sem prejuízo do disposto no n.º 2, estão dispensadas do procedimento de TEAR as instalações abrangidas pelo Decreto-Lei n.º 127/2013, de 30 de agosto, na sua redação atual, desde que disponham ou venham a dispor de TUA do qual constem as condições de emissão de poluentes para o ar.»

## ARTIGO 18.º
## Alteração ao Decreto-Lei n.º 119/2019, de 21 de agosto

Os artigos 2.º, 3.º, 4.º, 7.º, 8.º, 9.º, 11.º, 16.º, 17.º, 18.º, 19.º, 20.º, 21.º, 22.º, 24.º e 26.º do regime jurídico de produção de água para reutilização, obtida a partir do tratamento de águas residuais, bem como da sua utilização, aprovado pelo Decreto-Lei n.º 119/2019, de 21 de agosto, passam a ter a seguinte redação:

«Artigo 2.º

[...]

1 – [...]

2 – [...]

3 – Exclui-se do âmbito de aplicação do presente decreto-lei:

*a)* A reutilização de água para usos potáveis, os quais requerem uma qualidade compatível com o consumo humano, definida no Decreto-Lei n.º 306/2007, de 27 de agosto, na sua redação atual;

*b)* A recirculação ou a reciclagem de água, quando a mesma ocorra em circuito fechado dentro de um ou mais processos;

*c)* A reutilização de água para suporte e manutenção de ecossistemas e de garantia de caudais mínimos na massa de água que viabilizem os usos da massa de água recetora;

*d)* A reutilização de água em sistemas centralizados, desde que os recetores ambientais sejam os mesmos da descarga de água residual tratada que lhe dá origem;

*e)* A reutilização para utilização pelo próprio, incluindo:

*i)* Pela mesma pessoa singular ou coletiva;

*ii)* Pelas entidades incluídas no mesmo grupo, quanto exista influência dominante ou quando uma terceira exerça influência dominante sobre ambas.

4 – Os riscos de contágio por *Legionella*, decorrentes da utilização de ApR, são avaliados no âmbito da Lei n.º 52/2018, de 20 de agosto, na sua redação atual, que estabelece o regime de prevenção e controlo da doença dos legionários.

Artigo 3.º

[...]

[...]

*a)* [...]

*b)* [...]

*c)* [...]

*d)* [...]

*e)* [...]

*f)* [...]

*g)* 'Comunicação prévia com prazo', comunicação efetuada pelo produtor ou utilizador de ApR para produção de ApR em sistemas descentralizados ou utilização de ApR em sistemas centralizados;

*h)* [Anterior alínea g).]

*i)* 'Desinfeção', processo de destruição, remoção ou inativação seletiva dos organismos passíveis de causarem doenças até ao nível apropriado e definido na respetiva licença ou resposta a comunicação prévia quando esta tenha lugar;

*j)* [Anterior alínea i).]

*k)* [Anterior alínea j).]

*l)* [Anterior alínea k).]

*m)* [Anterior alínea l).]

*n)* [Anterior alínea m).]

*o)* [Anterior alínea n).]

*p)* [Anterior alínea o).]

*q)* [Anterior alínea p).]

*r)* [Anterior alínea q).]

*s)* [Anterior alínea r).]

*t)* [Anterior alínea s).]

*u)* [Anterior alínea t).]

*v)* [Anterior alínea u).]

*w)* [Anterior alínea v).]

*x)* [Anterior alínea w).]

*y)* [Anterior alínea x).]

*z)* [Anterior alínea y).]

*aa)* [Anterior alínea z).]

*bb)* [Anterior alínea aa).]

*cc)* [Anterior alínea bb).]

*dd)* [Anterior alínea cc).]

### Artigo 4.º

[...]

1 – A Agência Portuguesa do Ambiente, I. P. (APA, I. P.), é a entidade competente para a emissão das licenças de produção de ApR e das licenças

de utilização de ApR e para apreciação das comunicações prévias com prazo apresentadas, nos termos previstos no presente decreto-lei.

2 – A APA, I. P., disponibiliza anualmente no seu sítio na Internet a informação referente às licenças de produção e de utilização de ApR emitidas, bem como às comunicações prévias com prazo admitidas, seja de forma expressa seja por efeito do silêncio.

3 – [...]

### Artigo 7.º
### Produção e utilização de água para reutilização

1 – A produção e a utilização de ApR estão sujeitas a comunicação prévia com prazo ou à obtenção prévia de licença, nos termos do presente decreto-lei e do regime do LUA.

2 – [...]

### Artigo 8.º
### Licença de produção de água para reutilização

1 – Sem prejuízo do disposto no artigo anterior, os sistemas centralizados e os sistemas descentralizados abrangidos pelo presente decreto-lei estão sujeitos à obtenção de licença de produção de ApR, nos termos do presente decreto-lei.

2 – *(Revogado.)*

3 – *(Revogado.)*

4 – *(Revogado.)*

5 – *(Revogado.)*

6 – [...]

7 – [...]

### Artigo 9.º
### Condições de cedência de água para reutilização a terceiros

1 – A cedência de ApR pode ser efetuada:

*a)* Caso a sua utilização por terceiros esteja devidamente licenciada;

*b)* Nos casos previstos no artigo 13.º-A, após o decurso da comunicação prévia com prazo quando a APA, I. P., não se pronuncie no prazo previsto; ou

*c)* Nos casos previstos no artigo 13.º-A, caso seja obtida pronúncia positiva da APA, I. P., no prazo de que esta dispõe para responder após comunicação prévia com prazo.

2 – [...]

### Artigo 11.º
[...]

1 – [...]
2 – [...]
3 – [...]
4 – [...]
5 – [...]
6 – A APA, I. P., promove as consultas referidas no número anterior, bem como as demais que sejam legal e regulamentarmente exigíveis, no prazo de três dias a contar da receção do pedido ou da receção dos elementos adicionais referidos nos n.ºs 3 e 4, conforme aplicável.
7 – Os pareceres referidos no n.º 5 devem ser emitidos no prazo de 10 dias.
8 – [...]
9 – [...]
10 – [...]

### Artigo 16.º
**Normas de qualidade da água para reutilização**

1 – [...]
2 – [...]
3 – As normas de qualidade da água a aplicar a cada reutilização sujeita a comunicação prévia com prazo são:

*a)* As previstas no anexo I do presente decreto-lei em caso de ausência de resposta à comunicação prévia com prazo, aplicando-se, em caso de intervalo de valores, o mais elevado; ou

*b)* As incluídas na comunicação ao operador e que resultam da avaliação do risco para a saúde e para o ambiente, considerando os pareceres das entidades referidas no artigo 12.º, nos termos do disposto no artigo 6.º, tendo por referência as normas previstas no anexo I do presente decreto-lei.

4 – (Anterior n.º 3.)

5 – Podem ser determinadas normas de qualidade da água distintas das constantes do anexo I do presente decreto-lei desde que exista um sistema de barreiras equivalentes, de acordo com o quadro 1 do anexo II do presente decreto-lei e do qual faz parte integrante, ou outras medidas de prevenção adicional, que se traduzam em resultados similares, que garantam na utili-

zação final a qualidade aplicável ao uso pretendido, nos termos do quadro 2 no anexo II do presente decreto-lei.

6 – (Anterior n.º 5.)

### Artigo 17.º

[...]

As barreiras ou medidas de prevenção e o correspondente número de barreiras equivalentes, a adotar pelo utilizador final de ApR, são as que constam do anexo II do presente decreto-lei, podendo, na respetiva licença ou na resposta à comunicação prévia com prazo, ser utilizadas outras que produzam resultados equivalentes.

### Artigo 18.º

[...]

Considera-se que as ApR estão conformes com os parâmetros respetivos se, para cada um dos parâmetros aplicáveis, individualmente considerados, as amostras revelarem que as águas obedecem à norma de qualidade descrita na respetiva licença de produção ou de utilização de ApR, ou resultantes da resposta expressa ou, em caso de silêncio, após o decurso do prazo da comunicação prévia com prazo, os previstos na alínea a) do n.º 3 do artigo 16.º, nos seguintes termos:

*a)* [...]
*b)* [...]

### Artigo 19.º

[...]

1 – [...]
2 – [...]
3 – [...]

4 – A verificação da conformidade com as normas de qualidade, para efeitos de fiscalização ou inspeção, pode não ser efetuada de acordo com o disposto no número anterior se, com base na avaliação do risco para a saúde e para o ambiente, resultar, por decisão da APA, I. P., a imposição de condições distintas.

5 – [...]

6 – Sem prejuízo do disposto na licença de produção ou na licença de utilização de ApR ou do resultante da comunicação prévia com prazo, na

sequência da avaliação do risco, a amostragem de ApR no ponto de entrega bem como no ponto de aplicação deve ser efetuada com a periodicidade descrita no anexo IV do presente decreto-lei e do qual faz parte integrante.

### Artigo 20.º

### Monitorização da produção e utilização de água para reutilização

1 – [...]

2 – [...]

3 – Nas situações sujeitas a comunicação prévia com prazo para produção de ApR, compete ao promotor da mesma a caracterização qualitativa da ApR produzida, devendo garantir que as características descritas na respetiva comunicação se mantêm durante a produção.

4 – Nas situações sujeitas a comunicação prévia com prazo para utilização de ApR, compete ao promotor da mesma a caracterização qualitativa da ApR utilizada, devendo garantir que as características descritas na respetiva comunicação se mantêm durante a utilização final.

5 – Os parâmetros a monitorizar são os que constam do anexo V do presente decreto-lei e do qual faz parte integrante, sem prejuízo de outros definidos na licença ou no contexto da comunicação prévia com prazo, em conformidade com a avaliação do risco, nos termos do disposto nos artigos 5.º e 6.º.

6 – (Anterior n.º 4.)

7 – Em função dos resultados do procedimento de avaliação do risco, a APA, I. P., pode determinar a monitorização de um ou mais recetores, designadamente o solo, a vegetação ou os recursos hídricos, para verificação de não deterioração dos mesmos, em resultado da utilização de ApR na licença de produção de ApR, na licença de utilização de ApR ou no contexto da comunicação prévia com prazo.

### Artigo 21.º

### Transporte de água para reutilização ou de água residual destinada a produção de água para reutilização em sistemas descentralizados

1 – [...]

2 – [...]

3 – O destinatário de água residual para produção de ApR em sistemas descentralizados com usos industriais e em sistemas descentralizados em simbiose deve remeter à APA, I. P., com a frequência bienal, o registo da

água residual rececionada e guardar os documentos de transporte referidos no número anterior, por um prazo máximo de cinco anos, para apresentação às autoridades com competências de inspeção e de fiscalização ao abrigo do presente decreto-lei.

4 - [...]

### Artigo 22.º

[...]

1 - [...]

2 – As situações referidas no número anterior devem ser comunicadas pelo produtor de ApR à APA, I. P., no prazo de 24 horas a contar da sua ocorrência.

### Artigo 24.º

[...]

1 - [...]

*a)* A produção e a utilização de ApR sem licença ou sem a prestação de comunicação prévia com prazo, nos casos previstos no artigo 13.º-A.

*b)* [...]

*c)* O incumprimento das condições estabelecidas, no que respeita:

*i)* [...]

*ii)* [...]

*iii)* [...]

*iv)* [...]

*v)* [...]

*vi)* [...]

*vii)* [...]

*viii)* Ao termo de responsabilidade ambiental e de risco contra terceiros, referido no n.º 3 do artigo 13.º-B.

2 - [...]

3 - [...]

4 - [...]

5 - [...]

6 - [...]

Artigo 26.º
[...]

1 – [...]

2 – Caso seja determinada como sanção acessória a suspensão de produção ou de utilização de ApR, o reinício da produção ou utilização de ApR, após decorrido o período de suspensão, obriga a uma avaliação pela APA, I. P., das condições para a produção ou utilização.

3 – [...]»

*Contém as alterações dos seguintes diplomas:*

*Retificado pelo/a Declaração de Retificação n.º 7-A/2023 – Diário da República n.º 42/2023, 2.º Suplemento, Série I, de 2023-02-28, em vigor a partir de 2023-02-11, produz efeitos a partir de 2023-02-11*

### ARTIGO 19.º
### Alteração ao anexo VI do Decreto-Lei n.º 119/2019, de 21 de agosto

O anexo VI do regime jurídico de produção de água para reutilização, obtida a partir do tratamento de águas residuais, bem como da sua utilização, aprovado pelo Decreto-Lei n.º 119/2019, de 21 de agosto, é alterado com a redação constante do anexo IV do presente decreto-lei e do qual faz parte integrante.

### ARTIGO 20.º
### Alteração sistemática ao Decreto-Lei n.º 119/2019, de 21 de agosto

É aditado ao regime jurídico de produção de água para reutilização, obtida a partir do tratamento de águas residuais, bem como da sua utilização, aprovado pelo Decreto-Lei n.º 119/2019, de 21 de agosto, uma secção III com a epígrafe «Comunicação prévia com prazo» e que integra os artigos 13.º-A, 13.º-B e 13.º-C.

### ARTIGO 21.º
### Aditamento ao Decreto-Lei n.º 119/2019, de 21 de agosto

São aditados ao Decreto-Lei n.º 119/2019, de 21 de agosto, os artigos 13.º-A, 13.º-B, 13.º-C e 28.º-A, com a seguinte redação:

«Artigo 13.º-A
**Comunicação prévia com prazo**

1 – A utilização de ApR produzida em sistemas de produção centralizados, para os quais tenha sido emitida licença de produção, está sujeita ao regime de comunicação prévia com prazo, nos termos do artigo 13.º-B, nos seguintes casos:

*a)* Lavagem de vias urbanas e arruamentos;

*b)* Lavagem de viaturas e de equipamentos de recolha de resíduos urbanos, desde que não usados no transporte, recolha e manipulação de produtos ou resíduos perigosos;

*c)* Combate a incêndios;

*d)* Uso em autoclismos;

*e)* Uso como águas para arrefecimento fora de circuito fechado;

*f)* Produção de energia, nomeadamente hidrogénio;

*g)* Rega de espaços florestais;

*h)* Rega de campos de golfe;

*i)* Rega de jardins.

2 – A produção e a utilização de ApR em sistemas descentralizados estão sujeitas ao regime de comunicação prévia com prazo, nos termos do artigo 13.º-B, desde que os mesmos não recebam águas residuais brutas ou tratadas de terceiros e a ApR produzida se destine ao uso exclusivo nas instalações onde se localiza a produção das mesmas.

3 – O previsto nos números anteriores não prejudica os procedimentos necessários ao cumprimento do Lei n.º 52/2018, de 20 de agosto, na sua redação atual.

Artigo 13.º-B
**Tramitação da comunicação prévia com prazo**

1 – A comunicação prévia com prazo consiste numa declaração que permite ao interessado iniciar a atividade, caso a APA, I. P., não se pronuncie após o decurso do prazo de 20 dias, contados a partir da data da entrega da comunicação.

2 – As comunicações prévias com prazo previstas no artigo 13.º-A devem ser submetidas juntamente com os respetivos elementos instrutórios, listados no anexo VII-A do presente decreto-lei e do qual faz parte integrante,

na plataforma SILiAmb – Sistema Integrado de Licenciamento do Ambiente ou em qualquer outro sistema informático onde tal entrega seja legalmente possível.

3 – A comunicação prévia com prazo é acompanhada de um termo de responsabilidade ambiental e de risco contra terceiros, elaborado de acordo com o anexo IX do presente decreto-lei e do qual faz parte integrante.

4 – A APA, I. P., tem 20 dias para se pronunciar sobre os elementos enviados nos termos dos números anteriores e, caso não haja pronúncia durante este prazo, a utilização de ApR nos casos previstos no artigo 13.º-A pode efetuar-se.

5 – Caso a APA, I. P., se pronuncie desfavoravelmente, dentro do prazo previsto no número anterior, o procedimento é extinto, podendo o interessado apresentar nova comunicação prévia aproveitando todos os elementos instrutórios anteriormente submetidos, no prazo de um ano a contar da notificação da extinção do procedimento.

### Artigo 13.º-C
### Prazo e renovação das comunicações prévias com prazo

1 – A permissão de produção ou utilização de ApR no âmbito do procedimento de comunicação prévia com prazo é válida pelo prazo de 10 anos e renovada, por iguais períodos, automaticamente, salvo se verificada, pela APA, I. P., uma situação de alteração das circunstâncias ou se requerida a não renovação, pelo interessado, junto da APA, I. P.

2 – O prazo da permissão de utilização de ApR decorrente de comunicação prévia com prazo não pode ser superior ao da licença de produção de ApR que lhe está associada.

### Artigo 28.º-A
### Gratuitidade

O pedido e a emissão das licenças ou procedimentos de comunicação prévia com prazo previstos no presente decreto-lei são gratuitos, sendo proibida a cobrança de qualquer tipo de taxa, designadamente a taxa de recursos hídricos.»

### ARTIGO 22.º
### Aditamento dos anexos VII-A e IX ao Decreto-Lei n.º 119/2019, de 21 de agosto

São aditados ao Decreto-Lei n.º 119/2019, de 21 de agosto, os anexos VII-A e IX, com as redações constantes dos anexos V e VI do presente decreto-lei e do qual fazem parte integrante.

### ARTIGO 23.º
### Alteração ao Decreto-Lei n.º 226-A/2007, de 31 de maio

Os artigos 10.º, 11.º, 15.º, 16.º, 17.º, 20.º, 26.º e 34.º do Decreto-Lei n.º 226-A/2007, de 31 de maio, na sua redação atual, passam a ter a seguinte redação:

«Artigo 10.º

[...]

1 – (Anterior corpo do artigo.)

2 – Caso sejam apresentados em simultâneo vários pedidos de atribuição de autorização e/ou licença para utilização dos recursos hídricos, respeitantes ao mesmo operador e estabelecimento, é emitido um único título.

3 – Nos casos previstos no número anterior, sempre que se verifique a utilização privativa de recursos hídricos do domínio público, o título a emitir é a licença.

Artigo 11.º

[...]

1 – [...]

2 – [...]

3 – A entidade competente decide o pedido de informação prévia no prazo de 30 dias contado a partir da data da sua receção.

4 – [...]

Artigo 15.º

[...]

1 – [...]

2 – A autoridade competente promove as consultas referidas no número anterior, bem como as demais que sejam legal e regulamentarmente

exigíveis, no prazo de cinco dias a contar da receção do pedido ou da receção dos elementos adicionais referidos nos n.ºs 4 a 6 do artigo anterior.

3 – [...]

4 – [...]

5 – A não emissão de parecer no prazo de 10 dias contados a partir da data de promoção das consultas previstas nos números anteriores equivale à emissão de parecer favorável, exceto nos casos da alínea c) do n.º 1 em que esteja em causa a segurança de pessoas e bens.

6 – [...]

7 – [...]

### Artigo 16.º

[...]

1 – A autorização é substituída pela mera comunicação prévia de início de utilização às autoridades competentes, nos seguintes casos:

*a)* Nos termos e condições previstos em regulamento anexo ao plano de gestão de bacia ou ao plano especial de ordenamento do território aplicável;

*b)* Nos casos previstos no n.º 4 do artigo 62.º da Lei n.º 58/2005, de 29 de dezembro, na sua redação atual;

*c)* Quando esteja em causa a realização de construções, inseridas em malha urbana com plano diretor municipal de segunda geração; e

*d)* Quando esteja em causa a recuperação de estruturas já existentes sem alteração das características iniciais, nomeadamente em termos de área de implantação no terreno.

2 – [...]

### Artigo 17.º

[...]

Com exceção dos casos de captação de águas para consumo humano, bem como de captação de água em áreas que, aquando do pedido, estejam em situação de seca severa ou extrema, o pedido de autorização considera-se tacitamente deferido na ausência de decisão expressa notificada no prazo de 45 dias a contar da data da sua apresentação.

### Artigo 20.º
[...]

1 – [...]
2 – [...]
3 – Desde que se mantenham os pressupostos que originaram o direito privativo de utilização dos recursos hídricos e não tenha existido gestão danosa dos recursos hídricos, o prazo da licença de utilização para as entidades constantes da alínea b) do n.º 1 é de 10 anos, sucessivamente renovável, por iguais períodos, a pedido das associações, nos termos do n.º 4 do artigo 34.º
4 – O pedido é apreciado e decidido no prazo de 45 dias a contar da data da sua apresentação.

### Artigo 26.º
[...]

1 – O título de utilização é transmissível nos termos do artigo 72.º da Lei n.º 58/2005, de 29 de dezembro, na sua redação atual.
2 – *(Revogado.)*
3 – *(Revogado.)*
4 – *(Revogado.)*
5 – *(Revogado.)*

### Artigo 34.º
[...]

1 – [...]
2 – [...]
3 – [...]
4 – Caso se mantenham as condições previstas no artigo 21.º ou aquelas que determinaram a sua atribuição, incluindo o cumprimento das obrigações determinadas no título, e se mantenham as circunstâncias de facto existentes à data da sua emissão, são automaticamente renovadas, pelo mesmo prazo, salvo oposição expressa do seu titular, as seguintes licenças:

*a)* [...]
*b)* [...]
*c)* [...]
*d)* [...]

5 – [...]
6 – [...]»

## ARTIGO 24.º
## Alteração à Lei da Água

O artigo 72.º da Lei n.º 58/2005, de 29 de dezembro, na sua redação atual, passa a ter a seguinte redação:

«Artigo 72.º
[...]

1 – Os títulos de utilização de recursos hídricos particulares são transmissíveis mediante mera comunicação prévia à autoridade competente para a respetiva emissão, com antecedência mínima de 10 dias relativamente à data da transmissão, desde que se mantenham os requisitos que presidiram à sua atribuição, ficando por esse efeito o adquirente sub-rogado em todos os direitos e deveres do cedente enquanto durar o respetivo título de utilização.

2 – Os títulos de utilização de recursos hídricos de domínio público são transmissíveis mediante autorização da autoridade competente para a respetiva emissão.

3 – A autorização referida no número anterior é concedida se for demonstrado que se mantêm os requisitos que presidiram à atribuição do título, ficando por esse efeito o adquirente sub-rogado em todos os direitos e deveres do cedente enquanto durar o prazo do respetivo título de utilização.

4 – O pedido da autorização referida nos n.ºs 2 e 3 é apresentado com os seguintes elementos:

*a)* Identificação do transmitente e do transmissário;

*b)* Demonstração pelo transmissário de que este cumpre as condições e requisitos que determinaram a atribuição do título.

5 – O disposto nos n.ºs 2, 3 e 4 aplica-se também à transmissão de participações sociais que assegurem o domínio da sociedade detentora do título, nos termos do Código dos Valores Mobiliários.

6 – A decisão de autorização da transmissão é emitida em 20 dias contados desde a data da apresentação do pedido, formando-se deferimento tácito caso a decisão não seja notificada aos requerentes findo esse prazo.

7 – Em caso de deferimento, a decisão de autorização deve ser averbada ao respetivo título de utilização, que para o efeito é remetido ao novo titular.

8 – A violação do disposto nos n.ºs 1, 2 e 5 importa a nulidade do ato de transmissão ou oneração do título de utilização privativa de recursos hídricos, sem prejuízo de outras sanções que ao caso couberem.

9 – Os títulos de utilização de recursos hídricos de pessoas singulares transmitem-se aos seus herdeiros e legatários, podendo a entidade competente declarar a caducidade do título no prazo de seis meses após a transmissão se constatar que não subsistem as condições necessárias à emissão do título ou que o novo titular não oferece garantias de observância das condições dos títulos.

10 – (Anterior n.º 4.)»

### ARTIGO 25.º
### Alteração ao regime geral da gestão de resíduos

Os artigos 2.º, 26.º, 29.º, 59.º, 86.º, 91.º e 99.º do regime geral de gestão de resíduos, aprovado em anexo ao Decreto-Lei n.º 102-D/2020, de 10 de dezembro, na sua redação atual, passam a ter a seguinte redação:

«Artigo 2.º
[...]

1 – [...]

2 – [...]

3 – [...]

*a)* [...]

*b)* Os resíduos resultantes da prospeção, extração, tratamento e armazenagem de recursos minerais, bem como da exploração de massas e depósitos minerais, abrangidos pelo Decreto-Lei n.º 10/2010, de 4 de fevereiro, na sua redação atual;

*c)* [...]

*d)* [...]

*e)* [...]

### Artigo 26.º
[...]

1 – Até 1 de janeiro de 2024, os produtores de resíduos perigosos com produção superior a 1000 t por ano devem submeter à ANR um plano de minimização da produção desses resíduos para um período de seis anos, que inclui as práticas a adotar para reduzir a quantidade de resíduos perigosos gerados e a sua perigosidade.

2 – As entidades referidas no número anterior devem comunicar à ANR, a cada cinco anos, a situação relativa à operacionalização e cumprimento dos planos de minimização, devendo esta comunicação incluir uma atualização do plano, caso se justifique.

3 – [...]

4 – [...]

### Artigo 29.º
[...]

1 – [...]

2 – [...]

*a)* [...]

*b)* Classificar os resíduos de acordo com a LER, podendo ser definidas, por despacho do presidente da ANR, normas com vista à aplicação harmonizada da LER, designadamente em caso de conflito entre o produtor e o operador de tratamento de resíduos relativamente à classificação do resíduo;

*c)* [...]

*d)* [...]

*e)* [...]

*f)* [...]

### Artigo 59.º
[...]

1 – [...]

2 – [...]

3 – [...]

4 – [...]

5 – [...]

6 – [...]

7 – Consideram-se isentas de licenciamento, nos termos do presente capítulo, as atividades de criação artística (CAE 90030) bem como as atividades artesanais que envolvam resíduos não perigosos.

### Artigo 86.º

[...]

1 – O título a emitir no âmbito do Sistema da Indústria Responsável (SIR), após emissão de parecer vinculativo pela entidade competente para o licenciamento da atividade de tratamento de resíduos nos termos do artigo 60.º, constitui condição suficiente para o exercício da atividade de tratamento de resíduos quanto ao tratamento de resíduos realizado num estabelecimento industrial abrangido pelo SIR, quer se trate de uma instalação de tratamento intrínseca ou extrínseca à atividade industrial.

2 – O parecer vinculativo no licenciamento referido no número anterior é emitido na plataforma LUA, no prazo aplicável nos termos do regime jurídico do SIR, sob pena de deferimento tácito.

3 – *(Revogado.)*

### Artigo 91.º

[...]

1 – [...]

2 – [...]

3 – [...]

4 – [...]

5 – Sempre que a utilização posterior da substância ou objeto esteja normativamente regulada, esta deve ainda ser comunicada à autoridade competente no âmbito do regime aplicável.

6 – [...]

7 – [...]

8 – [...]

9 – [...]

10 – [...]

11 – Pode ser autorizada pela ANR, mediante requerimento das entidades interessadas, a constituição de espaços de experimentação e de inovação para testar a utilização de subprodutos previamente à aplicação do procedimento de qualificação de substâncias ou objetos como subprodutos, desde que constituída com os laboratórios colaborativos reconhecidos pela FCT,

I. P., ou centros tecnológicos que atuem no âmbito do processo produtivo do subproduto.

12 - [...]

Artigo 99.º

[...]

1 - [...]

*a)* [...]
*b)* [...]
*c)* [...]
*d)* [...]
*e)* [...]
*f)* [...]
*g)* [...]
*h)* [...]
*i)* Caracterização dos resíduos.

2 - [...]»

### ARTIGO 26.º

### Alteração ao regime jurídico da deposição de resíduos em aterros

O artigo 17.º do regime jurídico da deposição de resíduos em aterros, aprovado em anexo ao Decreto-Lei n.º 102-D/2020, de 10 de dezembro, na sua redação atual, passa a ter a seguinte redação:

«Artigo 17.º

[...]

1 - [...]
2 - [...]
3 - [...]

*a)* [...]

*b)* Proceder, previamente à construção de uma nova célula já licenciada, à declaração de início da construção, indicando eventuais alterações face ao projeto aprovado para efeitos de avaliação da existência de alteração à instalação que careça de licenciamento.

4 – No caso previsto na alínea b) do número anterior, a entidade licenciadora só pode obstar ao início da construção de uma nova célula já licenciada caso se verifiquem alterações face ao projeto aprovado que impliquem alterações à instalação que careçam de licenciamento.

5 – No caso previsto na alínea b) do n.º 3, o operador pode dar início à construção da nova célula, na ausência de pronúncia das entidades licenciadoras da operação de deposição de resíduos, no prazo de 20 dias.

6 – (Anterior n.º 4.)

7 – (Anterior n.º 5.)»

### ARTIGO 27.º

### Alteração aos anexos ao regime jurídico da deposição de resíduos em aterros

Os anexos I e II do regime jurídico de deposição de resíduos em aterros, aprovado em anexo ao Decreto-Lei n.º 102-D/2020, de 10 de dezembro, na sua redação atual, são alterados com a redação constante, respetivamente, dos anexos VII e VIII ao presente decreto-lei e do qual fazem parte integrante.

### ARTIGO 28.º

### Alteração ao Sistema de Indústria Responsável

Os artigos 11.º, 19.º-A e 39.º do Sistema de Indústria Responsável, aprovado em anexo ao Decreto-Lei n.º 169/2012, de 1 de agosto, na sua redação atual, passam a ter a seguinte redação:

«ARTIGO 11.º

[...]

1 – [...]

2 – [...]

3 – [...]

4 – [...]

5 – [...]

6 – [...]

7 – A substituição de matérias-primas por resíduos, sempre que o processo permita a valorização dos mesmos, não altera a tipologia do estabelecimento industrial.

### Artigo 19.º-A
[...]

1 – [...]
2 – [...]
3 – [...]
4 – Sempre que esteja em causa a instalação ou alteração de instalação industrial inserida em estabelecimento com CAE 38 ou 39, é emitido título no âmbito do regime geral de gestão de resíduos (RGGR), após emissão de parecer vinculativo pela entidade competente para o licenciamento da atividade industrial.
5 – O título referido no número anterior constitui condição suficiente para o exercício da atividade industrial.
6 – O parecer vinculativo é emitido no prazo máximo de 30 dias, sendo que a falta da sua emissão e/ou respetiva notificação à entidade licenciadora no prazo referido equivale à emissão de parecer favorável.

### Artigo 39.º
[...]

1 – [...]
2 – [...]
3 – [...]
*a)* [...]
*b)* [...]
*c)* [...]
*d)* [...]
*e)* [...]
*f)* De qualquer tipo que implique a alteração do título de emissões para o ar na aceção do regime da prevenção e controlo das emissões de poluentes para o ar, bem como das áreas do domínio hídrico ocupadas, nos termos do disposto no regime de utilização de recursos hídricos.

4 – [...]
5 – [...]
6 – [...]»

### ARTIGO 29.º
### Aditamento ao Decreto-Lei n.º 30-A/2022, de 18 de abril

São aditados ao Decreto-Lei n.º 30-A/2022, de 18 de abril, na sua redação atual, os artigos 4.º-C e 4.º-D, com a seguinte redação:

«ARTIGO 4.º-C
**Prazo especial de declaração de impacte ambiental dos projetos sujeitos a análise ambiental de alternativas de corredores**

A declaração de impacte ambiental dos projetos de transporte de energia elétrica sujeitos a análise ambiental de alternativas de corredores deve ser emitida no prazo previsto na alínea b) do n.º 2 do artigo 19.º do regime jurídico da AIA, sob pena de deferimento tácito.

ARTIGO 4.º-D
**Regime especial para centros eletroprodutores destinados a autoconsumo**

Os centros eletroprodutores destinados a autoconsumo que utilizem fonte primária solar estão isentos de AIA, quando:

*a)* Sejam instalados em estruturas edificadas ou em edifícios, exceto no caso de edifícios classificados ou em vias de classificação e respetivas zonas de proteção; ou

*b)* Sejam instalados em áreas artificiais, existentes ou futuras, tais como conjuntos comerciais, grandes superfícies comerciais, parques ou loteamentos industriais, plataformas logísticas, parques de campismo e parques de estacionamento, exceto em superfícies de massas de água artificiais.»

## CAPÍTULO IV
## Outras alterações legislativas

### ARTIGO 30.º
### Alteração ao Código do Procedimento Administrativo

Os artigos 62.º, 92.º, 108.º, 117.º, 121.º, 128.º e 130.º do Código do Procedimento Administrativo, aprovado em anexo ao Decreto-Lei n.º 4/2015, de 7 de janeiro, na sua redação atual, passam a ter a seguinte redação:

«Artigo 62.º

[...]

1 – [...]

2 – [...]

3 – Os prazos procedimentais iniciam a sua contagem com a submissão do requerimento no balcão eletrónico.

4 – Os balcões eletrónicos asseguram a emissão automatizada de atos meramente certificativos e a notificação de decisões que incidam sobre os requerimentos formulados e podem proceder à emissão automatizada de atos.

5 – [...]

6 – [...]

Artigo 92.º

[...]

1 – [...]

2 – O responsável pela direção do procedimento deve solicitar em simultâneo, aos órgãos competentes, a emissão dos pareceres a que haja lugar logo que, perante a marcha do procedimento, estejam reunidos os pressupostos para tanto.

3 – Na falta de disposição especial, os pareceres são emitidos no prazo de 15 dias.

4 – *(Revogado.)*

5 – Quando um parecer obrigatório não for emitido dentro dos prazos previstos no n.º 3, deve o procedimento prosseguir e ser decidido.

6 – *(Revogado.)*

7 – O parecer não pode ser emitido após o decurso do prazo previsto no n.º 3.

Artigo 108.º

[...]

1 – [...]

2 – Para efeitos do disposto no número anterior, o convite é efetuado segundo os trâmites previstos no artigo 117.º e, quando haja lugar a solicitação de prova aos interessados, no mesmo momento que esta.

3 – Sem prejuízo do disposto no n.º 1, devem os órgãos e agentes administrativos procurar suprir oficiosamente as deficiências dos requerimentos,

de modo a evitar que os interessados sofram prejuízos por virtude de simples irregularidades ou de mera imperfeição na formulação dos seus pedidos.

4 – (Anterior n.º 3.)

### Artigo 117.º

[...]

1 – [...]

2 – A solicitação, aos interessados, de informações, documentos ou coisas e de elementos complementares, o convite do interessado ao aperfeiçoamento do pedido, a sujeição a inspeções ou o pedido de prestação de provas aos interessados apenas pode ocorrer por uma única vez no procedimento.

3 – (Anterior n.º 2.)

4 – As situações previstas no n.º 2 só suspendem a contagem de prazos a partir do décimo dia após a sua receção pelo interessado sem que este as observe.

### Artigo 121.º

[...]

1 – [...]

2 – [...]

3 – O órgão competente apenas pode realizar uma única audiência prévia, na qual deve incluir toda a matéria de facto e de direito que sustenta o sentido provável da decisão.

4 – O disposto no número anterior não prejudica a realização de audiência prévia adicional em virtude de ocorrência de factos supervenientes que alterem o sentido da decisão.

5 – A realização da audiência não suspende a contagem de prazos em procedimentos administrativos.

### Artigo 128.º

[...]

1 – [...]

2 – [...]

3 – O prazo referido no n.º 1 conta-se a partir da data de entrada do requerimento ou petição em qualquer entidade competente para o receber, independentemente da existência de formalidades especiais para a fase preparatória da decisão.

4 – *(Revogado.)*
5 – [...]
6 – [...]

ARTIGO 130.º
[...]

1 – [...]
2 – [...]
3 – [...]
4 – [...]
5 – [...]
6 – A falta de pagamento de taxas ou despesas não impede a formação de deferimento tácito.»

### ARTIGO 31.º
### Aditamento ao Decreto-Lei n.º 135/99, de 22 de abril

É aditado ao Decreto-Lei n.º 135/99, de 22 de abril, na sua redação atual, o artigo 28.º-B, com a seguinte redação:

«ARTIGO 28.º-B
**Certificação de deferimentos tácitos e de comunicação prévia com prazo sem pronúncia da entidade competente**

1 – Os interessados podem solicitar à entidade designada por despacho do membro do Governo responsável pela área da modernização administrativa a passagem de certidão que ateste a ocorrência de qualquer deferimento tácito ou outro tipo de efeitos positivos associados à ausência de resposta das entidades competentes, à luz do Código do Procedimento Administrativo ou de qualquer outra lei ou regulamento, independentemente da natureza da entidade competente para a prática do ato.

2 – A passagem da certidão referida no número anterior depende de:

*a)* Entrega de cópia digitalizada do requerimento inicial;

*b)* Formação de deferimento tácito ou ocorrência de outros efeitos positivos associados ao silêncio das entidades competentes.

3 – A entidade designada por despacho do membro do Governo responsável pela área da modernização administrativa, de forma imediata, eletró-

nica e automática, assim que o pedido é recebido, solicita, através de transmissão eletrónica de dados, ao ministério ou à pessoa coletiva competente para a prática do ato administrativo que esta informe se foi notificado ato expresso e que, caso exista, faça prova do mesmo e da respetiva notificação, através da inserção da informação em plataforma de verificação de deferimentos tácitos disponível a partir do portal único de serviços.

4 – Para o efeito previsto no número anterior, os ministérios e pessoas coletivas públicas recebem um email enviado para o seu endereço de correio eletrónico institucional com o aviso constante do anexo I do presente decreto-lei e do qual faz parte integrante.

5 – A entidade designada por despacho do membro do Governo responsável pela área da modernização administrativa emite a referida certidão no prazo de oito dias úteis após a receção do pedido se:

*a)* Estiverem reunidos os requisitos para a formação de deferimento tácito à luz das normas aplicáveis; e

*b)* O ministério, a pessoa coletiva ou o órgão competente para a prática do ato administrativo:

*i)* Confirmar que não notificou ato expresso;

*ii)* Não se pronunciar no prazo de três dias úteis após a receção do pedido de informação previsto no n.º 3; ou

*iii)* Não apresentar fundamentos suficientes para obstar ao reconhecimento da formação do deferimento tácito.

6 – Para efeitos da subalínea iii) da alínea b) do número anterior, são fundamentos suficientes para obstar ao reconhecimento da formação do deferimento tácito:

*a)* O não decurso do prazo necessário para a formação do deferimento tácito; ou

*b)* A existência de ato expresso de indeferimento aprovado e notificado no prazo legalmente estabelecido.

7 – A falta de pagamento de taxas não impede o reconhecimento da formação de deferimento tácito ou a ocorrência de outros efeitos positivos associados ao silêncio das entidades competentes.

8 – A certidão emitida deve observar o modelo constante do anexo II do presente decreto-lei e do qual faz parte integrante.

9 – O procedimento previsto no presente artigo é integralmente tramitado a partir do portal único de serviços, incluindo designadamente:

*a)* A apresentação do pedido;

*b)* A emissão de recibo do pedido;

*c)* O pedido de informação ao ministério ou pessoa coletiva competente sobre a existência de ato expresso e respetiva resposta;

*d)* A emissão da certidão; e

*e)* Todas as notificações e comunicações entre a entidade designada por despacho do membro do Governo responsável pela área da modernização administrativa e o interessado.

10 – A certidão prevista neste artigo é gratuita, não sendo por ela devido o pagamento de qualquer taxa.

11 – A formação do deferimento não depende da obtenção do certificado previsto no presente artigo e pode ser feita valer junto de todas as entidades independentemente da obtenção do mesmo.

12 – O disposto no presente artigo não prejudica a possibilidade de declarar a nulidade, anular ou revogar o ato resultante de deferimento tácito, nos termos da lei.»

### ARTIGO 32.º
### Aditamento ao Decreto-Lei n.º 135/99, de 22 de abril

São aditados ao Decreto-Lei n.º 135/99, de 22 de abril, na sua redação atual, os anexos I e II com a redação constante, respetivamente, dos anexos IX e X do presente decreto-lei e do qual fazem parte integrante.

## CAPÍTULO V
## Disposições transitórias e finais

### ARTIGO 33.º
### Licenças ambientais emitidas

O disposto no n.º 8 do artigo 40.º do Decreto-Lei n.º 127/2013, de 30 de agosto, com a redação dada pelo presente decreto-lei, aplica-se às licenças ambientais válidas à data da sua entrada em vigor.

### ARTIGO 34.º
### Execução administrativa

1 – As medidas administrativas necessárias à execução do presente decreto-lei abrangem, nomeadamente:

*a)* A realização dos desenvolvimentos informáticos necessários à adaptação do disposto no presente decreto-lei, designadamente ao Sistema Integrado de Licenciamento do Ambiente;

*b)* A realização dos desenvolvimentos informáticos necessários ao reconhecimento da formação de deferimento tácito ou de outros efeitos positivos associados ao silêncio das entidades competentes por todos os sistemas informáticos que suportem a tramitação de procedimentos administrativos, incluindo sistemas informáticos de suporte à tramitação dos procedimentos do SIR e o Sistema Integrado de Licenciamento do Ambiente;

*c)* A realização dos desenvolvimentos informáticos necessários ao sistema de certificação de deferimentos tácitos e de outros efeitos positivos associados ao silêncio das entidades competentes, por entidade a designar por despacho do membro do Governo responsável pela área da modernização administrativa;

*d)* A realização dos desenvolvimentos informáticos necessários à interoperabilidade e comunicação da formação de deferimentos tácitos e de outros efeitos positivos associados ao silêncio das entidades competentes entre os sistemas informáticos de suporte à realização de procedimentos administrativos;

*e)* A constituição, organização e formação de equipas dedicadas à certificação de deferimentos tácitos e de outros efeitos positivos associados ao silêncio das entidades competentes, pela entidade designada por despacho do membro do Governo responsável pela área da modernização administrativa;

*f)* A identificação de todos os casos de deferimento tácito previstos em normas avulsas;

*g)* A formação dos trabalhadores das entidades administrativas que sejam responsáveis pela aplicação dos regimes jurídicos adotados ou modificados pelo presente decreto-lei.

2 – As medidas previstas nas alíneas a), f) e g) do número anterior devem ser executadas até 1 de julho de 2023.

3 – As medidas previstas nas alíneas b), c), d) e e) do n.º 1 devem ser executadas até ao dia 1 de janeiro de 2024.

4 – A Agência para a Modernização Administrativa, I. P., é responsável pela coordenação das medidas necessárias à execução administrativa do presente decreto-lei, bem como pela sua monitorização permanente e por assegurar o cumprimento dos prazos previstos nos números anteriores.

5 – O disposto no número anterior não prejudica as competências das entidades responsáveis pelo desenvolvimento dos procedimentos administrativos previstos no presente decreto-lei.

## ARTIGO 35.º
## Normas transitórias

1 – As alterações legislativas efetuadas pelo presente decreto-lei aplicam-se aos procedimentos administrativos em curso.

2 – Quando das alterações legislativas promovidas pelo presente decreto-lei resultar que um projeto deixa de estar sujeito a AIA obrigatória ou a análise caso a caso, aplica-se o seguinte regime aos procedimentos pendentes:

*a)* Caso ainda não exista DIA emitida, os procedimentos pendentes caducam oficiosamente, sem qualquer necessidade de declaração;

*b)* Caso exista DIA emitida para um projeto em fase de anteprojeto, deixa de ser necessário realizar um procedimento para obtenção de uma declaração de verificação de conformidade ambiental de projeto de execução e o projeto pode ser aprovado pela entidade licenciadora ou competente para o autorizar sem observância das condições constantes da DIA;

*c)* Caso exista DIA ou declaração de verificação de conformidade ambiental de projeto de execução emitidas para um projeto em fase de execução, o projeto pode ser aprovado pela entidade licenciadora ou competente para autorizar o projeto sem necessidade de observar as condições aí previstas;

*d)* Quando, nas situações previstas nas alíneas b) e c), o projeto deixar de estar submetido a AIA obrigatória, mas seja obrigatória a realização de análise caso a caso, o proponente pode optar por aproveitar a DIA ou a declaração de verificação de conformidade ambiental de projeto de execução emitida, devendo o projeto, nestes casos, observar as condições constantes das mesmas.

### ARTIGO 36.º
### Norma revogatória

São revogados:

*a)* O n.º 5 do artigo 9.º do Decreto-Lei n.º 169/2001, de 25 de maio, na sua redação atual;

*b)* Os n.ºs 2 a 5 do artigo 26.º do Decreto-Lei n.º 226-A/2007, de 31 de maio;

*c)* O n.º 9 do artigo 23.º do Decreto-Lei n.º 73/2009, de 31 de março, na sua redação atual;

*d)* A alínea f) do n.º 4 do artigo 24.º e a alínea e) do n.º 6 do artigo 25.º-B do SIR, aprovado em anexo ao Decreto-Lei n.º 169/2012, de 1 de agosto, na sua redação atual;

*e)* O artigo 16.º, o n.º 3 do artigo 17.º, o artigo 21.º, os n.ºs 3 e 4 do artigo 23.º, o n.º 6 do artigo 37.º e a alínea h) do n.º 3 do artigo 41.º do Decreto-Lei n.º 127/2013, de 30 de agosto;

*f)* O n.º 2 do artigo 17.º do Decreto-Lei n.º 151-B/2013, de 31 de outubro, na sua redação atual;

*g)* Os n.ºs 4 e 6 do artigo 92.º e o n.º 4 do artigo 128.º do Código do Procedimento Administrativo, aprovado em anexo ao Decreto-Lei n.º 4/2015, de 7 de janeiro, na sua redação atual;

*h)* Os n.ºs 1 e 2 do artigo 3.º do Decreto-Lei n.º 97/2017, de 10 de agosto, na sua redação atual;

*i)* Os n.ºs 3 a 8 do artigo 20.º, os n.ºs 5 e 6 do artigo 55.º e a alínea i) do n.º 3 do artigo 90.º do Decreto-Lei n.º 152-D/2017, de 11 de dezembro, na sua redação atual;

*j)* As alíneas d) e e) do n.º 1 do artigo 2.º e o n.º 8 do artigo 42.º do Decreto-Lei n.º 39/2018, de 11 de junho;

*k)* Os n.ºs 2 a 5 do artigo 8.º do Decreto-Lei n.º 119/2019, de 21 de agosto;

*l)* A alínea c) do n.º 3 do artigo 69.º, o n.º 3 do artigo 86.º, a alínea d) do n.º 1 do artigo 108.º e o R 13 A do anexo II ao regime geral da gestão de resíduos, aprovado pelo anexo I do Decreto-Lei n.º 102-D/2020, de 10 de dezembro, na sua redação atual;

*m)* A tabela n.º 5 do anexo II do regime jurídico de deposição de resíduos em aterros, aprovado pelo anexo II do Decreto-Lei n.º 102-D/2020, de 10 de dezembro, na sua redação atual;

*n)* O n.º 2 do artigo 28.º do Decreto-Lei n.º 30/2021, de 7 de maio, na sua redação atual;

*o)* O n.º 2 do artigo 42.º do Decreto-Lei n.º 15/2022, de 14 de janeiro, na sua redação atual.

### ARTIGO 37.º
### Republicação

1 – É republicado no anexo XI do presente decreto-lei, do qual faz parte integrante, o Decreto-Lei n.º 226-A/2007, de 31 de maio, com a redação introduzida pelo presente decreto-lei.

2 – É republicado no anexo XII do presente decreto-lei, do qual faz parte integrante, o Decreto-Lei n.º 151-B/2013, de 31 de outubro, com a redação introduzida pelo presente decreto-lei.

3 – É republicado no anexo XIII do presente decreto-lei, do qual faz parte integrante, o Decreto-Lei n.º 119/2019, de 21 de agosto, com a redação introduzida pelo presente decreto-lei.

### ARTIGO 38.º
### Produção de efeitos

1 – Sem prejuízo do disposto nos números seguintes, o presente decreto-lei produz efeitos a 1 de março de 2023.

2 – O disposto nos artigos 2.º e 31.º produz efeitos a partir de 1 de janeiro de 2024.

*Contém as alterações dos seguintes diplomas:*
*Retificado pelo/a Declaração de Retificação n.º 7-A/2023 – Diário da República n.º 42/2023, 2.º Suplemento, Série I, de 2023-02-28, produz efeitos a partir de 2023-02-11*

### ARTIGO 39.º
### Entrada em vigor

O presente decreto-lei entra em vigor no dia seguinte ao da sua publicação.

Visto e aprovado em Conselho de Ministros de 7 de dezembro de 2022. – Mariana Guimarães Vieira da Silva – Mariana Guimarães Vieira da Silva – Nuno Miguel Bernardes Coelho Santos Félix – António José da Costa Silva

– Pedro Adão e Silva Cardoso Pereira – José Duarte Piteira Rica Silvestre Cordeiro – Marina Sola Gonçalves – Ana Maria Pereira Abrunhosa Trigueiros de Aragão – Maria do Céu de Oliveira Antunes.

Promulgado em 24 de janeiro de 2023.

Publique-se.

O Presidente da República, MARCELO REBELO DE SOUSA.

Referendado em 26 de janeiro de 2023.

O Primeiro-Ministro, António Luís Santos da Costa.

## ANEXO I

(a que se refere o artigo 4.º)

### ANEXO II

[...]

(ver documento original)

*Contém as alterações dos seguintes diplomas:*

*Retificado pelo/a Declaração de Retificação n.º 7-A/2023 – Diário da República n.º 42/2023, 2.º Suplemento, Série I, de 2023-02-28, produz efeitos a partir de 2023-02-11*

## ANEXO II

(a que se refere o artigo 7.º)

### ANEXO VII

(a que se refere o n.º 3 do artigo 31.º-C)

**Conteúdo do Estudo Ambiental de Alternativas de Corredores**

1 – Identificação, objetivo e enquadramento do Estudo Ambiental de Alternativas de Corredores.

2 – Metodologia e critérios adotados.

3 – Período de elaboração.

4 – Equipa técnica.

5 – Delimitação da área de estudo por conjunto de alternativas de corredores.

6 – Justificação das alternativas de corredores objeto de análise.

7 – Caracterização da área de estudo, ao nível das condicionantes territoriais e ambientais.

8 – Identificação dos fatores ambientais críticos.

9 – Análise comparativa dos corredores alternativos, tendo por base a metodologia e os critérios estabelecidos.

10 – Seleção e hierarquização dos corredores considerados ambientalmente mais sustentáveis e respetiva fundamentação, bem como a identificação de eventuais corredores a excluir.

11 – Proposta de condições para o desenvolvimento dos projetos de execução nos corredores selecionados.

12 – Conclusões.

## ANEXO III
(a que se refere ao artigo 16.º)

### ANEXO I
**Categorias de atividades industriais e agropecuárias a que se refere o capítulo II**

[...]

1 – [...]

2 – [...]

3 – [...]

4 – [...]

Para efeitos do presente número, considera-se «produção» a produção em quantidade industrial por transformação química ou biológica das substâncias ou grupos de substâncias referidas nos pontos 4.1 a 4.6. A existência de propósito comercial não determina só por si a existência de escala industrial.

Não possui escala industrial:

*i)* O desenvolvimento e a aplicação de técnicas emergentes, consideradas como as técnicas utilizadas pela primeira vez numa atividade industrial que, se comercialmente desenvolvida, pode assegurar um nível geral de proteção do ambiente mais elevado ou permitir, pelo menos, o mesmo nível de proteção do ambiente e maiores poupanças;

*ii)* A preparação final de produtos em loja;

*iii)* A produção em estabelecimentos comerciais;

*iv)* A produção em loja de retalho;

*v)* As pequenas atividades de fabrico artesanal, entendendo-se como tais as que sejam exercidas em estabelecimentos com potência elétrica igual ou inferior a

99 kVA, potência térmica não superior a 4 x $10^6$ kJ/h e número de trabalhadores não superior a 20.

4.1 – [...]

4.2 – [...]

*a)* Gases, como amoníaco, cloro ou cloreto de hidrogénio, flúor e fluoreto de hidrogénio, óxidos de carbono, compostos de enxofre, óxidos de azoto, hidrogénio, dióxido de enxofre, dicloreto de carbonilo, com exceção do hidrogénio de origem renovável, produzido por eletrólise de água, quando inorgânico;

*b)* [...]

4.3 – [...]

4.4 – [...]

4.5 – [...]

4.6 – [...]

5 – [...]

6 – [...]

## ANEXO IV

(a que se refere o artigo 19.º)

### ANEXO VI

(a que se referem os artigos 8.º e 10.º)

1 – A licença de produção de ApR é emitida com a seguinte informação:

*a)* A identificação do titular;

*b)* A localização do local de produção com identificação da licença de rejeição de águas residuais associada à origem de água para o sistema de produção;

*c)* A identificação e localização do(s) ponto(s) de entrega de ApR (em caso de cedência a terceiros);

*d)* A identificação das barreiras ou medidas de prevenção a aplicar;

*e)* Os procedimentos a adotar para a manutenção da qualidade da ApR produzida;

*f)* O volume de ApR a produzir e a utilizar para uso próprio, previsto no horizonte de projeto (caudal máximo);

*g)* As normas de qualidade a aplicar na produção e/ou utilização de ApR e os respetivos níveis de tratamento requeridos;

*h)* A definição dos programas de monitorização a aplicar nas atividades de produção e/ou utilização de ApR, incluindo as medições de água residual rececionada a partir de terceiros para produção de ApR em sistemas descentralizados com usos industriais ou em sistemas descentralizados em simbiose, as medições do volume de ApR produzido, utilizado internamente e cedido a terceiros, bem como, e sempre que se justifique, dos recetores afetados;

*i)* A periodicidade e formato de envio à APA, I. P., dos dados resultantes do programa de monitorização previsto na alínea seguinte;

*j)* Quaisquer outras condições impostas no procedimento de emissão da licença.

2 – A licença de utilização de ApR é emitida com a seguinte informação:

*a)* A identificação do titular;

*b)* A identificação da licença de produção de ApR acessória;

*c)* A identificação da(s) finalidade(s) e respetiva localização a que se destina a ApR produzida;

*d)* O volume de ApR a utilizar e o previsto no horizonte de projeto (caudal máximo);

*e)* A identificação das barreiras ou medidas de prevenção a aplicar;

*f)* As normas de qualidade a aplicar a cada aplicação de ApR;

*g)* As medidas a adotar para a manutenção da qualidade da ApR que evitem a sua degradação;

*h)* A definição do programa de monitorização da ApR a utilizar, incluindo as medições do volume utilizado, bem como, e sempre que se justifique, dos recetores afetados;

*i)* A periodicidade e formato de envio à APA, I. P., dos dados resultantes do programa de monitorização previsto na alínea j);

*j)* Quaisquer outras condições impostas no procedimento de emissão da licença de produção de ApR associada.

## ANEXO V

(a que se refere o artigo 22.º)

## ANEXO VII-A

(a que se refere o n.º 2 do artigo 13.º-B)

### Elementos instrutórios da comunicação prévia

1 – As comunicações prévias para as situações previstas no n.º 1 do artigo 13.º-A devem incluir a seguinte informação:

*a)* Identificação do utilizador e indicação do seu número de identificação fiscal;

*b)* Identificação da licença de produção de água para reutilização (ApR);

*c)* Finalidade(s) da utilização de ApR e volumes de ApR a utilizar no início e o previsto no horizonte de projeto (caudal máximo);

*d)* Qualidade de ApR a utilizar e, se aplicável, identificação das barreiras ou medidas de prevenção a aplicar;

*e)* Indicação do ponto de entrega e armazenamento, se aplicável, com recurso às coordenadas geográficas;

*f)* Localização geográfica onde são aplicadas as ApR à escala apropriada e em formato digital;

*g)* Termo de responsabilidade ambiental e de risco;

*h)* Caução para recuperação ambiental a prestar nos termos previstos no artigo 12.º do presente decreto-lei e nos termos previstos no anexo VIII do presente decreto-lei.

2 – As comunicações prévias para as situações previstas no n.º 2 do artigo 13.º-A devem incluir a seguinte informação:

*a)* Identificação do produtor/utilizador e indicação do seu número de identificação fiscal;

*b)* A identificação da licença de descarga de águas residuais tratadas;

*c)* A identificação da(s) finalidade(s) da ApR a produzir/utilizar;

*d)* As normas de qualidade da ApR produzida e, se aplicável, a identificação das barreiras ou medidas de prevenção a aplicar;

*e)* Indicação dos locais de produção e de armazenamento, com recurso às coordenadas geográficas, bem como as medidas a adotar para a manutenção da qualidade da ApR que evitem a sua degradação, quer no armazenamento quer no ponto de aplicação;

*f)* Localização geográfica dos locais onde são aplicadas as ApR, à escala apropriada e em formato digital;

*g)* Caução para recuperação ambiental a prestar nos termos previstos no artigo 12.º do presente decreto-lei e nos termos previsto do anexo VIII do presente decreto-lei.

*Contém as alterações dos seguintes diplomas:*

*Retificado pelo/a Declaração de Retificação n.º 12-A/2023 – Diário da República n.º 70/2023, 1.º Suplemento, Série I, de 2023-04-10, produz efeitos a partir de 2023-02-11*

*Retificado pelo/a Declaração de Retificação n.º 7-A/2023 – Diário da República n.º 42/2023, 2.º Suplemento, Série I, de 2023-02-28, produz efeitos a partir de 2023-02-11*

## ANEXO VI

(a que se refere o artigo 22.º)

### ANEXO IX

(a que se refere o n.º 3 do artigo 13.º-B)

**Modelo de termo de responsabilidade ambiental e de risco contra terceiros**

Para os efeitos previstos no n.º 3 do artigo 13.º-B do Decreto-Lei n.º 119/2019, de 21 de agosto, na sua atual redação, vem a ... (identificação da pessoa singular/ /coletiva), NIF/NIPC ..., com morada/sede em ..., com o capital social de ... (apenas aplicável a pessoas coletivas), declarar que para a (selecionar a opção aplicável):

... Utilização de ApR para a(s) finalidade(s) ... (identificar finalidades aplicáveis de acordo com os termos do n.º 1 do artigo 13.º-A do Decreto-Lei n.º 119/2019, de 21 de agosto, na sua atual redação), a utilizar em ... proveniente do sistema centralizado de produção detentor da licença de produção n.º ...

Produção e utilização de ApR para a(s) finalidade(s) ... (identificar finalidades aplicáveis de acordo com os termos do n.º 2 do artigo 13.º-A do Decreto-Lei n.º 119/2019, de 21 de agosto, na sua atual redação), a utilizar em ..., proveniente do sistema descentralizado denominado ...,

sito em ..., se compromete a cumprir na íntegra todos os requisitos dispostos na comunicação prévia com prazo elaborada ao abrigo do artigo 13.º-A do Decreto-Lei n.º 119/2019, de 21 de agosto, na sua atual redação, as demais normas legais aplicáveis de acordo com o estabelecido no Decreto-Lei n.º 119/2019, de 21 de agosto, na sua atual redação, as obrigações decorrentes do cumprimento da Lei n.º 52/2018, de 20 de agosto, que estabelece o regime de prevenção e controlo da doença dos legionários, e (apenas aplicável a utilizações nos termos do n.º 1 do artigo 13.º-A do Decreto-Lei n.º 119/2019, de 21 de agosto, na sua atual redação) as medidas de minimização do risco ou outras condições de gestão do risco aplicáveis à(s) finalidade(s) acima indicada(s) e descritas na avaliação do risco referente ao sistema de produção de água para reutilização (ApR) identificado.

Mais se declara que assume toda a responsabilidade civil decorrente de quaisquer danos/prejuízos para a saúde individual de terceiros (saúde humana e/ou saúde animal), para a saúde pública e para o ambiente, em particular para os recursos hídricos, fauna, solos e vegetação, decorrentes de riscos físicos, microbiológicos e/ou químicos associados à utilização de ApR/produção e utilização de ApR (selecionar a opção aplicável) e compromete-se a pagar todas e quaisquer compensações e/ou indemnizações por estes mesmos riscos e/ou danos/prejuízos.

Data...

Assinatura...

(Nome datilografado ou carimbo.)

*Contém as alterações dos seguintes diplomas:*

*Retificado pelo/a Declaração de Retificação n.º 12-A/2023 – Diário da República n.º 70/2023, 1.º Suplemento, Série I, de 2023-04-10, produz efeitos a partir de 2023-02-11*

## ANEXO VII

(a que se refere o artigo 27.º)

### ANEXO I

[...]

1 – [...]

2 – [...]

3 – [...]

4 – [...]

5 – [...]

5.1 – Em aterros para resíduos não perigosos, e exclusivamente com o intuito de promover o processo de degradação biológica dos resíduos e reduzir a temperatura na massa de resíduos, é permitida a humidificação dos mesmos através da reinjeção de lixiviados ou de concentrado da unidade de tratamento avançado por membranas desde que não seja afetada a estabilidade da massa de resíduos depositada e que os potenciais impactes adversos sobre o ambiente sejam minimizados.

5.2 – [...]

5.3 – [...]

6 – [...]

7 – [...]

## ANEXO VIII
(a que se refere o artigo 27.º)

### ANEXO II
[...]

### PARTE A
[...]

### PARTE B

1 - [...]

2 - [...]

3 - [...]

3.1 - [...]

3.2 - [...]

3.2.1 - Os resíduos admissíveis em aterros para resíduos não perigosos devem cumprir os valores-limite constantes da tabela n.º 4;

3.2.2 - A Autoridade Nacional de Resíduos pode definir parâmetros adicionais para efeitos da avaliação da admissibilidade em aterro para resíduos não perigosos, para determinadas tipologias de resíduos, designadamente quanto à obrigatoriedade de tratamento prévio à deposição prevista no artigo 5.º ou à avaliação da perigosidade dos resíduos.

TABELA N.º 4

[...]

TABELA N.º 5

*(Revogada.)*

3.3 - [...]

3.4 - [...]

3.5 - [...]

3.6 - [...]

4 - [...]

### PARTE C
[...].

## ANEXO IX
(a que se refere o artigo 32.º)

### ANEXO I
(a que se refere o n.º 4 do artigo 28.º-B)

**Modelo de aviso a enviar ao ministério ou à pessoa coletiva sobre a ocorrência de pedido de emissão de certidão de ato tácito e o envio de informação sobre a existência de ato expresso, previsto no n.º 4 do artigo 28.º-A**

A ... (entidade a designar) recebeu um pedido de emissão de uma certidão de existência de deferimento tácito por a ... (colocar designação do ministério, serviço, instituto público, empresa pública, município, freguesia, associação pública ou outra pessoa coletiva) não ter emitido um ato expresso no prazo legalmente previsto.

Caso não seja demonstrado, no prazo de três dias úteis, que foi emitido um ato expresso antes da decorrência do prazo para a formação do deferimento tácito ou que o deferimento tácito não se formou, a ... (entidade a designar) emite ao interessado uma certidão de que o ato tácito se produziu. A prova de que foi emitido um ato expresso faz-se através da inserção de cópia digitalizada do ato expresso a partir do portal único dos serviços.

Pode aceder ao portal único dos serviços e consultar mais informações sobre o pedido de emissão de certidão de deferimento tácito aqui (disponibilizar hyperlink na palavra «aqui»).

## ANEXO X
(a que se refere o artigo 32.º)

### ANEXO II
(a que se refere o n.º 8 do artigo 28.º-B)

**Modelo de certidão de deferimento tácito previsto no n.º 6 do artigo 28.º-A**

A presente certidão atesta que ... (colocar a firma ou nome do interessado) obteve uma ... (colocar a designação legal do tipo de ato requerido e que foi obtido por deferimento tácito) para ... (identificar a atividade permitida através do ato de deferimento tácito).

As autoridades públicas competentes devem, para todos os efeitos legais, assumir que a ... (colocar a firma ou nome do interessado) obteve todos os atos necessários para a realização da atividade em causa junto das entidades competentes, não podendo, designadamente, aplicar coimas por ausência da licença/autorização/permissão necessária para o desenvolvimento desta atividade.

## ANEXO XI
(a que se refere o n.º 1 do artigo 37.º)

# Republicação do Decreto-Lei n.º 226-A/2007, de 31 de maio

## CAPÍTULO I
## Títulos de utilização de recursos hídricos

### SECÇÃO I
### Disposições gerais

#### ARTIGO 1.º
#### Títulos

A autorização, licença ou concessão constituem títulos de utilização dos recursos hídricos, e são reguladas nos termos da Lei n.º 58/2005, de 29 de dezembro, e do presente decreto-lei.

#### ARTIGO 2.º
#### Utilização abusiva

1 – Se for abusivamente ocupada qualquer parcela do domínio público hídrico, ou nela se executarem indevidamente quaisquer obras, a autoridade competente intimará o infrator a desocupá-la ou a demolir as obras feitas, fixando para o efeito um prazo.

2 – Sem prejuízo da aplicação das penas que no caso couberem e da efetivação da responsabilidade civil do infrator pelos danos causados, uma vez decorrido o prazo fixado pela autoridade competente, esta assegurará a reposição da parcela na situação anterior à ocupação abusiva, podendo para

o efeito recorrer à força pública e ordenar a demolição das obras por conta do infrator.

3 – Quando as despesas realizadas pela autoridade competente nos termos do número anterior não forem pagas voluntariamente no prazo de 20 dias a contar da notificação para o efeito, estas são cobradas judicialmente em processo de execução fiscal, servindo de título executivo a certidão comprovativa das despesas efetuadas emitida pela autoridade competente para ordenar a demolição.

4 – Se o interessado invocar a titularidade de um direito sobre a parcela ocupada, este deve provar a condição afirmada e requerer a respetiva delimitação, podendo a autoridade competente autorizar provisoriamente a continuidade da utilização privativa.

## ARTIGO 3.º
## Conteúdo do direito de uso privativo

1 – As licenças e concessões de uso privativo, enquanto se mantiverem, conferem aos seus titulares o direito de utilização exclusiva, para os fins e com os limites consignados no respetivo título constitutivo, das parcelas do domínio público hídrico a que respeitam.

2 – Se a utilização permitida envolver a realização de obras ou alterações, o direito do uso privativo abrange poderes de construção, transformação ou extração, conforme os casos, entendendo-se que tanto as construções efetuadas como as instalações desmontáveis se mantêm na propriedade do titular da licença ou da concessão até expirar o respetivo prazo.

3 – Uma vez expirado o prazo mencionado no número anterior, aplica-se o disposto no n.º 2 do artigo 69.º da Lei n.º 58/2005, de 29 de dezembro.

4 – Cabe à autoridade competente transmitir ao titular do direito de uso privativo o terreno dominial, facultando-lhe o início da utilização consentida.

## ARTIGO 4.º
## Realização de obras

1 – Sempre que o uso privativo implique a realização de obras pelo interessado, cabe a este submeter o respetivo projeto à aprovação da autoridade competente, devendo executar as obras dentro dos prazos que lhe forem

fixados e de harmonia com o projeto aprovado e com as leis e regulamentos em vigor.

2 – A execução das obras fica sujeita à fiscalização das autoridades competentes, cujos agentes terão livre acesso ao local dos trabalhos.

3 – Terminadas as obras, deve o interessado remover todo o entulho e materiais daquelas provenientes para local onde não causem prejuízos.

4 – Sem prejuízo da aplicação das outras sanções que no caso couberem, a inobservância do disposto no presente artigo é punida com a sanção estipulada no título ou dará lugar, se forem realizadas obras sem projeto aprovado ou com desrespeito deste, à sua demolição compulsiva, total ou parcial, por conta do infrator.

5 – O interessado responde por todos os prejuízos que causar com a execução das obras.

6 – As obras executadas não podem ser utilizadas para fim diferente do estipulado no título constitutivo sem a autorização da autoridade competente.

7 – As obras e os edifícios construídos em terrenos dominiais não podem ser alienados, direta ou indiretamente, nem onerados ou hipotecados sem autorização da autoridade competente para o licenciamento da utilização dos recursos hídricos.

8 – A violação do disposto no número anterior importa a nulidade do ato de transmissão ou oneração, sem prejuízo de outras sanções que ao caso couberem.

## ARTIGO 5.º
## Autocontrolo, programas de monitorização e planos de emergência

1 – O titular de licença ou o concessionário deve instalar um sistema de autocontrolo ou programas de monitorização adequados às respetivas utilizações sempre que essa instalação seja exigida com a emissão do respetivo título.

2 – As características, os procedimentos e a periodicidade de envio de registos à autoridade competente fazem parte integrante do conteúdo do respetivo título.

3 – Os encargos decorrentes da instalação e exploração do sistema de autocontrolo ou dos programas de monitorização são da responsabilidade do titular da licença ou da concessão.

4 – O titular da licença ou da concessão mantém um registo atualizado dos valores do autocontrolo ou dos programas de monitorização, para efeitos de inspeção ou fiscalização por parte das autoridades competentes.

5 – Os utilizadores que explorem instalações suscetíveis de causar impacte significativo sobre o estado das águas ficam ainda obrigados a definir medidas de prevenção de acidentes e planos de emergência que minimizem os seus impactes.

6 – Qualquer acidente ou anomalia grave no funcionamento das instalações, nomeadamente com influência nas condições de rejeição de águas residuais ou no estado das massas de água, deve ser comunicado pelo utilizador à autoridade competente no prazo de 24 horas a contar da sua ocorrência.

### ARTIGO 6.º
### Defesa dos direitos do utente privativo

1 – Sempre que alguma parcela do domínio público hídrico se encontrar afeta a um uso privativo e este for perturbado por ocupação abusiva ou outro meio, pode o titular da respetiva licença ou concessão requerer à autoridade competente que adote as providências referidas no artigo 2.º ou outras que se revelem mais eficazes para garantia dos seus direitos.

2 – O Estado e as demais autoridades competentes, ou os respetivos órgãos e agentes, respondem civilmente perante o interessado, nos termos gerais, por todos os danos que para este advierem da falta, insuficiência ou inoportunidade das providências adequadas à garantia dos seus direitos.

### ARTIGO 7.º
### Empreendimentos de fins múltiplos

1 – Os empreendimentos de fins múltiplos originariamente constituídos para realizar mais do que uma utilização principal são geridos, em cada caso, por uma única entidade pública ou privada.

2 – Sem prejuízo do regime especial a aprovar nos termos do n.º 3 do artigo 76.º da Lei n.º 58/2005, de 29 de dezembro, aos empreendimentos de fins múltiplos aplicam-se as disposições do presente decreto-lei.

## ARTIGO 8.º
## Empreendimentos equiparados

1 – Consideram-se equiparados aos empreendimentos de fins múltiplos aqueles empreendimentos que, embora originariamente constituídos para realizar apenas uma utilização principal, dispõem ou passaram a dispor de condições para, no decurso da sua exploração, realizar outras utilizações principais.

2 – Compete ao INAG a classificação dos empreendimentos que se enquadrem no número anterior.

## ARTIGO 9.º
## Sistema Nacional de Informação dos Títulos de Utilização dos Recursos Hídricos

1 – O registo e a caracterização das utilizações dos recursos hídricos, qualquer que seja a entidade licenciadora, são realizados através do Sistema Nacional de Informação dos Títulos de Utilização dos Recursos Hídricos (SNITURH) em conformidade com o disposto no artigo 73.º da Lei n.º 58/2005, de 29 de dezembro.

2 – Compete ao INAG, no quadro da implementação do SNITURH, garantir a sua operacionalidade informática, com base na comunicação efetuada pelas entidades licenciadoras na atribuição dos títulos de utilização dos recursos hídricos.

3 – O registo e a caracterização mencionados no n.º 1 são efetuados pelas entidades licenciadoras, no âmbito das suas competências de licenciamento e fiscalização.

4 – O SNITURH deve criar os mecanismos que permitam dar cumprimento ao disposto no artigo 90.º da Lei n.º 58/2005, de 29 de dezembro, sendo da responsabilidade das entidades fiscalizadores a sua atualização.

5 – Caso se verifique uma anomalia no SNITURH que dificulte ou impeça o registo mencionado no número anterior, compete ao INAG garantir a sua atualização através da comunicação pela entidade licenciadora.

6 – O registo e a comunicação, a efetuar antes da emissão do respetivo título, têm caráter obrigatório.

7 – Quando a utilização respeitar a atividade sujeita a licença ambiental, a emissão dessa licença fica igualmente sujeita a registo no SNITURH.

## SECÇÃO II
## Atribuição dos títulos de utilização

### SUBSECÇÃO I
### Disposições gerais

#### ARTIGO 10.º
#### Decisão

1 – A atribuição de um título de utilização de recursos hídricos depende do cumprimento do disposto da Lei n.º 58/2005, de 29 de dezembro, das disposições constantes do presente decreto-lei que lhe sejam aplicáveis, da demais legislação aplicável, bem como:

*a)* Da inexistência de outros usos efetivos ou potenciais dos recursos hídricos, reconhecidos como prioritários e não compatíveis com o pedido;

*b)* Da possibilidade de compatibilizar a utilização com direitos preexistentes;

*c)* No caso de pesquisa de captação de águas subterrâneas, da observância dos requisitos aplicáveis à captação a que se destina;

*d)* Da inexistência de pareceres vinculativos desfavoráveis das entidades consultadas no procedimento, bem como dos resultantes da fase de publicitação, quando à mesma haja lugar.

2 – Caso sejam apresentados em simultâneo vários pedidos de atribuição de autorização e/ou licença para utilização dos recursos hídricos, respeitantes ao mesmo operador e estabelecimento, é emitido um único título.

3 – Nos casos previstos no número anterior, sempre que se verifique a utilização privativa de recursos hídricos do domínio público, o título a emitir é a licença.

#### ARTIGO 11.º
#### Pedido de informação prévia

1 – Qualquer interessado pode apresentar junto da autoridade competente um pedido de informação prévia sobre a possibilidade de utilização dos recursos hídricos para o fim pretendido.

2 – Do pedido previsto no número anterior deve constar:

*a)* A identificação rigorosa da utilização pretendida:

*b)* A indicação exata do local pretendido, nomeadamente com recurso às coordenadas geográficas.

3 – A entidade competente decide o pedido de informação prévia no prazo de 30 dias contado a partir da data da sua receção.

4 – A informação prévia vincula a entidade competente desde que o pedido de emissão do título seja apresentado no prazo de um ano a contar da data da sua notificação, excecionalmente prorrogável por decisão fundamentada, sem prejuízo dos condicionalismos resultantes quer do respeito pelas regras do concurso quer das decisões ou pareceres, dotados de caráter vinculativo, emitidos posteriormente no âmbito do licenciamento.

### ARTIGO 12.º
### Autoridade competente

1 – Os títulos de utilização são atribuídos pela administração da região hidrográfica territorialmente competente, abreviadamente designada ARH.

2 – No caso em que a utilização se situe em mais do que uma área territorial, a competência para o licenciamento cabe à ARH onde se situar a maior área ocupada pela utilização ou, na impossibilidade de seguir este critério, é competente a entidade que tiver jurisdição na área onde se localiza a intervenção principal.

3 – Compete aos municípios territorialmente competentes licenciar os apoios de praia previstos nos n.ºs 1, 2 e 3 do artigo 63.º

4 – Compete ao INAG definir e harmonizar os procedimentos necessários à atribuição dos títulos de utilização dos recursos hídricos.

### ARTIGO 13.º
### Delegação de competências

1 – A ARH pode delegar as suas competências em matéria de licenciamento da utilização dos recursos hídricos, nos termos do n.º 7 do artigo 9.º da Lei n.º 58/2005, de 29 de dezembro, as quais são exercidas pela autoridade delegatária de acordo com as instruções fornecidas pela autoridade delegante.

2 – Quando esteja em causa a qualidade da água, as autoridades delegatárias submetem à aprovação da ARH as condições a definir no respetivo título.

3 – Sem prejuízo do que ficar estabelecido no instrumento de delegação de competências, as autoridades delegatárias ficam ainda obrigadas a apresentar os estudos, planos e programas de monitorização que venham a ser solicitados pela ARH.

4 – A ARH pode delegar a competência prevista no n.º 5 do artigo 70.º da Lei n.º 58/2005, de 29 de dezembro, desde que, comprovadamente, os utilizadores que integram a associação demonstrem capacidade de gestão dos respetivos títulos, nomeadamente pelo respeito dos objetivos de qualidade e da utilização economicamente sustentada da água.

5 – Sem prejuízo do disposto na demais legislação aplicável, a ARH pode ainda avocar os poderes delegados em matéria de licenciamento, nomeadamente:

*a)* Quando se verifique a suspensão ou revisão dos planos;

*b)* Durante a ocorrência de situações especiais, nomeadamente secas e cheias;

*c)* Quando se verifique o incumprimento dos planos ou das orientações do delegante por parte da entidade a quem foi delegada a competência;

*d)* Quando se verifique o incumprimento do disposto nos n.ºs 2 e 3.

6 – O disposto nos n.ºs 2, 3 e 4 do presente artigo aplica-se, com as necessárias adaptações, à delegação de competência a que se refere o n.º 1 do artigo 13.º da Lei n.º 58/2005, de 29 de dezembro.

7 – A competência delegada nas entidades referidas na alínea a) do n.º 7 do artigo 9.º da Lei n.º 58/2005, de 29 de dezembro, pode ser igualmente delegada em associações de municípios, desde que obtida a concordância dos respetivos municípios associados, sem prejuízo do poder de avocação previsto no n.º 5.

## ARTIGO 14.º
## Apresentação de requerimentos

1 – Os requerimentos podem ser apresentados pelo interessado em suporte de papel ou, quando possível, em suporte informático e por meios eletrónicos.

2 – Os requerimentos são acompanhados de declaração que ateste a autenticidade das informações prestadas, a qual deve ser assinada pelo interessado, ou por seu legal representante quando se trate de pessoa coletiva, sendo a assinatura substituída, no caso de requerimento apresentado em suporte informático e por meio eletrónico, pelos meios de certificação eletrónica disponíveis.

3 – O requerimento inicial de pedido de emissão de título de utilização é apresentado junto da autoridade competente, instruído com os seguintes elementos:

*a)* Documento do qual conste:

*i)* A identificação do requerente e o seu número de identificação fiscal;

*ii)* Os elementos descritivos da utilização definidos em portaria a aprovar pelo membro do Governo responsável pela área do ambiente;

*b)* Outros documentos tidos pelo requerente como relevantes para a apreciação do pedido.

4 – No prazo de 10 dias a contar da apresentação do requerimento inicial, a entidade competente verifica se o pedido se encontra instruído com a totalidade dos elementos exigidos, podendo solicitar para esse efeito, por uma única vez, a prestação de informações ou elementos complementares, bem como o seu aditamento ou reformulação.

5 – Quando o interessado apresentar o requerimento inicial em suporte informático e por meio eletrónico, as subsequentes comunicações entre a entidade licenciadora e o interessado no âmbito do respetivo procedimento são realizadas por meios eletrónicos.

6 – A entidade competente pode, no prazo previsto no n.º 4 e em vez da comunicação aí prevista, convocar o requerente para a realização de uma conferência instrutória, na qual são abordados todos os aspetos considerados necessários para a boa decisão do pedido e eventualmente solicitados elementos instrutórios adicionais.

7 – No caso de o requerente não juntar os elementos solicitados pela entidade competente nos termos dos números anteriores no prazo de 60 dias a contar da notificação de pedido de elementos, ou de os juntar de forma deficiente ou insuficiente, o pedido é liminarmente indeferido.

8 – O prazo referido no número anterior é excecionalmente prorrogável por decisão devidamente fundamentada.

## ARTIGO 15.º
## Consultas

1 – Sem prejuízo do disposto noutros diplomas legais ou regulamentares, a emissão dos seguintes títulos carece da realização das seguintes consultas:

*a)* A emissão da licença de rejeição de águas residuais no solo agrícola ou florestal situado no domínio público carece de parecer favorável das direções regionais de agricultura e pescas e das administrações regionais de saúde territorialmente competentes;

*b)* A emissão dos títulos de utilização do domínio hídrico para a instalação dos estabelecimentos previstos nos artigos 73.º e 74.º do presente decreto-lei carece de parecer favorável da Direção-Geral das Pescas e Aquicultura relativamente a águas salobras, salgadas e seus leitos, ou da Direção-Geral dos Recursos Florestais, abreviadamente designada DGRF, no caso de estabelecimentos dulceaquícolas;

*c)* A emissão de título de implantação de infraestruturas hidráulicas carece dos pareceres favoráveis emitidos pela autoridade de segurança de barragens, no âmbito do disposto no Decreto-Lei n.º 11/90, de 6 de janeiro, ou no Decreto-Lei n.º 409/93, de 14 de dezembro, e pela DGRF, relativamente aos dispositivos de passagens para peixes;

*d)* A emissão da licença para efeitos de utilização de embarcações atracadas ou fundeadas sem meios de locomoção próprio ou seladas carece de parecer do organismo competente em matéria de segurança do material flutuante e de navegação;

*e)* Nos casos referidos no n.º 3 do artigo 15.º, a emissão de licença carece de parecer favorável emitido pela ARH, nos termos do n.º 5 do artigo 11.º do Decreto-Lei n.º 309/93, de 2 de setembro, com a redação que lhe foi dada pelo Decreto-Lei n.º 218/94, de 20 de agosto;

*f)* A emissão dos títulos de utilização do domínio público marítimo que possa afetar a segurança marítima, a preservação do meio marinho ou outras atribuições da Autoridade Marítima Nacional deve ser precedida de parecer favorável desta;

*g)* A emissão dos títulos de utilização que possa afetar a segurança portuária e de navegação carece de parecer favorável da administração portuária em cuja área de jurisdição se inscreve ou do Instituto Portuário e dos Transportes Marítimos, I. P., abreviadamente designado IPTM, sempre que o título não deva ser por ela emitido;

*h)* A emissão de títulos que tenha impacte económico na exploração de infraestruturas portuárias já existentes carece de parecer da administração portuária ou do IPTM sempre que o título não deva ser por estes emitido;

*i)* A emissão dos títulos de utilização para aproveitamentos para produção de energia elétrica superior a 100 MW carece de parecer favorável da Direção-Geral de Energia e Geologia, abreviadamente designada DGEG.

2 – A autoridade competente promove as consultas referidas no número anterior, bem como as demais que sejam legal e regulamentarmente exigíveis, no prazo de cinco dias a contar da receção do pedido ou da receção dos elementos adicionais referidos nos n.ºs 4 a 6 do artigo anterior.

3 – No termo do prazo fixado no número anterior, o requerente pode solicitar a passagem de certidão da promoção das consultas devidas.

4 – Se a certidão referida no número anterior for negativa ou não for emitida no respetivo prazo, o interessado pode promover diretamente as respetivas consultas ou pedir ao tribunal que as promova ou que condene a autoridade competente a promovê-las.

5 – A não emissão de parecer no prazo de 10 dias contados a partir da data de promoção das consultas previstas nos números anteriores equivale à emissão de parecer favorável, exceto nos casos da alínea c) do n.º 1 em que esteja em causa a segurança de pessoas e bens.

6 – Quando os meios disponíveis o permitam e a autoridade competente o determine, os pareceres previstos no presente artigo podem ser emitidos em conferência de serviços, a qual pode decorrer por via eletrónica.

7 – Os pareceres referidos no número anterior são reduzidos a escrito em ata da conferência assinada por todos os presentes, ou documentados através de outro meio que ateste a posição assumida pelo representante da entidade consultada.

### SUBSECÇÃO II
### **Autorização**

#### ARTIGO 16.º
#### **Comunicação prévia**

1 – A autorização é substituída pela mera comunicação prévia de início de utilização às autoridades competentes, nos seguintes casos:

*a)* Nos termos e condições previstos em regulamento anexo ao plano de gestão de bacia ou ao plano especial de ordenamento do território aplicável;

*b)* Nos casos previstos no n.º 4 do artigo 62.º da Lei n.º 58/2005, de 29 de dezembro, na sua redação atual;

*c)* Quando esteja em causa a realização de construções, inseridas em malha urbana com plano diretor municipal de segunda geração; e

*d)* Quando esteja em causa a recuperação de estruturas já existentes sem alteração das características iniciais, nomeadamente em termos de área de implantação no terreno.

2 – A comunicação a que se refere o número anterior é efetuada por escrito, dirigida à autoridade competente e contendo os elementos estabelecidos pela portaria a que se refere a subalínea ii) da alínea a) do n.º 3 do artigo 14.º do presente decreto-lei.

### ARTIGO 17.º
### Pedido de autorização

Com exceção dos casos de captação de águas para consumo humano, bem como de captação de água em áreas que, aquando do pedido, estejam em situação de seca severa ou extrema, o pedido de autorização considera-se tacitamente deferido na ausência de decisão expressa notificada no prazo de 45 dias a contar da data da sua apresentação.

### ARTIGO 18.º
### Emissão da autorização

Com a decisão final, é emitido e enviado ao utilizador no prazo de 15 dias o respetivo título de utilização contendo os respetivos termos, condições e requisitos técnicos, nos termos estabelecidos pela portaria a que se refere a subalínea ii) da alínea a) do n.º 3 do artigo 14.º do presente decreto-lei.

### SUBSECÇÃO III
### Licença

### ARTIGO 19.º
### Utilizações sujeitas a licença

Carecem de emissão de licença prévia as utilizações privativas dos recursos hídricos referidas na Lei n.º 58/2005, de 29 de dezembro, bem como:

*a)* A realização de trabalhos de pesquisa e construção para captação de águas subterrâneas no domínio público;

*b)* A produção de energia elétrica a partir da energia das ondas do mar, quando a potência instalada não ultrapasse 25 MW.

### ARTIGO 20.º
### Procedimento

1 – Sem prejuízo do disposto no artigo seguinte, a licença de utilização é atribuída pela autoridade competente através de:

*a)* Pedido apresentado pelo particular;

*b)* Outorga de protocolo com associações sem fins lucrativos que tenham vindo a exercer a gestão de domínio público hídrico, nomeadamente:

*i)* Desenvolvendo atividades de caráter educativo, cultural e desportivo na respetiva área;

*ii)* Mantendo, conservando e valorizando as zonas ribeirinhas e frentes de águas de domínio público hídrico, mantendo-as acessíveis às populações, incluindo o seu acesso, instalações construídas e infraestruturas de apoio;

*iii)* Desenvolvendo ou promovendo projetos ou participando nos objetivos das entidades que tutelam o domínio público hídrico ou que, de alguma forma, são responsáveis por atividades de caráter educativo, cultural, desportivo ou outro, de interesse público;

*iv)* Assumindo a responsabilidade pela conservação e manutenção de instalações construídas e infraestruturas de apoio na área sobre a qual incide o título;

*v)* Promovendo projetos relevantes, aprovados ou em curso, cofinanciados por fundos europeus;

*c)* O protocolo referido na alínea b) determina o direito à utilização privada dos recursos hídricos e obriga à emissão da correspondente licença de utilização.

2 – Para cumprimento do disposto na alínea b) do número anterior, podem ser estabelecidos protocolos específicos entre as associações e as entidades competentes desde que:

*a)* Garantam as atuais parcerias e contribuam para a continuação da realização de benfeitoras e para a otimização das condições de acesso e usufruto do domínio público hídrico; ou

*b)* Se estiverem associadas a propriedade e a manutenção de instalações construídas e infraestruturas de apoio, na natureza desses protocolos a estabelecer entre associações sem fins lucrativos e as entidades competentes, os usufrutuários sejam responsáveis por planos de conservação desses meios e da envolvente próxima, no estrito âmbito da utilização dos recursos hídricos.

3 – Desde que se mantenham os pressupostos que originaram o direito privativo de utilização dos recursos hídricos e não tenha existido gestão danosa dos recursos hídricos, o prazo da licença de utilização para as entidades constantes da alínea b) do n.º 1 é de 10 anos, sucessivamente renovável, por iguais períodos, a pedido das associações, nos termos do n.º 4 do artigo 34.º

4 – O pedido é apreciado e decidido no prazo de 45 dias a contar da data da sua apresentação.

## ARTIGO 21.º
## Licenças sujeitas a concurso

1 – São atribuídas através de procedimento concursal, nos termos do presente artigo, as utilizações sujeitas a licença de:

*a)* Extração de inertes em margens e leitos conexos com águas públicas em volume superior a 500 m3;

*b)* Ocupação do domínio público hídrico, salvo nos casos de rejeição de águas residuais, de recarga e injeção artificial em águas subterrâneas ou ainda de usos dominiais com um prazo igual ou inferior a um ano;

*c)* Instalação de apoios de praia nos terrenos do domínio público.

2 – Excetuam-se do disposto no número anterior os protocolos com associações sem fins lucrativos outorgados nos termos da alínea b) do n.º 1 do artigo 20.º

3 – No caso de a ocupação do domínio público hídrico sujeita a concurso estar associada a outra utilização dos recursos hídricos, o concurso incidirá sobre a totalidade das utilizações.

4 – Quando a atribuição da licença resultar de iniciativa pública, a tramitação do procedimento concursal é a seguinte:

*a)* A autoridade competente procede à publicitação dos termos da utilização a licenciar através de anúncio no Diário da República e afixação de editais onde constem as principais características da utilização em causa, os critérios de escolha e os elementos estabelecidos na portaria a que se refere a subalínea ii) da alínea a) do n.º 3 do artigo 14.º do presente decreto-lei, convidando os interessados a apresentar propostas num prazo de 30 dias, com as respetivas condições de exploração;

*b)* As propostas não são admitidas:

*i)* Quando recebidas fora do prazo fixado;

*ii)* Quando não contenham os elementos exigidos no anúncio;

*c)* No prazo de 30 dias a contar do termo do prazo para a apresentação das propostas, o júri elabora um relatório em que procede à apreciação do mérito daquelas e as ordena para efeitos de atribuição da licença de acordo com os critérios fixados no anúncio de abertura do concurso;

*d)* Ordenados os concorrentes, o candidato selecionado em primeiro lugar inicia o procedimento de licenciamento referido no artigo anterior, no prazo máximo de um ano, prorrogável por igual período e por uma única vez;

*e)* Se o concorrente não cumprir o estabelecido na alínea anterior ou se o pedido apresentado for indeferido, é notificado para o mesmo efeito o candidato graduado imediatamente a seguir e assim sucessivamente, enquanto não se esgotar o prazo de validade do concurso.

5 – Quando a atribuição da licença resultar de pedido apresentado pelo particular junto da autoridade competente, a tramitação do procedimento concursal é a seguinte:

*a)* O interessado apresenta um pedido de atribuição de licença, do qual constam a localização, o objeto e as características da utilização pretendida;

*b)* A autoridade competente aprecia o pedido apresentado, verificando se existem causas que obstem desde logo à abertura do procedimento, nomeadamente o incumprimento de alguma das condições referidas no artigo 10.º de que depende a emissão do título, a sua inoportunidade ou inconveniência para o interesse público ou, ainda, o facto de se pretender atribuir essa utilização por via de iniciativa pública;

*c)* Não existindo causas que obstem desde logo à abertura do procedimento, a autoridade competente procede à publicitação do pedido apresentado, através da afixação de editais e da publicação nos locais de estilo durante o prazo de 30 dias, abrindo a faculdade de outros interessados poderem requerer para si a emissão do título com o objeto e finalidade para a utilização publicitada ou apresentar objeções à atribuição do mesmo;

*d)* Decorrido o prazo referido na alínea anterior sem que seja apresentado um pedido concorrente, é iniciado o procedimento de licenciamento referido no artigo 20.º, no prazo máximo de um ano, prorrogável por igual período e por uma única vez;

*e)* Se durante o prazo referido na alínea b) forem apresentados pedidos idênticos de atribuição de licença, a autoridade competente inicia um procedimento concursal entre os interessados, que segue os termos fixados no número anterior, com as necessárias adaptações.

6 – Nos casos referidos no número anterior, o primeiro requerente goza do direito de preferência desde que comunique, no prazo de 10 dias a contar da notificação da escolha da proposta, sujeitar-se às condições da proposta selecionada, salvo tratando-se de anterior titular que manifeste interesse na continuação da utilização, caso em que se observará o disposto no n.º 7 do presente artigo.

7 – Nos casos em que o concurso previsto no n.º 3 ficar deserto, a licença pode ser atribuída ao antigo titular nas condições postas a concurso.

8 – Sem prejuízo do disposto no n.º 4 do artigo 34.º, o anterior titular pode manifestar à autoridade competente o interesse na continuação da utilização, no prazo de um ano antes do termo do respetivo título, gozando de direito de preferência, desde que, no prazo de 10 dias após a adjudicação do procedimento concursal previsto no n.º 3 ou no n.º 4, comunique sujeitar-se às condições da proposta selecionada.

9 – No caso previsto no número anterior, pode excecionalmente ser prorrogado o prazo de validade do título de utilização até à decisão final do procedimento de concurso, não podendo, em qualquer caso, a referida prorrogação exceder o prazo máximo de dois anos.

## ARTIGO 22.º
## Emissão de licença

1 – Com a decisão final, é emitido e enviado ao utilizador o título de utilização contendo os respetivos termos, condições e requisitos técnicos, nos termos estabelecidos pela portaria a que se refere a subalínea ii) da alínea a) do n.º 3 do artigo 14.º do presente decreto-lei.

2 – A emissão da licença de utilização está sujeita à prestação de caução adequada destinada a assegurar o cumprimento das obrigações em causa, cujo regime e montante constam do anexo I do presente decreto-lei, do qual faz parte integrante.

3 – O titular da licença pode ser dispensado da prestação da caução para recuperação ambiental, consoante o tipo de utilização pretendida e desde que esta não seja suscetível de causar impacte significativo nos recursos hídricos.

4 – Pode ainda ser dispensada a prestação da caução para recuperação ambiental quando o requerente da licença demonstre ter constituído uma garantia financeira para os efeitos do regime jurídico da responsabilidade por danos ambientais que englobe a utilização em causa, e cujo montante seja equivalente ou superior ao resultante da aplicação do disposto no ponto A) do anexo I do presente decreto-lei.

5 – Incumbe ao requerente da licença demonstrar, junto da ARH territorialmente competente, que a garantia financeira cumpre o disposto no número anterior.

6 – Apenas pode ser dispensada a prestação da caução para recuperação ambiental e emitida a licença após verificação, pela ARH territorialmente competente, de que se encontra cumprido o disposto no anexo I do presente decreto-lei.

7 – O título de utilização para implantação de infraestruturas hidráulicas é emitido simultaneamente com o título de captação de água.

8 – O título de utilização de captação de águas subterrâneas é emitido no prazo de 15 dias a contar da aprovação do relatório referido no n.º 3 do artigo 41.º do presente decreto-lei.

9 – Nos casos previstos na alínea b) do n.º 1 do artigo 20.º, o titular da licença será dispensado da prestação da caução.

## ARTIGO 23.º
## Utilizações do domínio público sujeitas a concessão

1 – Estão sujeitas a prévia concessão as utilizações privativas dos recursos hídricos referidas na Lei n.º 58/2005, de 29 de dezembro, bem como:

*a)* A implantação de serviços de apoio à navegação marítima ou fluvial, desde que impliquem investimentos avultados e integrem a prestação de serviços, tais como postos de venda para combustíveis, zona destinada à manutenção de embarcações, postos de socorros e vigilância e ou comunicações;

*b)* As infraestruturas e equipamentos de apoio à navegação de uso público, ainda que localizadas em margens e leitos privados conexos com águas públicas, desde que se revistam as características previstas na alínea anterior;

*c)* A implantação de equipamentos industriais ou de outras infraestruturas que impliquem investimentos avultados, cujo prazo de amortização seja superior a 10 anos;

*d)* A utilização dos recursos hídricos do domínio público marítimo para produção de energia elétrica a partir da energia das ondas do mar com uma potência instalada superior a 25 MW;

*e)* A instalação e exploração simultânea de equipamentos e de apoios de praia referidos nos n.ºs 1 e 3 do artigo 63.º do presente decreto-lei.

2 – A aplicação do regime de concessão ao exercício de uma atividade em que existam várias utilizações, nos termos do n.º 2 do artigo 60.º da Lei n.º 58/2006, de 29 de dezembro, não prejudica a observância dos requisitos específicos de todas as utilizações.

## ARTIGO 24.º
## Atribuição de concessão

1 – A concessão é atribuída através de procedimento concursal, nos termos do presente artigo, podendo ainda ser diretamente atribuída por decreto-lei às entidades públicas empresariais e às demais empresas públicas a quem deva caber a exploração de empreendimentos de fins múltiplos.

2 – Sem prejuízo do disposto no número anterior, a escolha do concessionário é realizada através de procedimento pré-contratual de concurso público sempre que a atribuição da concessão resultar de iniciativa pública.

3 – Excluem-se do âmbito do n.º 1 os protocolos entre associações sem fins lucrativos e a entidade competente, outorgados nos termos da alínea b) do n.º 1 do artigo 20.º

4 – O Governo pode promover a implementação de infraestruturas hidráulicas públicas destinadas à produção de energia hidroelétrica superior a 100 MW, sendo nesses casos a concessão atribuída mediante procedimento concursal a decorrer nos termos fixados, para cada concessão, por resolução do Conselho de Ministros.

5 – O concurso público referido no n.º 2 é realizado, com as necessárias adaptações, de acordo com as normas relativas à celebração de contratos de empreitadas de obras públicas ou de fornecimentos e aquisição de bens e serviços, consoante a concessão implique ou não a realização de obras, podendo o anterior titular exercer o direito de preferência nos termos previstos no n.º 8 do artigo 21.º

6 – Quando a atribuição da concessão resultar de pedido apresentado pelo particular junto da autoridade competente, a escolha do concessionário é realizada de acordo com o disposto nos n.ºs 5 a 8 do artigo 21.º, com as necessárias adaptações.

7 – Sem prejuízo do disposto no número anterior e quando o número de pretensões apresentadas o justifique, a autoridade competente pode decidir que a escolha do concessionário seja realizada mediante concurso público, nos termos do n.º 5 do presente artigo, mantendo-se os direitos de preferência mencionados nos n.ºs 6, 7 e 8 do artigo 21.º

8 – Se o antigo titular manifestar à autoridade competente o interesse na continuação da utilização, o prazo do título de utilização pode ser excecionalmente prorrogado até à decisão final do procedimento concursal, não podendo, em qualquer caso, a referida prorrogação exceder o prazo máximo de cinco anos.

### ARTIGO 25.º
### Contrato de concessão

1 – O contrato de concessão de utilização privativa dos recursos hídricos do domínio público dispõe, designadamente, acerca dos respetivos termos, condições e requisitos técnicos, nos termos estabelecidos pela portaria a que se refere a subalínea ii) da alínea a) do n.º 3 do artigo 14.º do presente decreto-lei.

2 – O prazo da concessão, que não pode exceder 75 anos, é fixado atendendo à natureza e à dimensão dos investimentos associados, bem como à sua relevância económica e ambiental.

3 – Quando haja lugar à construção de infraestruturas ou à realização de trabalhos de pesquisa para captação de águas subterrâneas, o contrato de concessão deve prever o prazo para a sua conclusão, considerando-se, para os efeitos do disposto no número anterior, a data de início de exploração como data de início do prazo de concessão.

4 – A celebração do contrato de concessão está sujeita à prestação de caução adequada destinada a assegurar o cumprimento das obrigações em causa, cujo regime e montante constam do anexo I do presente decreto-lei.

5 – O titular da concessão pode ser dispensado da prestação da caução para recuperação ambiental, consoante o tipo de utilização pretendida e desde que esta não seja suscetível de causar impacte significativo nos recursos hídricos.

6 – Pode ainda ser dispensada a prestação da caução para recuperação ambiental quando o interessado demonstre ter constituído uma garantia financeira para os efeitos do regime jurídico da responsabilidade por danos ambientais, que englobe a utilização em causa, e cujo montante seja equivalente ou superior ao resultante da aplicação do disposto no ponto A) do anexo I do presente decreto-lei.

7 – Incumbe ao interessado demonstrar, junto da ARH territorialmente competente, que a garantia financeira cumpre o disposto no número anterior.

8 – Apenas pode ser dispensada a prestação da caução para recuperação ambiental e celebrado o contrato de concessão após verificação, pela ARH territorialmente competente, de que se encontra cumprido o disposto no anexo I do presente decreto-lei.

## SECÇÃO III
## Vicissitudes dos títulos

### SUBSECÇÃO I
### Transmissão e transação dos títulos de utilização

#### ARTIGO 26.º
#### Transmissão dos títulos de utilização

1 – O título de utilização é transmissível nos termos do artigo 72.º da Lei n.º 58/2005, de 29 de dezembro, na sua redação atual.

2 – *(Revogado.)*

3 – *(Revogado.)*

4 – *(Revogado.)*

5 – *(Revogado.)*

#### ARTIGO 27.º
#### Transação e cedência temporária dos títulos de utilização de águas

1 – Podem ser transacionados os títulos relativos às utilizações previstas nas alíneas a) e b) do n.º 1 do artigo 60.º e nas alíneas a), b) e d) do artigo 61.º da Lei n.º 58/2005, de 29 de dezembro, e temporariamente cedidos direitos de utilização emergentes desses títulos sem que seja necessária a obtenção de autorização administrativa sempre que, cumulativamente:

*a)* Se reportem a utilizações situadas em diferentes locais dentro da mesma bacia hidrográfica e para as quais esteja prevista essa possibilidade no respetivo plano de gestão de bacia hidrográfica;

*b)* A transação ou a cedência não envolva a transmissão de títulos de utilização relativos a abastecimento público para utilizações de outro tipo;

*c)* Sejam cumpridos os requisitos para atribuição do título.

2 – Sem prejuízo do disposto no número anterior, a transação de licença para rejeição de águas residuais só é admissível quando se mantenham os mesmos parâmetros e limites de emissão e programa de autocontrolo.

3 – O cedente deve notificar a autoridade competente da transação com a antecedência mínima de um mês relativamente à data em que a mesma produzirá efeitos.

4 – A notificação é irrevogável e deve incluir todas as condições da transação, podendo a autoridade competente exercer direito de preferência nas condições declaradas até 15 dias antes da data em que a transação produzirá efeitos ou, no mesmo prazo, notificar as partes da impossibilidade de realização da transação por violação do disposto no n.º 1.

5 – Se a autoridade competente exercer o direito de preferência, o título é alterado em conformidade logo que tenham sido cumpridas as condições da transação.

6 – Não sendo exercidas as faculdades previstas no n.º 4, a autoridade competente procede à alteração do título em conformidade com a transação declarada, nomeadamente dos elementos que se referem à identificação dos titulares, à localização da utilização, às percentagens afetas e ao cálculo da taxa de recursos hídricos legalmente devida.

7 – Enquanto o título não for alterado, o cedente mantém todas as obrigações assumidas perante a autoridade competente, nos termos em vigor antes da transação.

8 – Pode ser criado um mercado organizado de transação de licenças e concessões e de cedências temporárias de direitos que respeite os princípios da publicidade e da livre concorrência, cujo regime jurídico deve constar de decreto-lei.

### SUBSECÇÃO II
### Controlo, modificação e cessação dos títulos

### ARTIGO 28.º
### Revisão dos títulos de utilização

1 – Os títulos de utilização podem ser modificados por iniciativa da autoridade competente, ainda que em termos temporários, sempre que:

*a)* Se verificar uma alteração das circunstâncias de facto existentes à data da emissão do título e determinantes desta, nomeadamente a degradação das condições do meio hídrico;

*b)* Ocorrerem alterações substanciais e permanentes na composição qualitativa e quantitativa dos efluentes brutos ou após tratamento, em consequência, nomeadamente, de substituição de matérias-primas, de modificações nos processos de fabrico ou de aumento da capacidade de produção que a justifiquem, ou em caso de mudança da melhor técnica disponível;

*c)* Os dados de monitorização ou outros indicarem que não é possível serem alcançados os objetivos ambientais, conforme previsto no artigo 55.º da Lei n.º 58/2005, de 29 de dezembro;

*d)* Seja necessária à sua adequação aos instrumentos de gestão territorial e aos planos de gestão de bacia hidrográfica aplicáveis;

*e)* Se verifique uma seca, catástrofe natural ou outro caso de força maior.

2 – A autoridade competente pode ainda modificar os títulos de utilização quando seja inequívoco que os respetivos fins podem ser prosseguidos com menores quantidades de água ou com técnicas mais eficazes de utilização e preservação do recurso e desde que a revisão não envolva uma excessiva onerosidade em relação ao benefício ambiental conseguido.

3 – O titular é ressarcido, nos termos do disposto no n.º 3 do artigo 32.º do presente decreto-lei, se renunciar à continuação da utilização em consequência da revisão.

4 – No caso de concessão, o disposto nos números anteriores não prejudica o estipulado no respetivo contrato nem a observância do princípio do equilíbrio económico-financeiro da concessão.

## ARTIGO 29.º
## Alteração do título

1 – Carece ainda de revisão do título, solicitada pelo utilizador:

*a)* A modificação do tipo de utilização;

*b)* A modificação do tipo, dimensão ou condições da operação realizada na mesma utilização, designadamente em resultado da realização de alterações ou de demolições de infraestruturas.

2 – O utilizador fica dispensado de apresentar, com o pedido de revisão, os documentos que hajam instruído o pedido inicial e que se mantenham válidos, devendo ser realizadas as consultas a que se refere o artigo 15.º do presente decreto-lei.

3 – Nos casos a que se refere o presente artigo, pode ser realizada uma vistoria pela autoridade competente, sendo o utilizador notificado para o efeito.

4 – Sempre que possível, a vistoria prevista no número anterior é realizada conjuntamente com as demais entidades públicas de cuja decisão dependa a utilização em causa.

5 – A decisão final é proferida no prazo de 30 dias a contar da data de apresentação do pedido de revisão, da data de realização das consultas ou ainda, nos casos referidos no n.º 3, da data da realização da vistoria, podendo ser desde logo assegurada na decisão a prorrogação da concessão nos termos do n.º 2 do artigo 35.º do presente decreto-lei.

6 – Os termos da revisão da utilização são averbados no título original.

7 – No caso de concessão, o disposto nos números anteriores não prejudica o estipulado no respetivo contrato nem a observância do princípio do equilíbrio económico-financeiro da concessão.

### ARTIGO 30.º
### Redução de área

1 – Quando a área afetada ao uso privativo for reduzida em consequência de quaisquer causas naturais ou por conveniência de interesse público, o utilizador pode optar pela redução proporcional da taxa a pagar ou pela renúncia ao seu direito de uso privativo.

2 – O utilizador tem direito a uma indemnização, calculada nos termos do n.º 3 do artigo 32.º, se optar pela renúncia à concessão quando a área afetada ao uso privativo for reduzida por razões de interesse público.

### ARTIGO 31.º
### Cessação da utilização

1 – A cessação da utilização de recursos hídricos do domínio público antes do termo do prazo constante do respetivo título depende da apresentação de um pedido de renúncia pelo titular e da aceitação deste por parte da autoridade competente.

2 – O pedido de renúncia é apresentado junto da autoridade competente, instruído com a documentação que demonstre que a cessação não produzirá qualquer passivo ambiental.

3 – A autoridade competente decide o pedido de renúncia no prazo de 45 dias a contar da data de apresentação do pedido, podendo, nesse prazo, realizar as vistorias que entenda necessárias.

4 – A autoridade competente pode solicitar ao operador, no prazo de 15 dias e por uma única vez, a informação que entenda por relevante para a

decisão a produzir, suspendendo-se o prazo referido no número anterior até à respetiva apresentação.

5 – A autoridade competente pode sujeitar a aceitação do pedido de renúncia ao cumprimento de condições que garantam a não verificação dos efeitos referidos no n.º 2, nomeadamente determinando ao utilizador a adoção de mecanismos de minimização e correção de efeitos negativos para o ambiente.

### ARTIGO 32.º
### Revogação dos títulos de utilização

1 – Os títulos de utilização são total ou parcialmente revogados nos casos previstos nos n.ºs 4 e 6 do artigo 69.º da Lei n.º 58/2005, de 29 de dezembro, e ainda quando se verifique alguma das seguintes situações:

*a)* A inviabilidade da sua revisão para os efeitos previstos nas alíneas b) e c) do n.º 1 do artigo 28.º do presente decreto-lei;

*b)* A falta de prestação ou manutenção de caução ou apólice de seguro nos termos fixados pela autoridade competente;

*c)* A falta de instalação de sistema de autocontrolo prevista no artigo 5.º do presente decreto-lei;

*d)* O não envio dos dados relativos ao autocontrolo de acordo com a periodicidade exigida, nos termos do artigo 5.º do presente decreto-lei;

*e)* O não pagamento da taxa de recursos hídricos legalmente devida, sempre que a mora se prolongue por mais do que um semestre;

*f)* O incumprimento dos pressupostos estabelecidos no artigo 21.º durante dois anos consecutivos, apurado em processo de auditoria.

2 – A revogação dos títulos é determinada pela autoridade competente se o titular, apesar de advertido do incumprimento, não suprir a falta no prazo que lhe for fixado.

3 – Nas situações referidas na alínea a) do n.º 1, o detentor do título, sempre que haja realizado, ao abrigo do título, investimentos em instalações fixas, no pressuposto expresso de uma duração mínima de utilização, deve ser ressarcido do valor do investimento realizado em ações que permitiriam a fruição do direito do titular, na parte ainda não amortizada, com base no método das quotas constantes, em função da duração prevista e não concretizada.

4 – Comunicada a revogação, o titular da utilização deve, no prazo de 10 dias, proceder à entrega do respetivo título junto da autoridade competente.

5 – A continuação da utilização dos recursos hídricos após a comunicação a que se refere o número anterior é ilícita, presumindo-se haver grave dano para o interesse público na continuação ou no recomeço da utilização pelo detentor do título revogado.

### ARTIGO 33.º
### Caducidade

Os títulos de utilização caducam:

*a)* Com o decurso do prazo fixado;

*b)* Com a extinção da pessoa coletiva que for seu titular;

*c)* Com a morte da pessoa singular que for seu titular, se a autoridade competente verificar que não estão reunidas as condições para a transmissão do título;

*d)* Com a declaração de insolvência do titular;

*e)* Com a extinção das associações sem fins lucrativos ou com a cessação da sua atividade durante um ano, sem motivo justificado.

### ARTIGO 34.º
### Termo da licença

1 – Sem prejuízo do disposto em legislação especial, com o termo da licença, o titular procede à entrega do respetivo título junto da autoridade competente no prazo de 15 dias e remove, no prazo que lhe for fixado, as instalações desmontáveis, devendo as obras executadas e as instalações fixas serem demolidas, salvo se a autoridade competente optar pela reversão a título gratuito.

2 – Quando tenha de realizar a demolição ou remoção de instalações, o titular da licença repõe a situação que existia anteriormente à execução das obras, no prazo que lhe for fixado pela autoridade competente.

3 – A autoridade competente pode impor ao utilizador, no prazo de 30 dias a contar da entrega do título, a adoção de medidas destinadas a eliminar ou minimizar a alteração da composição qualitativa e quantitativa dos efluentes brutos ou após tratamento e o incumprimento dos objetivos ambientais resultantes da utilização.

4 – Caso se mantenham as condições previstas no artigo 21.º ou aquelas que determinaram a sua atribuição, incluindo o cumprimento das obrigações determinadas no título e se mantenham as circunstâncias de facto existentes à data da sua emissão, são automaticamente renovadas, pelo mesmo prazo, salvo oposição expressa do seu titular, as seguintes licenças:

*a)* De rejeição de águas residuais;

*b)* De captação de águas, sempre que esta estiver associada a uma atividade que tenha igualmente uma licença de rejeição de águas residuais;

*c)* De ocupação do domínio público hídrico por associação sem fins lucrativos, a que se refere o n.º 2 do artigo 21.º;

*d)* De ocupação do domínio público hídrico nas situações de primeiras habitações em núcleos residenciais piscatórios consolidados que, como tal, sejam reconhecidas por portaria dos membros do Governo responsáveis pelas áreas do ambiente e do ordenamento do território, e, quando esteja em causa a ocupação do domínio público marítimo, também pelos membros do Governo responsáveis pelas áreas da defesa nacional e do mar.

5 – Nos casos em que o título tenha sido emitido ao abrigo da alínea d) do número anterior:

*a)* O título é emitido por 30 anos, podendo, findo este período, ser emitido novo título de utilização caso se verifique a manutenção de situações de primeira habitação ou associadas ao exercício de atividade profissional ligada à pesca ou a serviços à comunidade, como tal reconhecidas pelos membros do Governo competentes em razão da matéria;

*b)* Em caso de morte do respetivo titular, o título é transmissível aos seus herdeiros ou legatários caso se verifique a manutenção das condições e requisitos que determinaram a sua atribuição.

6 – A licença de pesquisa é válida pelo prazo máximo de um ano.

## ARTIGO 35.º
## Termo da concessão

1 – Com o termo da concessão e sem prejuízo do disposto no respetivo contrato, revertem gratuitamente para o Estado os bens e meios àquela diretamente afetos, as obras executadas e as instalações construídas no âmbito da concessão, nos termos do disposto no artigo seguinte.

2 – No termo do prazo fixado, quando o titular da concessão tenha realizado investimentos adicionais aos inicialmente previstos no contrato de concessão devidamente autorizados pela autoridade competente e se demonstre que os mesmos não foram ainda nem teriam podido ser recuperados, esta entidade pode optar por reembolsar o titular do valor não recuperado ou, excecionalmente e por uma única vez, prorrogar a concessão pelo prazo necessário a permitir a recuperação dos investimentos, não podendo em caso algum o prazo total exceder 75 anos.

3 – Sem prejuízo do disposto no número anterior, a prorrogação dos prazos das concessões dos centros hidroeletroprodutores é calculada de acordo com o critério fixado no anexo II do presente decreto-lei, do qual faz parte integrante, não podendo em caso algum o prazo total exceder 75 anos.

4 – No caso de prorrogação do contrato de concessão, não é autorizada a realização de qualquer outro investimento no prazo de prorrogação, exceto quando necessário para garantir a segurança e operacionalidade do aproveitamento.

5 – As associações sem fins lucrativos a que se refere a alínea b) do n.º 1 do artigo 20.º são ressarcidas dos investimentos que tenham realizado, nos termos definidos no n.º 3 do artigo 32.º, com as necessárias adaptações, se o termo da concessão ocorrer por motivos a si não imputáveis.

6 – Os efeitos previstos no n.º 1 do presente artigo não são aplicáveis nos casos da outorga de protocolo a que se refere a alínea b) do n.º 1 do artigo 20.º.

### ARTIGO 36.º
### Reversão

1 – Declarada a caducidade ou verificada qualquer outra causa extintiva do contrato de concessão ou da licença, segue-se a posse administrativa dos bens que reverteram para o Estado, de acordo com o estabelecido nos números seguintes.

2 – Quando haja lugar a reversão dos bens para o Estado, e sem prejuízo do estabelecido no respetivo título, a autoridade competente toma posse administrativa dos bens objeto de reversão, notificando os interessados da realização de vistoria ad perpetuam rei memoriam.

3 – A vistoria referida no número anterior é efetuada por três técnicos nomeados pela autoridade competente, pelo INAG e, conforme o caso:

*a)* Pela DGEG, quando estejam em causa instalações para produção de energia elétrica;

*b)* Pela Entidade Reguladora dos Serviços das Águas e dos Resíduos, I. P., quando estejam em causa sistemas de abastecimento público;

*c)* Pela Direção-Geral de Agricultura e Desenvolvimento Rural, quando estejam em causa sistemas hidroagrícolas; ou

*d)* Pelo IPTM ou pelas administrações portuárias, para as utilizações em que tenham participado no processo de emissão do respetivo título.

4 – Da vistoria referida é elaborado um auto do qual constam, nomeadamente, o inventário dos bens que revertem para o Estado, o respetivo estado de conservação, a descrição da composição qualitativa e quantitativa dos efluentes brutos ou após tratamento e do cumprimento dos objetivos ambientais e, ainda, a proposta de tomada de posse administrativa, a homologar pelos dirigentes dos serviços participantes da vistoria.

5 – A autoridade competente pode impor ao utilizador, no prazo de 30 dias a contar da realização da vistoria referida no número anterior, a adoção de medidas destinadas a eliminar ou minimizar a alteração da composição qualitativa e quantitativa dos efluentes brutos ou após tratamento e o incumprimento dos objetivos ambientais resultantes da utilização.

6 – Os bens necessários ao funcionamento do estabelecimento objeto de contrato de concessão que não hajam revertido para o Estado por efeito da cessação da relação contratual podem ser expropriados, por motivos de utilidade pública, sem prejuízo da possibilidade de emissão de nova licença ou concessão para a exploração das mesmas.

## SECÇÃO IV
## Outros regimes

### ARTIGO 37.º
### Utilização sujeita a avaliação de impacte ambiental

1 – No caso de utilização sujeita a avaliação de impacte ambiental nos termos da legislação aplicável, o procedimento de atribuição de título de utilização só pode iniciar-se após a emissão de declaração de impacte ambiental favorável ou condicionalmente favorável ou de decisão de dispensa do procedimento de avaliação de impacte ambiental.

2 – Nos casos em que o título de utilização seja emitido através de procedimento concursal, o procedimento de avaliação de impacte ambiental ocorre posteriormente ao seu início, observando-se o disposto nos artigos 21.º e 24.º do presente decreto-lei com as seguintes adaptações:

*a)* Ordenados os concorrentes, o candidato selecionado em primeiro lugar inicia o procedimento de avaliação de impacte ambiental, no prazo máximo de um ano, prorrogável por igual período e por uma única vez;

*b)* Se o concorrente não der cumprimento ao estabelecido na alínea anterior ou se o procedimento de avaliação de impacte ambiental se encontrar suspenso por período superior a seis meses por motivo que lhe seja imputável, é notificado para efeitos de atribuição do título de utilização o candidato graduado imediatamente a seguir e assim sucessivamente, enquanto não se esgotar o prazo de validade do concurso.

3 – Se o parecer da autoridade competente e a declaração de impacte ambiental forem favoráveis ou condicionalmente favoráveis, é reconhecido o interesse público por despacho do presidente do INAG, mediante publicação no Diário da República, o qual substitui o procedimento de reconhecimento de interesse público previsto na alínea c) do n.º 3 do artigo 4.º do Decreto-Lei n.º 93/90, de 19 de março.

## ARTIGO 38.º
## Administrações portuárias

1 – Nos termos do n.º 2 do artigo 13.º da Lei n.º 58/2005, de 29 de dezembro, nas áreas do domínio público hídrico afetas às administrações portuárias, englobando todos os organismos e entidades a quem a lei confira a administração das áreas portuárias, o título de utilização dos recursos hídricos de tais administrações é atribuído mediante portaria conjunta aprovada pelos membros do Governo responsáveis pelas áreas do ambiente e dos transportes, podendo as mesmas atribuir a terceiros títulos de utilização nessas áreas ao abrigo de competência delegada pela referida portaria.

2 – A portaria referida no número anterior estabelece, nomeadamente, a área objeto da utilização, as condições de dragagem e deposição de inertes, as condições de rejeições pontuais ou difusas oriundas das atividades portuárias, a definição dos programas de monitorização, a taxa de recursos hídricos aplicável de acordo com a legislação em vigor e, ainda, os termos

de participação na elaboração de estudos e dos planos de ordenamento que abranjam os recursos hídricos na sua área de jurisdição.

3 – O disposto no artigo 13.º da Lei n.º 58/2005, de 29 de dezembro, e nos números anteriores não prejudica o regime jurídico das concessões de serviço público de movimentação de cargas em áreas portuárias, nem de outras concessões, licenças e autorizações relativas a usos portuários e logísticos, incluindo usos complementares, acessórios ou subsidiários, celebradas ao abrigo de regimes específicos aplicáveis nas áreas de jurisdição portuária, nem as concessões outorgadas ao abrigo do Decreto-Lei n.º 254/99, de 7 de julho.

### ARTIGO 39.º
### Utilizações abrangidas pela Convenção para a Proteção e o Aproveitamento Sustentável das Águas das Bacias Hidrográficas Luso-Espanholas

Sempre que um pedido de utilização cause ou seja suscetível de causar impacte transfronteiriço, o procedimento de atribuição de título fica suspenso durante o decurso do prazo da consulta às autoridades responsáveis do Reino de Espanha, a realizar de acordo com o n.º 1 do artigo 71.º da Lei n.º 58/2005, de 29 de dezembro.

## CAPÍTULO II
## Utilizações

### SECÇÃO I
### Captação de águas

### ARTIGO 40.º
### Noção

1 – Entende-se por captação de águas a utilização de volumes de água, superficiais ou subterrâneas, com ou sem retenção, nomeadamente para as seguintes finalidades:

*a)* Consumo humano;

*b)* Rega;

*c)* Atividade industrial;

*d)* Produção de energia hidroelétrica;
*e)* Atividades recreativas ou de lazer.

2 – Para as situações que envolvam a construção de infraestruturas, aplica-se ainda o disposto na secção vi do presente capítulo.

## ARTIGO 41.º
## Pesquisa e captação de águas subterrâneas

1 – A captação de águas subterrâneas, qualquer que seja a sua finalidade, compreende as seguintes fases:

*a)* A pesquisa, que consiste no conjunto de operações ou procedimentos técnicos de sondagem mecânica, aprofundamento e escavação, efetuado com a finalidade de determinar a existência, em quantidade e qualidade, de águas subterrâneas;
*b)* A execução do poço ou furo, que consiste no conjunto de obras e procedimentos técnicos tendentes a possibilitar a sua exploração;
*c)* A exploração, que consiste na faculdade de proceder ao aproveitamento de águas subterrâneas de acordo com as condições fixadas no respetivo título de utilização.

2 – A pesquisa e a execução do poço ou furo estão sujeitas aos seguintes requisitos:

*a)* Na execução da obra, seja qual for a sua finalidade, deve proceder-se de modo a que não haja poluição química ou bacteriológica da massa de água subterrânea a explorar, quer por infiltração de águas de superfície ou de escorrências quer por mistura de águas subterrâneas de má qualidade;
*b)* Os poços ou furos de pesquisa e captação de águas repuxantes são munidos de dispositivos que impeçam o desperdício de água;
*c)* No caso de a pesquisa resultar negativa ou haver necessidade de substituição da captação em virtude de erro técnico, a empresa executora dos trabalhos é responsável pela reposição do terreno na situação inicial e de acordo com as indicações da autoridade competente;
*d)* É observado um afastamento mínimo de 100 m entre as captações de diferentes utilizadores de uma mesma massa de água subterrânea, podendo, quando tecnicamente fundamentado, a ARH definir um limite diferente.

3 – O utilizador apresenta, no prazo de 60 dias a contar da conclusão dos trabalhos de execução do poço ou furo, um relatório demonstrando a boa execução dos trabalhos contendo os elementos definidos na portaria a que se refere a subalínea ii) da alínea a) do n.º 3 do artigo 14.º do presente decreto-lei.

### ARTIGO 42.º
### Captação de água para consumo humano

1 – A captação de água para consumo humano tem por finalidade o abastecimento público ou particular.

2 – Um sistema de abastecimento público produz água para consumo humano, de acordo com os requisitos definidos no Decreto-Lei n.º 243/2001, de 5 de setembro, sob a responsabilidade de uma entidade distribuidora, seja autarquia, entidade concessionária, empresarial ou qualquer outra que esteja investida na responsabilidade pela atividade.

3 – Um sistema de abastecimento particular produz água para consumo humano sob responsabilidade de uma entidade particular, só podendo funcionar na condição de impossibilidade de acesso ao abastecimento público, ficando sujeito aos requisitos legais para este tipo de utilização.

4 – Os sistemas de abastecimento público devem apresentar taxas de eficiência que respeitem o estabelecido no Programa Nacional para o Uso Eficiente da Água.

### ARTIGO 43.º
### Delimitação de perímetros de proteção às captações destinadas ao abastecimento público

1 – A delimitação dos perímetros de proteção de captações superficiais e subterrâneas destinadas ao abastecimento público de água para consumo humano é realizada de acordo com o disposto no artigo 37.º da Lei n.º 58/2005, de 29 de dezembro, e observando o estabelecido em portaria a aprovar pelo membro do Governo responsável pela área do ambiente.

2 – As propostas de delimitação dos perímetros e respetivos condicionamentos são elaboradas pela autoridade competente com base nas propostas e estudos próprios que lhe sejam apresentados pelo requerente.

3 – A delimitação dos perímetros de proteção e respetivos condicionamentos definidos para as captações destinadas ao abastecimento público de água para consumo humano são realizadas por portaria a aprovar pelo membro do Governo responsável pela área do ambiente.

4 – O título de utilização destinado à captação para abastecimento público pressupõe a prévia delimitação do respetivo perímetro de proteção.

5 – O perímetro de proteção imediato é devidamente sinalizado pelo titular da captação.

6 – Os perímetros de proteção são revistos, sempre que se justifique, por iniciativa da autoridade competente ou do titular da captação, nos termos do disposto no n.º 3.

7 – Quando se verificar a cessação do título de captação de água para abastecimento público e a respetiva descativação, deixa de ser aplicada a correspondente zona de proteção associada, bem como os condicionamentos referidos no artigo 37.º da Lei n.º 58/2005, de 29 de dezembro, e na portaria a que se refere o n.º 3.

### ARTIGO 44.º
### Captação de água para rega

1 – A captação de águas públicas para rega numa área superior a 50 ha deve apresentar taxas de eficiência que respeitem o estabelecido no Programa Nacional para o Uso Eficiente da Água.

2 – A captação de águas privadas para rega pode ser sujeita a restrições em situações de escassez ou de acidente.

3 – A captação de águas públicas, quando destinada, nomeadamente, a rega de jardins, espaços públicos e campos de golfe, será, sempre que possível, utilizada como complemento a outras origens de água, designadamente o aproveitamento de águas residuais urbanas devidamente tratadas para o efeito ou a reutilização das águas resultantes das escorrências da rega do próprio campo.

### ARTIGO 45.º
### Captação de água para produção de energia hidroelétrica

A captação de águas públicas para produção de energia hidroelétrica é realizada com observância do disposto no Plano Nacional da Água, nos planos de gestão de bacia hidrográfica e nos planos específicos de gestão de água na vertente energética.

### ARTIGO 46.º
### Desativação das captações de águas subterrâneas

As captações que deixem de ter a função para que foram inicialmente constituídas são desativadas no prazo de 15 dias após a cessação da exploração, devendo, sem prejuízo do disposto nos artigos 31.º, 34.º e 35.º do presente decreto-lei, ser seladas de acordo com os procedimentos impostos pela autoridade competente.

## SECÇÃO II
## Produção de energia elétrica

### ARTIGO 47.º
### Ocupação do domínio público marítimo para produção de energia elétrica a partir da energia das ondas do mar

1 – A ocupação dos recursos hídricos do domínio público marítimo para produção de energia elétrica tem por finalidade a investigação e desenvolvimento tecnológico, a avaliação pré-comercial e a produção comercial.

2 – A investigação e desenvolvimento tecnológico é a modalidade de acesso à produção de energia a partir da energia das ondas do mar destinada a entidades interessadas em desenvolver atividades de investigação e desenvolvimento tecnológico industrial de unidades e sistemas de conversão de energia, em instalações eletroprodutoras ou parques de ondas, com uma potência instalada até 5 MW.

3 – A avaliação pré-comercial é a modalidade de acesso à atividade destinada a entidades interessadas em desenvolver atividades de produção de energia elétrica em pequenos projetos de avaliação pré-comercial, em instalações eletroprodutoras ou parque de ondas, com uma potência instalada até 25 MW.

4 – A produção de energia elétrica em regime comercial é a modalidade de acesso à atividade para instalações eletroprodutoras ou parques de ondas, com uma potência instalada superior a 25 MW.

## SECÇÃO III
## Rejeição de águas residuais

### ARTIGO 48.º
### Sistemas de disposição de águas residuais

1 – Os sistemas de recolha, transporte, tratamento e rejeição de águas residuais nas águas ou no solo podem ser públicos ou particulares.

2 – Um sistema público de disposição de águas residuais nas águas ou no solo é gerido por uma entidade gestora, seja autarquia ou entidade concessionária, tal como definida no Decreto-Lei n.º 207/94, de 6 de agosto.

3 – Os sistemas públicos de disposição de águas residuais nas águas ou no solo, nas áreas urbanas ou urbanizáveis, são instituídos nos termos previstos nos respetivos planos municipais de ordenamento do território.

4 – Um sistema particular de disposição de águas residuais nas águas ou no solo é gerido por uma entidade particular, só podendo funcionar na condição de impossibilidade de acesso a um sistema público, ficando sujeito aos requisitos legais para este tipo de utilização.

5 – A rejeição de águas residuais é realizada de acordo com o disposto na presente secção, atendendo às necessidades de preservação do ambiente e defesa da saúde pública, por forma a que:

*a)* As normas de qualidade adequadas aos vários tipos e usos da água e as relativas a substâncias perigosas sejam cumpridas;

*b)* Não sejam causados riscos significativos ou perigos para o ambiente e para os seres humanos;

*c)* Os interesses na conservação da natureza e na proteção da paisagem não sejam prejudicados.

6 – A rejeição de águas residuais é realizada em respeito dos princípios da precaução, da prevenção e da correção referidos no n.º 1 do artigo 3.º da Lei n.º 58/2005, de 29 de dezembro.

### ARTIGO 49.º
### Requisitos específicos

1 – O titular da licença assume a responsabilidade pela eficiência dos processos de tratamento e dos procedimentos que adotar com vista a minimizar

os efeitos decorrentes da rejeição de águas residuais e cumprir os objetivos de qualidade definidos para as massas de água recetoras.

2 – É obrigatória a realização de uma apólice de seguro ou a prestação de uma caução, no prazo de 30 dias a contar da emissão da licença, nos termos constantes do anexo I do presente decreto-lei, que garanta o pagamento de indemnizações por eventuais danos causados por erros ou omissões de projeto relativamente à drenagem e tratamento de efluentes ou pelo incumprimento das disposições legais e regulamentares a ele aplicável.

## ARTIGO 50.º
## Normas de rejeição

1 – As normas de rejeição de águas residuais são constituídas pelo conjunto de preceitos relativos ao valor-limite de emissão e asseguram:

*a)* O cumprimento das normas de qualidade adequadas aos vários tipos e usos da água;

*b)* A proteção, melhoria e recuperação do estado das massas de água superficiais e subterrâneas;

*c)* O cumprimento das normas de qualidade relativas às substâncias perigosas.

2 – As normas de rejeição de águas residuais estão previstas:

*a)* Nos planos de gestão de bacias hidrográficas e restantes instrumentos de planeamento dos recursos hídricos;

*b)* Nas licenças de rejeição de águas residuais;

*c)* Na demais legislação aplicável.

## ARTIGO 51.º
## Valores-limite de emissão

1 – Os valores-limite de emissão, abreviadamente designados VLE, para as substâncias, famílias ou grupos de substâncias e para os demais parâmetros constantes da norma de rejeição são estabelecidos após o estudo e a aplicação das medidas adequadas para a redução da poluição na origem, de acordo com o disposto no artigo 53.º da Lei n.º 58/2005, de 29 de dezembro.

2 – Os valores-limite de emissão para as substâncias e para os parâmetros constantes das normas de rejeição são aferidos relativamente à qualidade das águas residuais à saída das estações de tratamento de águas residuais.

3 – É proibida qualquer operação deliberada de diluição das águas residuais visando iludir o cumprimento dos VLE constantes das normas, sendo a rejeição do efluente considerada ilícita para todos os efeitos legais.

## ARTIGO 52.º
## Normas de rejeição de águas residuais urbanas

1 – Sem prejuízo do disposto nos artigos 48.º e 50.º do presente decreto-lei, as rejeições de águas residuais urbanas provenientes das estações de tratamento de águas residuais devem cumprir os requisitos constantes do Decreto-Lei n.º 152/97, de 19 de junho, com as alterações introduzidas pelos Decretos-Leis n.ºs 348/98, de 9 de novembro, e 149/2004, de 22 de junho.

2 – A avaliação de conformidade das rejeições de águas residuais urbanas com as normas estabelecidas é realizada de acordo com o procedimento previsto no Decreto-Lei n.º 152/97, de 19 de junho, com as alterações introduzidas pelos Decretos-Leis n.ºs 348/98, de 9 de novembro, e 149/2004, de 22 de junho.

3 – Sem prejuízo do disposto no número anterior e nos casos em que o título defina normas de rejeição para outros parâmetros previstos em outra legislação, a avaliação de conformidade é realizada de acordo com o procedimento legalmente estabelecido.

## ARTIGO 53.º
## Normas de rejeição de águas residuais industriais

1 – Sem prejuízo do disposto nos artigos 48.º e 50.º do presente decreto-lei, a carga poluente resultante de rejeições de águas residuais industriais deve ser a mais reduzida possível de acordo com os procedimentos existentes da melhor técnica disponível num contexto de sustentabilidade económica.

2 – O título de utilização deve prever o cumprimento de condições suplementares sempre que para a proteção, melhoria e recuperação da qualidade da água sejam exigíveis condições mais exigentes do que as que podem ser obtidas com a utilização das melhores técnicas disponíveis.

## ARTIGO 54.º
## Rejeição de águas residuais industriais em sistemas de disposição de águas residuais urbanas

1 – A rejeição de águas residuais industriais em sistemas de disposição de águas residuais urbanas só pode ocorrer mediante autorização das entidades gestoras referidas no n.º 2 do artigo 48.º e está sujeita às disposições constantes do regulamento previsto no artigo 9.º do Decreto-Lei n.º 152/97, de 19 de junho, com as alterações introduzidas pelos Decretos-Leis n.ºs 348/98, de 9 de novembro, e 149/2004, de 22 de junho.

2 – As condições e normas de rejeição fixadas no regulamento a que se refere o número anterior devem assegurar o cumprimento do disposto nos artigos 48.º, 50.º e 52.º do presente decreto-lei.

3 – No caso de atividades industriais não inseridas no perímetro urbano, as condições estabelecidas na autorização a que se refere no n.º 1 são submetidas à aprovação da autoridade competente, a quem incumbe verificar a sua conformidade com o título de rejeição de águas residuais urbanas e com os objetivos de qualidade definidos para o meio recetor.

4 – Em caso de desconformidade, a autoridade competente notifica a entidade gestora para proceder de imediato à retificação das condições de rejeição das águas residuais industriais.

5 – Impende sobre a entidade gestora a responsabilidade pela verificação do cumprimento das normas constantes na autorização de rejeição de águas residuais industriais em sistemas de disposição de águas residuais urbanas.

## ARTIGO 55.º
## Controlo administrativo e licenças de rejeição

Os atos de controlo administrativo sobre o estabelecimento, modificação ou transferência de instalações industriais que originem ou possam originar rejeições são praticados sob a condição de vir a ser obtido o correspondente título de utilização.

## ARTIGO 56.º
## Tratamento de lamas

1 – É proibida a descarga de lamas em águas superficiais ou subterrâneas.

2 – O regime de tratamento das lamas provenientes das estações de tratamento de águas consta de legislação específica.

### ARTIGO 57.º
### Reutilização de águas residuais

1 – As águas residuais tratadas devem ser reutilizadas, sempre que tal seja possível ou adequado, nomeadamente para os casos previstos no n.º 3 do artigo 44.º do presente decreto-lei.

2 – A aplicação no solo de efluentes pecuários como fertilizantes ou corretivos orgânicos não carece de título de utilização desde que não haja rejeição nos recursos hídricos e desde que esteja assegurado o cumprimento das normas técnicas aplicáveis à valorização agrícola de efluentes, no âmbito do processo de licenciamento das explorações pecuárias.

## SECÇÃO IV
## Recarga e injeção artificial em águas subterrâneas

### ARTIGO 58.º
### Recarga artificial em águas subterrâneas

A recarga artificial das massas de água subterrâneas só é permitida desde que não comprometa o cumprimento dos objetivos ambientais estabelecidos para as massas de água subterrâneas que são objeto da recarga.

### ARTIGO 59.º
### Injeção artificial em águas subterrâneas

A injeção artificial em massas de águas subterrâneas só é permitida nas situações específicas referidas no n.º 4 do artigo 30.º da Lei n.º 58/2005, de 29 de dezembro, e desde que não comprometa o cumprimento dos objetivos ambientais definidos para as massas de água afetadas.

## SECÇÃO V
## Imersão de resíduos

### ARTIGO 60.º
### Requisitos específicos

1 – A atribuição de licença de imersão de resíduos está dependente da verificação da impossibilidade de serem encontradas outras alternativas para o destino final dos materiais a imergir, nomeadamente através de operações de valorização.

2 – A imersão de resíduos em águas territoriais só é permitida desde que não comprometa o cumprimento dos objetivos ambientais estabelecidos para as massas de água afetadas.

3 – Só é permitida a imersão de resíduos enunciados no artigo 3.º do anexo II da Convenção para a Proteção do Meio Marinho do Atlântico Nordeste, aprovada pelo Decreto n.º 59/97, de 31 de outubro.

4 – É proibida a imersão de resíduos que possuam alguma das substâncias que constem da lista de substâncias prioritárias perigosas, definidas em diploma próprio.

5 – Sem prejuízo do disposto no n.º 2, a imersão de resíduos que contenham alguma das substâncias que constem da lista de substâncias prioritárias definidas em normativo próprio só pode ocorrer desde que não contrarie os objetivos de qualidade definidos para as massas de água afetadas.

6 – Para além do disposto nos números anteriores, a zona de imersão selecionada não pode afetar zonas de pesca, áreas de desova e de maternidade de recursos vivos, rotas de migração de peixes e mamíferos, o recreio, a extração de minerais, a dessalinização, as áreas de especial importância científica e outros usos legítimos do mar.

7 – A caracterização dos materiais a imergir é realizada em função dos critérios de qualidade de sedimentos estabelecidos na portaria a que se refere a subalínea ii) da alínea a) do n.º 3 do artigo 14.º do presente decreto-lei.

8 – Sempre que se justifique, a autoridade competente pode solicitar elementos adicionais aos previstos na portaria a que se refere a subalínea ii) da alínea a) do n.º 3 do artigo 14.º do presente decreto-lei para avaliação da contaminação dos resíduos a imergir.

9 – As operações de imersão de resíduos estão sujeitas à implementação de um programa de monitorização que deve incluir a caracterização das comunidades biológicas no local de imersão.

### ARTIGO 61.º
### Operações de imersão

1 – A operação de imersão não pode interferir com a navegação, a pesca, o recreio, a extração de minerais, a dessalinização, as áreas de especial importância científica e outros usos legítimos do mar.

2 – A operação de imersão não pode interferir com os períodos de maior vulnerabilidade para as espécies migradoras, épocas de defeso, época balnear e outras épocas do ano com importância para a sustentabilidade dos recursos vivos.

3 – Antes de se proceder à imersão, são eliminados óleos ou substâncias presentes no material com tendência para flutuar.

4 – Podem ser consideradas as seguintes técnicas de gestão das eliminações, mediante a utilização de processos físicos, químicos e biológicos naturais, nomeadamente:

*a)* A utilização das interações e das transformações geoquímicas das substâncias presentes nos materiais a imergir, uma vez combinados com água do mar ou sedimentos do fundo;

*b)* A seleção de zonas especiais, tais como zonas abióticas, utilizando métodos que permitam confinar o material a imergir, mantendo-o estável, podendo permitir a criação de recifes artificiais.

5 – A imersão de resíduos e inertes resultantes da manutenção das condições de acessibilidade e operação nos portos está sujeita à apreciação do IPTM e posterior comunicação à ARH competente de todo o planeamento e monitorização.

## SECÇÃO VI
## Construções, apoios de praia e equipamentos e infraestruturas

### ARTIGO 62.º
### Construções

1 – Entende-se por construção todo o tipo de obras, qualquer que seja a sua natureza, nomeadamente edificações, muros e vedações, bem como as respetivas alterações e demolições.

2 – Excetuam-se do disposto no número anterior as infraestruturas hidráulicas, aterros ou escavações.

3 – A realização de construções só é permitida desde que não afetem:

*a)* As condições de funcionalidade da corrente, o normal escoamento das águas e o espraiamento das cheias;

*b)* Os ecossistemas em presença, nomeadamente zonas húmidas e sistemas dunares;

*c)* A integridade biofísica e paisagística do meio, dos leitos e das margens;

*d)* As águas subterrâneas;

*e)* Os terrenos agrícolas envolventes;

*f)* A captação, represamento, derivação e bombagem de água;

*g)* O respeito pelo estabelecido no plano específico de gestão de águas ou em plano especial de ordenamento do território;

*h)* A segurança de obras marginais ou de transposição dos leitos;

*i)* A flora e a fauna das zonas costeiras;

*j)* A estabilidade e o equilíbrio dos sistemas costeiros;

*l)* A vegetação ripária;

*m)* O livre acesso ao domínio público.

4 – A emissão da autorização, licença ou concessão de construção pressupõe a apresentação de um termo de responsabilidade assinado pelos autores do projeto, de acordo com a especificidade da área dos recursos hídricos onde se localiza.

5 – O titular apresenta à autoridade competente, no prazo de 30 dias após emissão do respetivo título, uma apólice de seguro ou documento comprovativo da prestação de caução, cujo regime e montante consta do anexo I do presente decreto-lei, por conta de danos provocados por cheias, nos termos a definir na licença ou no contrato de concessão.

## ARTIGO 63.º
## Apoios de praia e equipamentos

1 – Entende-se por apoio de praia o núcleo básico de funções e serviços infraestruturados que, completo, integra vestiários, balneários, instalações sanitárias, postos de socorros, comunicações de emergência, informação e assistência a banhistas, limpeza da praia e recolha de lixo, podendo ainda e complementarmente assegurar outras funções e serviços, nomeadamente comerciais.

2 – São ainda considerados apoios de praia as instalações com caráter temporário e amovível, designadamente pranchas flutuadoras, barracas, toldos e chapéus de sol para abrigo de banhistas, estruturas para abrigo de embarcações, seus utensílios e aparelhos de pesca e outras instalações destinadas à prática de desportos náuticos e de diversões aquáticas, também designadas como apoios balneares.

3 – Entende-se por equipamentos os núcleos de funções e serviços que não correspondam a apoio de praia, nomeadamente restaurantes e snack-bares, também designados por similares de empreendimentos turísticos.

4 – Quando ao apoio de praia, apoio balnear ou equipamentos estiverem associados serviços de apoio, vigilância e segurança aos utentes é estabelecida a zona de apoio balnear, correspondente à frente de praia constituída pela faixa de terreno e plano de água adjacente ao apoio de praia, apoio balnear ou equipamento.

5 – Os apoios de praia e equipamentos referidos nos números anteriores só são permitidos em locais definidos nos planos especiais de ordenamento de acordo com a classificação das praias ou, na sua ausência, em locais especificamente demarcados e desde que:

*a)* Salvaguardem a integridade dos ecossistemas em presença, nomeadamente zonas húmidas e sistemas dunares;

*b)* Não afetem a integridade biofísica e paisagística do meio;

*c)* Não se incluam em áreas de riscos naturais, nomeadamente de erosão, inundação ou sujeitas a instabilidade geomorfológica, como abatimentos e escorregamentos;

*d)* Não sejam incompatíveis com outros usos licenciados;

*e)* Cumpram o disposto no Decreto-Lei n.º 163/2006, de 8 de agosto.

## ARTIGO 64.º
## Estacionamentos e acessos ao domínio público hídrico

1 – As áreas de estacionamento e acessos só são permitidas nos locais demarcados em plano específico e que respeitem as características construtivas definidas em função da classificação tipológica da praia ou, na ausência de plano, desde que:

*a)* Salvaguardem os ecossistemas em presença, nomeadamente zonas húmidas e sistemas dunares;

*b)* Não afetem a integridade biofísica e paisagística do meio;

*c)* Não se incluam em áreas de riscos naturais, nomeadamente de erosão, inundação ou sujeitas a instabilidade geomorfológica, como abatimentos e escorregamentos;

*d)* Não sejam incompatíveis com outros usos licenciados;

*e)* Salvaguardem o livre acesso ao domínio público;

*f)* Cumpram o disposto no Decreto-Lei n.º 163/2006, de 8 de agosto.

2 – Sem prejuízo do disposto no número anterior, a abertura de novos acessos deve ser efetuada, preferencialmente, na perpendicular à linha de água, sendo interdita a abertura de acessos que incidam:

*a)* Em zonas húmidas e sistemas dunares;

*b)* Em zonas associadas a riscos naturais, nomeadamente erosão ou instabilidade geomorfológica.

3 – Os acessos que atravessem as zonas ameaçadas pelas cheias devem acautelar a circulação das águas em cheia, sempre sem recurso à construção de aterros.

4 – Nos pavimentos dos estacionamentos são sempre utilizados materiais permeáveis ou semipermeáveis.

5 – Nos locais que impliquem ou que representem potencial risco é colocada sinalização adequada.

## SECÇÃO VII
## Infraestruturas hidráulicas

### ARTIGO 65.º
### Gestão de infraestruturas hidráulicas

A gestão dos bens que integram a concessão de infraestruturas hidráulicas é efetuada com base na mera posse dos bens, não relevando para este efeito a classificação constante do artigo 75.º da Lei n.º 58/2005, de 29 de dezembro.

## ARTIGO 66.º
## Responsabilidade técnica

1 – A responsabilidade técnica pela execução das infraestruturas hidráulicas é assegurada por pessoa que possua licenciatura em especialidade adequada e com idoneidade técnica reconhecida pelas respetivas ordens profissionais.

2 – O responsável técnico responde pela conformidade da execução da obra com o projeto aprovado e o correspondente caderno de encargos, o qual deve incluir critérios ambientais específicos para a construção de cada obra.

3 – O responsável técnico responde solidariamente com o projetista e o empreiteiro em todas as questões relacionadas com a direção técnica e execução do projeto, devendo para esse efeito assinar um termo de responsabilidade.

4 – A mudança de responsável técnico deve ser comunicada à autoridade competente pelo promotor no prazo de 30 dias, acompanhada de proposta de nomeação de novo responsável e respetivo termo de responsabilidade.

## ARTIGO 67.º
## Construção de infraestruturas hidráulicas

1 – Durante a construção de infraestruturas hidráulicas são realizadas vistorias pela autoridade competente para conferir a boa execução da obra e verificar a implementação das medidas de minimização ambiental que tenham sido definidas durante o processo de licenciamento.

2 – A autoridade competente realiza uma vistoria final no prazo máximo de 30 dias contados a partir da data em que o requerente a notifique da conclusão das obras.

3 – Após a realização da vistoria referida no número anterior é elaborado um parecer, emitido no prazo de 20 dias, acerca da conformidade das condições de segurança na construção, assim como do cumprimento de outras condições ambientais que a autoridade competente considere necessárias, constantes do processo de atribuição do respetivo título.

4 – No caso de açudes e barragens, a segurança é verificada de acordo com o estipulado na legislação específica.

5 – No caso de infraestruturas hidráulicas para produção de energia e quando a autoridade competente emita um parecer favorável, será o mesmo

imediatamente comunicado à direção regional de economia territorialmente competente ou à DGEG, para os efeitos de realização da vistoria necessária para a atribuição da licença de exploração.

### ARTIGO 68.º
### Exploração de infraestruturas hidráulicas

1 – São realizadas vistorias trienais durante o período de exploração das infraestruturas hidráulicas tendo em vista a verificação das condições de funcionamento e operacionalidade.

2 – Todos os encargos decorrentes da manutenção, conservação e exploração das infraestruturas hidráulicas são da responsabilidade do titular da licença ou da concessão.

3 – As intervenções de desassoreamento, realizadas por motivos de segurança e devidamente autorizadas pela autoridade competente, são da responsabilidade de quem tem a posse ou a propriedade da infraestrutura, aplicando-se o disposto no n.º 7 do artigo 78.º do presente decreto-lei ao destino final dos inertes retirados.

## SECÇÃO VIII
## Recarga de praias e assoreamentos artificiais

### ARTIGO 69.º
### Requisitos específicos

1 – A recarga de praias e assoreamentos artificiais com o objetivo de criar condições para a prática balnear só podem ocorrer nas áreas identificadas em plano e são complementadas por um programa de monitorização que permita avaliar a evolução da intervenção.

2 – Na recarga de praias e assoreamentos artificiais com vista à utilização balnear só podem ser utilizados materiais que se insiram na classe de qualidade 1, definida na portaria a que se refere a subalínea ii) da alínea a) do n.º 3 do artigo 14.º do presente decreto-lei e desde que apresentem granulometria compatível com a praia recetora.

3 – Na ausência de planos, a recarga de praias e assoreamentos artificiais só podem ocorrer por razões de defesa costeira ou de pessoas e bens.

## SECÇÃO IX
## Competições desportivas e navegação marítimo-turística, infraestruturas e equipamentos de apoio à navegação

### ARTIGO 70.º
### Competições desportivas e navegação marítimo-turística

1 – A exploração de embarcações atracadas ou fundeadas sem meios de locomoção próprios ou seladas só é permitida desde que não afete:

*a)* Os usos principais dos recursos hídricos;
*b)* A compatibilidade com outros usos secundários;
*c)* O estado da massa de água;
*d)* A integridade dos leitos e das margens e dos ecossistemas em presença;
*e)* A integridade de infraestruturas e equipamentos licenciados.

2 – O titular da licença apresenta à autoridade competente, no prazo de 30 dias após a emissão do título, uma apólice de seguro ou documento comprovativo da prestação de caução, cujo regime e montante consta do anexo I do presente decreto-lei, por conta das atividades tituladas.

3 – O disposto no presente artigo não prejudica a aplicação do regulamento da atividade marítimo-turística, devendo a licença a emitir ao abrigo desse regulamento observar o estabelecido no presente decreto-lei e ser precedida de parecer favorável da autoridade competente para licenciar a utilização do recurso hídrico, sempre que a mesma caiba a entidade diversa da entidade competente para emitir o título de utilização dos recursos hídricos.

### ARTIGO 71.º
### Infraestruturas e equipamentos de apoio à navegação

1 – Entende-se por infraestruturas e equipamentos de apoio à navegação as edificações que se destinem à instalação de serviços, nomeadamente cais, marinas, docas, portos de recreio, ancoradouros, pontos de amarração, pontão ou embarcadouro e acessos das embarcações ao plano de água, por meios mecânicos de alagem ou rampa varadouro.

2 – A implantação de infraestruturas e equipamentos de apoio só é permitida desde que não afete:

*a)* Os usos principais dos recursos hídricos;

*b)* A compatibilidade com outros usos secundários;
*c)* O estado da massa de água;
*d)* A integridade biológica dos ecossistemas em presença;
*e)* A integridade de infraestruturas e equipamentos licenciados;
*f)* A hidrodinâmica e a dinâmica sedimentar.

## SECÇÃO X
## Instalação de infraestruturas e equipamentos flutuantes, culturas biogenéticas e marinhas

### ARTIGO 72.º
### Equipamentos flutuantes

1 – A utilização dos recursos hídricos para transporte de madeiras ou peças soltas flutuantes que, pela sua dimensão e características, não sejam considerados complementos de usos recreativos e a instalação de estruturas flutuantes fixas, nomeadamente jangadas, piscinas, cais, balizagem e sinalização qualquer que seja a sua finalidade, incluindo as zonas de apoio balnear, só são permitidas desde que não afetem:

*a)* Os usos principais da albufeira ou linha de água;
*b)* Outros usos secundários, nomeadamente a navegação;
*c)* O estado da massa de água;
*d)* A integridade dos leitos e margens, bem como de infraestruturas hidráulicas;
*e)* A integridade biológica dos ecossistemas em presença.

2 – O titular da licença apresenta à autoridade competente, no prazo de 30 dias após emissão do título, uma apólice de seguro ou documento comprovativo da prestação de caução, cujo regime e montante consta do anexo I do presente decreto-lei, por conta das atividades tituladas.

### ARTIGO 73.º
### Culturas biogenéticas

1 – Entende-se por culturas biogenéticas as atividades que tenham por finalidade a reprodução, o crescimento, a engorda, a manutenção ou afinação de espécies aquáticas de água doce, salobra ou salgada.

2 – A utilização dos recursos hídricos para o estabelecimento de culturas biogenéticas em água doce, salobra ou salgada e seus leitos, bem como de quaisquer artefactos, infraestruturas ou equipamentos flutuantes ou submersos e instalações em terra firme que lhes estejam associados, só é permitida desde que:

*a)* Estejam devidamente demarcadas;
*b)* Não alterem o sistema de correntes;
*c)* Não prejudiquem a navegação ou outros usos licenciados;
*d)* Não alterem o estado da massa de água onde se localizem;
*e)* Não afetem a integridade biológica dos ecossistemas em presença.

## ARTIGO 74.º
## Marinhas

1 – Entende-se por marinhas todos os locais onde se exerçam atividades que tenham por finalidade a produção de sal, qualquer que seja a forma de captação ou retenção de água.

2 – O estabelecimento de marinhas, rebaixamento ou alargamento do seu leito, bem como reparação de muros e instalações complementares, só é permitido desde que:

*a)* Não altere o prisma de maré e o sistema das correntes;
*b)* Não prejudique a navegação ou outros usos licenciados;
*c)* Não altere o estado da massa de água onde se localizem;
*d)* Não altere os aquíferos que se localizam na área de influência.

3 – Quando o pedido seja formulado por interessado na relação jurídica procedimental, é sempre ouvido o titular do órgão ou o agente visado.

4 – Os pedidos devem ser formulados logo que haja conhecimento da circunstância que determina a escusa ou a suspeição.

## SECÇÃO XI
## Aterros e escavações

### ARTIGO 75.º
### Requisitos específicos

As ações de aterros e escavações só são permitidas desde que:

*a)* Sirvam para a consolidação das margens e proteção contra a erosão, cheias ou contribuam para a melhoria ou preservação da qualidade da água;

*b)* Sirvam para a melhoria da drenagem e funcionalidade da corrente;

*c)* Não alterem o estado da massa de água onde se localiza;

*d)* Minimizem os cortes de meandros e a artificialização das margens;

*e)* Não causem impactes negativos nos ecossistemas e aquíferos, nomeadamente implicações ao nível freático.

## SECÇÃO XII
## Sementeira, plantação, corte de árvores ou arbustos e pastagens

### ARTIGO 76.º
### Requisitos específicos

1 – A utilização dos recursos hídricos para sementeiras, plantações e cortes de árvores ou arbustos só é permitida desde que:

*a)* Não crie alterações à funcionalidade da corrente e espraiamento das cheias;

*b)* Não implique movimentações de terra que alterem a secção de vazão, a configuração do curso de água e a integridade das margens;

*c)* Não agrave riscos naturais, nomeadamente de erosão;

*d)* Não afete a integridade biofísica e paisagística do meio;

*e)* Não implique a destruição da flora, da fauna, de ecossistemas em presença, nomeadamente zonas húmidas e sistemas dunares.

2 – Não é permitida a pernoita na pastagem em terrenos do domínio público hídrico.

## SECÇÃO XIII
## Extração de inertes

### ARTIGO 77.º
### Intervenções

1 – Entende-se por extração de inertes a intervenção de desassoreamento das zonas de escoamento e de expansão das águas de superfície, quer correntes quer fechadas, bem como da faixa costeira, da qual resulte a retirada de materiais aluvionares granulares depositados ou transportados pelo escoamento nas massas de água de superfície, em suspensão ou por arrastamento, independentemente da granulometria e composição química, nomeadamente siltes, areia, areão, burgau, godo, cascalho, terras arenosas e lodos diversos.

2 – As intervenções que vierem a ser realizadas ficam obrigadas ao cumprimento de um conjunto de normas ambientais a estabelecer em legislação própria.

3 – A extração de inertes, em águas públicas, só é permitida quando se encontre prevista em plano específico de gestão das águas ou enquanto medida de conservação e reabilitação da rede hidrográfica e zonas ribeirinhas ou medida de conservação e reabilitação de zonas costeiras e de transição, ou ainda como medida necessária à criação ou manutenção de condições de navegação em segurança e da operacionalidade do porto, nos termos do disposto no n.º 2 do artigo 38.º do presente decreto-lei.

4 – Os planos específicos de gestão de inertes em domínio hídrico, elaborados de acordo com as normas técnicas definidas pelo Despacho Normativo n.º 14/2003, de 14 de março, equivalem aos planos específicos de gestão das águas referidos no número anterior.

### ARTIGO 78.º
### Requisitos específicos

1 – O exercício da atividade de extração de inertes em margens e leitos conexos com águas públicas tem como requisito necessário, tal como no caso de ser realizada em águas ou margens públicas, a confirmação de que a mesma constitui uma intervenção de desassoreamento.

2 – Sem prejuízo do disposto no n.º 3 do artigo anterior, o exercício da atividade de extração de inertes em margens e leitos conexos com águas públicas só é permitido para locais que garantam:

*a)* A manutenção do sistema de correntes, a navegação, a flutuação, o escoamento e o espraiamento de cheias;

*b)* O equilíbrio dos cursos de água, praias e faixa litoral;

*c)* A integridade dos ecossistemas e o estado da(s) massa(s) de água afetada(s);

*d)* A preservação de águas subterrâneas;

*e)* A preservação de áreas agrícolas envolventes;

*f)* O uso das águas para diversos fins, recreativos, de lazer, a navegação e infraestruturas de apoio, captações, represamentos, derivação e bombagem;

*g)* A integridade dos leitos e margens, bem como de estruturas nelas licenciadas;

*h)* A segurança de obras marginais ou de transposição dos leitos.

3 – A licença que titule a extração de inertes pode impor como condição que uma parte dos inertes extraídos sejam depostos em locais a indicar pela autoridade competente, para efeitos de reforço da proteção de margens, praias ou infraestruturas que sejam identificadas como estando em desequilíbrio.

4 – À extração de inertes que fiquem na posse dos particulares em resultado de uma operação de extração é aplicada a correspondente taxa de utilização dos recursos hídricos.

5 – Na situação a que se refere o n.º 3 do presente artigo, pode o particular que ficar sujeito à obrigação de deposição de inertes, em resultado do cumprimento de uma condição da licença, ser compensado dos custos inerentes a tal operação mediante desconto na taxa de recursos hídricos, em termos que devem constar da mesma licença.

6 – A extração periódica de inertes, destinada a assegurar as condições de navegabilidade e acessibilidade a portos comerciais, de pesca, marinas, cais de acostagem ou outras infraestruturas de apoio à navegação, será executada de acordo com planos de desassoreamento, aprovados pela ARH, que definem, entre outros, a periodicidade das intervenções, os volumes de inertes a retirar, a caracterização física, química e biológica do material a dragar, locais de deposição e medidas de minimização de impactes e identificação e forma de implementação de mecanismos de controlo dos volumes dragados.

7 – Sem prejuízo do disposto nos números anteriores e sempre que não for possível a reposição dos inertes em domínio hídrico, a autoridade

competente pode aliená-los em hasta pública, exceto quando os volumes em causa não justifiquem o recurso a este procedimento.

8 – A extração de inertes em águas particulares não se encontra sujeita às regras dispostas no presente artigo, com exceção das constantes dos n.ºs 1 e 2, com as devidas adaptações.

## CAPÍTULO III
## Fiscalização e contraordenações

### ARTIGO 79.º
### Fiscalização e inspeção

1 – A verificação do cumprimento do disposto no presente decreto-lei é realizada sob a forma de fiscalização e de inspeção, nos termos do disposto nos artigos 90.º a 94.º da Lei n.º 58/2005, de 29 de dezembro.

2 – Sem prejuízo do disposto no artigo 94.º da Lei n.º 58/2005, de 29 de dezembro, compete a qualquer entidade pública informar a ARH territorialmente competente ou o INAG da existência de utilizações dos recursos hídricos não tituladas de que tome conhecimento.

### ARTIGO 80.º
### Responsabilidade pelos encargos de ações de fiscalização ou inspeção

1 – Os encargos decorrentes de ações de fiscalização ou de inspeção são suportados pelo infrator sempre que se verifique a ausência de título ou o incumprimento das condições impostas na emissão do título.

2 – Para efeitos do disposto no número anterior, é elaborado um relatório contendo a descrição da ação de fiscalização ou inspeção e dos respetivos encargos, sendo o infrator notificado para proceder ao pagamento no prazo máximo de 15 dias.

3 – Os documentos que titulam as despesas realizadas no âmbito de ações de fiscalização ou inspeção servem de título executivo para a cobrança das quantias não liquidadas voluntariamente pelos infratores.

4 – Em caso de divergência, sobre a mesma amostra, entre os resultados das análises efetuadas pelos laboratórios das entidades que procederam às ações de fiscalização ou de inspeção e os resultados apresentados pelo titular

é realizada uma análise pelo Laboratório de Referência do Ambiente, constituindo os respetivos boletins de análise prova para todos os efeitos previstos na lei.

5 – A verificação de conformidade das normas de rejeição de águas residuais urbanas nas ações de fiscalização e inspeção obedece ao disposto no artigo 52.º.

## ARTIGO 81.º
## Contraordenações

1 – Constitui contraordenação ambiental leve:

*a)* A falta da comunicação prevista no artigo 16.º;

*b)* A falta de notificação prevista no n.º 3 do artigo 27.º;

*c)* O incumprimento do disposto no n.º 4 do artigo 32.º;

*d)* A falta de entrega do título prevista no n.º 1 do artigo 34.º;

*e)* A violação das normas contidas nos regulamentos dos planos de ordenamento de estuários e dos planos de recursos hídricos, bem como a inobservância das determinações das ARH que visem o cumprimento do disposto nesses planos.

2 – Constitui contraordenação ambiental grave:

*a)* A não prestação de informações, a prestação de informações falsas ou inexatas e a ocultação de elementos de informação pelos utilizadores;

*b)* A falta de reposição da situação anterior, prevista no n.º 2 do artigo 34.º;

*c)* A transmissão de títulos sem a respetiva comunicação ou autorização;

*d)* A destruição ou alteração total ou parcial de infraestruturas hidráulicas, fluviais ou marítimas, de qualquer natureza sem o respetivo título;

*e)* Execução de obras, infraestruturas, plantações ou trabalhos de natureza diversa, com prejuízo da conservação, equilíbrio das praias, regularização e regime de rios, lagos, lagoas, pântanos e mais correntes de água;

*f)* A falta de instalação de sistema de autocontrolo prevista no artigo 5.º;

*g)* A falta de envio dos dados do sistema de autocontrolo de acordo com a periodicidade exigida, nos termos do artigo 5.º;

*h)* O incumprimento do estabelecido no artigo 46.º;

*i)* O incumprimento do dever de retificação previsto no n.º 4 do artigo 54.º;

*j)* O incumprimento dos prazos referidos nos n.ºs 1 e 3 do artigo 89.º;

*l)* (Revogada.)

3 – Constitui contraordenação ambiental muito grave:

*a)* A utilização dos recursos hídricos sem o respetivo título;

*b)* A violação do disposto no n.º 5 do artigo 32.º;

*c)* O incumprimento das obrigações impostas pelo respetivo título;

*d)* O incumprimento da obrigação, por parte do titular do título, de suspender os trabalhos e alterar ou demolir aqueles quando ameacem a segurança ou prejudiquem os interesses da navegação;

*e) (Revogada.)*

*f)* Lançar, depositar ou, por qualquer outra forma direta ou indireta, introduzir nas águas superficiais, subterrâneas ou nos terrenos englobados nos recursos hídricos qualquer substância ou produto sólido, líquido ou gasoso potencialmente poluente;

*g)* A manipulação de produtos ou substâncias nocivas junto de captações, ou da sua zona de proteção imediata, de águas subterrâneas ou superficiais;

*h)* O depósito de produtos ou substâncias nocivas junto de captações, ou da sua zona de proteção imediata, de águas subterrâneas ou superficiais;

*i)* O armazenamento de quaisquer produtos ou substâncias nocivas junto de captações, ou da sua zona de proteção imediata, de águas subterrâneas ou superficiais;

*j)* A extração de materiais inertes em áreas distintas das consagradas no respetivo título;

*l)* A utilização de equipamentos ou meios de ação não autorizados para a extração de materiais inertes;

*m)* A omissão total ou parcial dos volumes de materiais inertes extraídos;

*n)* A realização de competições desportivas e navegação marítimo-turística fora das áreas permitidas para o efeito;

*o)* A obstrução ao exercício de inspeção, fiscalização ou o exercício das suas competências, designadamente a recusa de acesso da entidade ao local;

*p)* O incumprimento das normas de qualidade da água de acordo com a legislação em vigor;

*q)* O não acatamento da proibição de lançar, depositar ou de qualquer outra forma de introduzir na água resíduos que contenham substâncias que possam alterar as suas características ou que contribuam para a degradação do ambiente;

*r)* A imersão de resíduos ou a rejeição de efluentes em local diferente do autorizado pelos organismos competentes;

*s)* A imersão de resíduos em violação das disposições legalmente aplicáveis;

*t)* A rejeição de águas residuais industriais, direta ou indiretamente, para o sistema de disposição de águas residuais urbanas sem a autorização prevista no n.º 1 do artigo 54.º;

*u)* Rejeição de águas degradadas diretamente para o sistema de disposição de águas residuais, para a água ou para o solo, sem qualquer tipo de mecanismos que assegurem a depuração destas.

4 – A tentativa e a negligência são puníveis.

5 – Sem prejuízo do disposto na Lei n.º 50/2006, de 29 de agosto, a fixação da coima concreta tem ainda em consideração os critérios constantes dos n.ºs 4 e 5 do artigo 97.º da Lei n.º 58/2005, de 29 de dezembro.

6 – A condenação pela prática de infrações muito graves previstas no n.º 3, bem como de infrações graves previstas no n.º 2 quando a medida concreta da coima aplicada ultrapasse metade do montante máximo da coima abstrata aplicável, pode ser objeto de publicidade, nos termos do disposto no artigo 38.º da Lei n.º 50/2006, de 29 de agosto.

### ARTIGO 82.º
### Apreensão cautelar e sanções acessórias

A entidade competente para a aplicação da coima pode proceder às apreensões cautelares e aplicar as sanções acessórias que se mostrem adequadas, nos termos do disposto na Lei n.º 50/2006, de 29 de agosto.

### ARTIGO 83.º
### Processos de contraordenação

1 – A instauração, a instrução e a decisão dos processos de contraordenações, bem como a aplicação das coimas e sanções acessórias, competem à ARH com jurisdição na área da utilização dos recursos hídricos e às demais entidades competentes para o licenciamento.

2 – Compete exclusivamente aos municípios a instauração, instrução e decisão dos processos de contraordenação, assim como a aplicação das

coimas, respetivas sanções acessórias e medidas cautelares, relativamente às competências transferidas pelas alíneas a) e b) do n.º 3 do artigo 3.º do Decreto-Lei n.º 97/2018, nas praias marítimas ou de águas fluviais e lacustres, integradas na área territorial afeta à sua administração.

## ARTIGO 84.º
## Reposição da situação anterior à infração

1 – Em caso de incumprimento de decisão que determine a reposição da situação anterior à infração, podem a ARH ou outras entidades competentes realizar os trabalhos e ações devidos por conta do infrator.

2 – Os documentos que titulam as despesas realizadas nos termos do número anterior, quando estas não forem pagas voluntariamente pelo infrator no prazo de 20 dias a contar da sua notificação, servem de título executivo.

## ARTIGO 85.º
## Sanção pecuniária compulsória

1 – A ARH ou a IGAOT podem, sempre que tal se justifique, aplicar sanção pecuniária compulsória por cada dia de atraso no pagamento da coima, não podendo exceder um mês a contar da data fixada na decisão, nos seguintes casos:

*a)* Não acatamento de decisão que ordene a adoção de medidas determinadas;

*b)* Não prestação ou prestação de informações falsas, inexatas ou incompletas ou cuja apresentação seja legalmente devida.

2 – O valor diário da sanção prevista no número anterior pode oscilar entre € 50 e € 250, quando a infração for cometida por pessoa singular, e entre € 250 e € 1000, quando for cometida por pessoa coletiva.

# CAPÍTULO IV
# Disposições complementares, transitórias e finais

## ARTIGO 86.º
## Regimes jurídicos especiais

1 – O presente decreto-lei não se aplica aos recursos hidrominerais, geotérmicos e águas de nascente a que se refere o Decreto-Lei n.º 90/90, de 16 de março.

2 – O disposto no presente decreto-lei não prejudica o regime jurídico aplicável ao exercício das atividades de produção de energia elétrica a partir da energia das ondas ou da energia eólica offshore em domínio público marítimo.

3 – O disposto no presente decreto-lei não afeta as competências legais da Autoridade Marítima Nacional nem as competências legais no domínio da segurança marítima e portuária das autoridades marítimas e portuárias.

4 – As áreas que entraram ou vierem a entrar no domínio público ou privado do Estado, por força do artigo 6.º do Decreto-Lei n.º 468/71, de 5 de novembro, e do artigo 13.º da Lei n.º 54/2005, de 15 de novembro, são administradas pela ARH em que cuja área de jurisdição se situem, sem prejuízo do disposto no artigo 13.º da Lei n.º 58/2005, de 29 de dezembro.

5 – Em caso de extinção das relações jurídicas tituladas por concessões ou licenças emitidas ao abrigo do disposto nos Decretos n.ºs 5787-IIII, de 10 de maio de 1919, 6287, de 20 de dezembro de 1919, e 16767, de 20 de abril de 1929, e nos Decretos-Leis n.ºs 43335, de 19 de novembro de 1960, 468/71, de 5 de novembro, e 189/88, de 27 de maio, ou emergentes de direitos resultantes do Decreto-Lei n.º 183/95, de 27 de julho, designadamente por caducidade, rescisão unilateral ou revogação, revertem para o Estado, gratuitamente e sem prejuízo do disposto no n.º 2 do artigo 35.º, os bens e direitos que integram o estabelecimento da concessão, bem como os diretamente afetos à exploração, no caso de licença, nos termos estabelecidos nos referidos diplomas ou no respetivo título.

6 – A caducidade das concessões celebradas ao abrigo dos Decretos n.ºs 5787-IIII, de 10 de maio de 1919, 6287, de 20 de dezembro de 1919, e 16767, de 20 de abril de 1929, é verificada por despacho do membro do Governo responsável pela área do ambiente, sendo esta competência delegável no presidente do INAG.

7 – Nas situações em que as PCH, exploradas ao abrigo do título emitido nos termos da legislação anterior ao Decreto-Lei n.º 46/94, de 22 de fevereiro, tenham revertido ou venham a reverter para o Estado e sejam acessórias de construções, propriedade do antigo titular da concessão ou licença, só estes, ou aqueles a quem estes tenham transmitido a propriedade ou algum outro direito que habilite a explorar a PCH, têm legitimidade para requerer novas licenças de utilização do domínio hídrico na parte que envolva a utilização daquelas obras ou instalações, desde que autorizados pelo INAG e a DGGE.

8 – O presente decreto-lei não prejudica a aplicação do regime jurídico dos aproveitamentos hidroagrícolas, constante do Decreto-Lei n.º 269/82, de 10 de julho, tendo sempre por base os títulos de utilização dos recursos hídricos emitidos nos termos da Lei da Água e do presente decreto-lei.

### ARTIGO 87.º
### Taxas administrativas

Com a apresentação dos pedidos de informação prévia a que se refere o artigo 11.º e de emissão de licença de pesquisa de águas subterrâneas a que se refere o artigo 41.º é devido o pagamento de uma taxa, no montante definido na portaria a que se refere a subalínea ii) da alínea a) do n.º 3 do artigo 14.º do presente decreto-lei.

### ARTIGO 88.º
### Alteração ao Decreto-Lei n.º 382/99, de 22 de setembro

O n.º 1 do artigo 4.º do Decreto-Lei n.º 382/99, de 22 de setembro, passa a ter a seguinte redação:

«Compete ao membro do Governo responsável pela área do ambiente, através de portaria, aprovar a delimitação dos perímetros de proteção, identificando as instalações e atividades, de entre as mencionadas nos n.ºs 2, 4 e 7 do artigo 6.º, que ficam sujeitas a interdições ou a condicionamentos e definir o tipo de condicionamentos.»

## ARTIGO 89.º
## Situações existentes não tituladas

1 – Os utilizadores de recursos hídricos que à data da entrada em vigor do presente decreto-lei não disponham de título que permita essa utilização devem apresentar à autoridade competente, no prazo de dois anos, um requerimento contendo:

*a)* A identificação do utilizador;

*b)* O tipo e a caracterização da utilização;

*c)* A identificação exata do local, com indicação, sempre que possível, das coordenadas geográficas.

2 – Após a entrega dos elementos referidos no número anterior, a autoridade competente procede à fiscalização da utilização em causa, podendo, na sequência desta, impor ao utilizador as alterações necessárias ao cumprimento do presente decreto-lei.

3 – As alterações referidas no número anterior são efetuadas no prazo fixado pela autoridade competente, de acordo com as circunstâncias do caso, só sendo o título emitido após a sua realização.

4 – Não havendo lugar a alterações, é emitido o respetivo título de utilização de acordo com o disposto no presente decreto-lei.

5 – É devido o pagamento da taxa de recursos hídricos durante o prazo referido no n.º 1, independentemente da emissão do título.

6 – Os utilizadores que apresentem o requerimento no prazo referido no n.º 1 ficam isentos de aplicação de coima pela utilização não titulada até à emissão do respetivo título.

## ARTIGO 90.º
## Disposições transitórias sobre títulos

1 – O disposto no presente decreto-lei aplica-se aos processos pendentes à data da sua entrada em vigor, sem prejuízo dos atos e formalidades praticados que devam ser salvaguardados nos termos legais.

2 – Os títulos de utilização emitidos ao abrigo da legislação anterior mantêm-se em vigor nos termos em que foram emitidos, sem prejuízo da sujeição dos seus titulares às obrigações decorrentes da Lei n.º 58/2005, de 29 de dezembro, e demais atos legislativos complementares.

3 – No caso de serem necessárias alterações para a progressiva adaptação do título emitido às disposições da Lei n.º 58/2005, de 29 de dezembro, e dos atos legislativos que a complementam, a ARH fixará um calendário com as medidas adequadas para a sua concretização, tendo em conta as expectativas legítimas do detentor do título quanto à sua duração, as condições económicas do exercício da atividade e o disposto no n.º 3 do artigo 32.º

4 – No caso de utilizações dos recursos hídricos anteriormente tituladas por mera licença que, de acordo com a Lei n.º 58/2005, de 29 de dezembro, devam ser sujeitas ao regime de concessão, os títulos mantêm-se em vigor nos termos em que foram emitidos, salvo quando os seus titulares requeiram a sua conversão em concessão, caso em que a concessão não poderá ter prazo superior ao necessário para concluir a amortização dos investimentos realizados ao abrigo do título inicial.

5 – No caso de títulos de utilização existentes em que estejam reunidas as condições necessárias para a classificação da infraestrutura como empreendimento de fins múltiplos, pode a mesma ser submetida ao regime previsto no artigo 7.º, sob proposta do INAG e decisão do membro do Governo responsável pela área do ambiente.

6 – Para captações já existentes, os titulares têm o prazo de um ano, contado da data de entrada em vigor do presente decreto-lei, para apresentarem na ARH os respetivos estudos de delimitação de perímetros de proteção das captações subterrâneas ou superficiais.

## ARTIGO 91.º
## Regularização da atribuição de títulos de utilização às empresas titulares de centros electroprodutores

1 – A entidade concessionária da RNT e as empresas titulares dos centros eletroprodutores a quem os artigos 6.º e 7.º do Decreto-Lei n.º 183/95, de 27 de julho, reconhecem o direito à utilização do domínio público hídrico afeto aos respetivos aproveitamentos hidroelétricos, através de título a emitir ao abrigo do Decreto-Lei n.º 46/94, de 22 de fevereiro, poderão continuar a utilizar os recursos hídricos atrás referidos através de outorga de contrato de concessão a celebrar entre o Estado e a entidade concessionária da RNT, a ocorrer no prazo máximo de dois anos a contar da data de entrada em vigor do presente decreto-lei, podendo aquela transmitir os correspondentes direitos às referidas empresas titulares dos centros eletroprodutores.

2 – As entidades referidas no número anterior estão habilitadas até ao limite do prazo nele previsto a utilizar os recursos hídricos afetos a cada um dos centros eletroprodutores, devendo nesse mesmo prazo ser apresentados os elementos referidos no n.º 1 do artigo 89.º do presente decreto-lei e outorgados os respetivos contratos de concessão.

3 – Para efeitos dos números anteriores, serão consideradas como data inicial das utilizações dos recursos hídricos a data de entrada em vigor do Decreto-Lei n.º 183/95, de 27 de julho, e como datas finais as que correspondem ao termo da vida útil da construção civil de cada um dos centros eletroprodutores, fixadas no anexo III do presente decreto-lei e que dele faz parte integrante.

4 – Os contratos de concessão e de transmissão a celebrar nos termos do n.º 1 deverão atender aos prazos referidos no número anterior e no anexo III e as suas condições observam o disposto na Lei n.º 58/2005, de 29 de dezembro, e no presente decreto-lei.

5 – As empresas a quem já tenha sido atribuída, ao abrigo do artigo 67.º do Decreto-Lei n.º 182/95, de 27 de julho, a execução e exploração de centros eletroprodutores, e desde que o Estado já tenha definido as condições de ligação desses centros à Rede Elétrica Pública, nos termos do Decreto-Lei n.º 312/2001, de 10 de dezembro, mantêm os direitos e obrigações assumidos, devendo a construção e exploração do respetivo aproveitamento hidroelétrico ser titulada por contrato de concessão com o Estado, a celebrar, nos termos da Lei n.º 58/2005, de 29 de dezembro, e do presente diploma, no prazo de dois anos.

6 – A transmissão dos direitos de utilização do domínio hídrico a favor das empresas titulares dos centros eletroprodutores a que se refere o n.º 1 fica sujeita ao pagamento de um valor de equilíbrio económico-financeiro.

## ARTIGO 92.º
## Forma e prazos dos pareceres

1 – O valor de equilíbrio económico-financeiro de cada centro eletroprodutor corresponde à diferença entre o valor de mercado da sua exploração desde o termo previsto no respetivo contrato de aquisição de energia, celebrado ao abrigo dos Decretos-Leis n.ºs 182/95 e 183/95, de 27 de julho, até ao termo da concessão de utilização do domínio hídrico fixado nos termos do n.º 4 do artigo 91.º e o valor residual previsto no contrato de aquisição de

energia relevante, utilizando, para o efeito, as taxas de desconto apropriadas para os fluxos financeiros de cada um daqueles valores.

2 – O valor de equilíbrio económico-financeiro para cada centro eletroprodutor hídrico é definido mediante despacho conjunto dos membros do Governo responsáveis pelas áreas do ambiente e da energia, precedido de audição do respetivo titular, tendo por base o valor identificado em duas avaliações realizadas por entidades financeiras independentes de elevada reputação e constará do contrato a celebrar entre o Estado, a entidade concessionária da RNT e as empresas titulares dos centros eletroprodutores.

3 – O valor de equilíbrio económico-financeiro, a que se refere o número anterior, pago pelos titulares dos centros eletroprodutores hídricos destina-se a beneficiar os consumidores de energia elétrica através da redução do défice tarifário, da estabilização das tarifas e de outras medidas de política energética.

4 – Os critérios de afetação dos montantes referidos nos números anteriores são definidos pelo membro do Governo responsável pela área da energia, sem prejuízo das competências da ERSE.

## ARTIGO 93.º
## Disposições transitórias sobre a constituição das ARH

1 – Até à entrada em funcionamento de cada ARH, incumbe às comissões de coordenação e desenvolvimento regional (CCDR), através dos seus serviços competentes em matéria de recursos hídricos, o exercício das competências de licenciamento e fiscalização atribuídas pelo presente decreto-lei às ARH, com exceção das competências relativas à emissão dos títulos de utilização de recursos hídricos referidos no artigo 91.º, as quais são atribuídas ao INAG.

2 – Sem prejuízo do disposto no número anterior, os contratos de concessão celebrados pelas CCDR são autorizados pelo membro do Governo responsável pela área do ambiente, com faculdade de delegação no presidente do INAG.

3 – Até à entrada em funcionamento de cada ARH, a atribuição dos títulos de utilização relativos às barragens incluídas no Programa Nacional de Barragens de Elevado Potencial Hidroelétrico é da competência do INAG.

4 – Mediante despacho do membro do Governo responsável pela área do ambiente que salvaguarde os atos praticados e as diligências efetuadas, os

procedimentos de atribuição dos títulos de utilização relativos às barragens incluídas no Programa Nacional de Barragens de Elevado Potencial Hidroelétrico iniciados junto do INAG podem ser decididos pelas ARH territorialmente competentes.

5 – O exercício das competências atribuídas às ARH não abrangidas pelos n.ºs 1 e 2 cabe transitoriamente ao INAG, podendo o membro do Governo responsável pela área do ambiente fazer cessar, por portaria, este regime transitório, total ou parcialmente, em função da capacidade demonstrada por cada ARH para assumir o exercício de tais competências.

### ARTIGO 94.º
### Planos e conselhos de bacia hidrográfica

1 – Até à aprovação dos planos de gestão de bacia hidrográfica, são-lhes equiparados os atuais planos de bacia hidrográfica para todos os efeitos legais.

2 – Até à constituição dos conselhos de região hidrográfica, mantêm-se em funcionamento os atuais conselhos de bacia, com a composição e a competência definidas na lei.

### ARTIGO 95.º
### Referências legais

Todas as remissões existentes para as disposições dos capítulos III e IV do Decreto-Lei n.º 468/71, de 5 de novembro, consideram-se efetuadas para as disposições correspondentes da Lei n.º 58/2005, de 29 de dezembro, e do presente decreto-lei.

### ARTIGO 96.º
### Norma revogatória

São revogados:

*a)* A Portaria n.º 295/2002, de 19 de março;

*b)* O despacho conjunto n.º 141/95, de 21 de junho, do Ministro do Ambiente e Recursos Naturais e do Ministro do Mar, com a entrada em vigor da portaria a que se refere a alínea a) do n.º 3 do artigo 14.º do presente decreto-lei;

*c)* Os artigos 6.º, 7.º e 53.º do Decreto-Lei n.º 183/95, de 27 de julho.

## ARTIGO 97.º
## Regiões Autónomas

O regime do presente decreto-lei aplica-se às Regiões Autónomas dos Açores e da Madeira, sem prejuízo das adaptações decorrentes da estrutura própria da administração regional autónoma a introduzir por diploma regional adequado.

## ARTIGO 98.º
## Entrada em vigor

O presente decreto-lei entra em vigor no dia 1 de junho de 2007.

## ANEXO I

(a que se referem os artigos 22.º e 25.º)

### A) Caução para recuperação ambiental

1 – Todas as utilizações tituladas por licença ou concessão estão sujeitas a caução para recuperação ambiental, exceto se for dispensada a prestação de caução nos termos dos n.ºs 3, 4 e 9 do artigo 22.º e dos n.ºs 5 e 6 do artigo 25.º do presente decreto-lei, ou se for apresentada apólice de seguro, nos casos expressamente previstos no presente decreto-lei.

2 – No prazo de 80 dias a contar da data da entrada em funcionamento da respetiva utilização, o utilizador presta a favor da autoridade competente uma caução correspondendo a um valor entre 0,5% e 2% do montante investido na obra, a fim de garantir a recuperação de eventuais danos ambientais causados nos recursos hídricos, como consequência da exploração e sem prejuízo das indemnizações a terceiros.

3 – Para efeitos do número anterior, o valor da caução é definido pela autoridade competente, tendo em conta a perceção do risco envolvido.

4 – A caução pode ser prestada por depósito em dinheiro ou mediante garantia bancária.

5 – O depósito de dinheiro efetua-se numa instituição de crédito, à ordem da autoridade competente.

6 – Se a caução for prestada mediante garantia bancária, é apresentado o documento pelo qual um estabelecimento bancário legalmente autorizado assegure, até ao limite do valor da caução, o imediato pagamento de quaisquer importâncias em virtude do incumprimento das obrigações por parte do titular da licença ou concessão.

7 – A caução será prestada, tal como se prevê no n.º 2, é libertada decorrido um quinto do prazo do respetivo título, desde que a autoridade competente considere que não é preciso acioná-la para a correção ou eliminação de eventuais danos ambientais.

8 – O promotor não poderá continuar a explorar a utilização se a partir da data referida no n.º 2 não tiver prestado, a favor da autoridade competente, a referida caução, sob pena de imediata revogação do título.

9 – Nos casos previstos no n.º 2 do artigo 49.º, no n.º 5 do artigo 60.º, no n.º 2 do artigo 70.º e no n.º 2 do artigo 72.º, é obrigatória a prestação de caução sempre que não seja possível a apresentação de apólice de seguro destinada à cobertura de eventuais danos.

10 – À caução referida no número anterior aplica-se o disposto nos n.ºs 4, 5 e 6 do presente anexo, com as seguintes especificidades:

*a)* A autoridade competente define o valor da caução, tendo em conta a especificidade da situação;

*b)* A caução é libertada no fim do prazo do respetivo título de utilização.

11 – Todas as despesas derivadas da prestação das cauções são da responsabilidade do titular da licença ou concessão.

## B) Caução para cumprimento das obrigações de implantação, alteração e demolição de instalações fixas ou desmontáveis, apoios de praia ou similares, infraestruturas e equipamentos de apoio à circulação rodoviária e infraestruturas hidráulicas

1 – Sem prejuízo da caução prevista na alínea anterior e de acordo com o previsto no n.º 3 do artigo 22.º e no n.º 5 do artigo 23.º, é obrigatória a prestação de caução para cumprimento das obrigações de implantação, alteração e demolição de instalações fixas ou desmontáveis, apoios de praia ou similares, infraestruturas e equipamentos de apoio à circulação rodoviária e infraestruturas hidráulicas.

2 – A caução prevista no número anterior destinar-se-á a garantir a boa e regular execução da obra, a qual terá de cumprir tanto os regulamentos de ordem técnica e ambiental como os condicionalismos impostos pela autoridade competente na respetiva licença ou contrato de concessão.

3 – O requerente, no prazo de 30 dias a contar da data de atribuição do respetivo título, presta uma caução a favor da autoridade competente correspondente a 5% do montante global do investimento previsto no projeto.

4 – A caução pode ser prestada por depósito em dinheiro ou em títulos emitidos ou garantidos pelo Estado, ou mediante garantia bancária ou seguro-caução.

5 – O depósito de dinheiro ou títulos efetua-se numa instituição de crédito, à ordem da autoridade competente.

6 – Quando o depósito for efetuado em títulos, estes devem ser avaliados pelo respetivo valor nominal, salvo se, nos últimos três meses, a média da cotação na Bolsa de Valores de Lisboa ficar abaixo do par, caso em que a avaliação deve ser feita em 90% dessa média.

7 – Se a caução for prestada mediante garantia bancária, é apresentado o documento pelo qual um estabelecimento bancário legalmente autorizado assegure, até ao limite do valor da caução, o imediato pagamento de quaisquer importâncias em virtude do incumprimento das obrigações por parte do titular da licença ou concessão.

8 – Tratando-se de seguro-caução, é apresentada apólice pela qual uma entidade legalmente autorizada a realizar esse seguro assuma, até ao limite do valor da caução, o encargo de satisfazer de imediato quaisquer importâncias exigidas pela autoridade competente, em virtude do incumprimento das obrigações.

9 – Das condições da garantia bancária ou da apólice de seguro-caução não pode, em caso algum, resultar uma diminuição das garantias, nos moldes que são asseguradas pelas outras formas admitidas, de prestação da caução, ainda que não tenha sido pago o respetivo prémio.

10 – Todas as despesas derivadas da prestação das cauções são da responsabilidade do titular da licença ou concessão.

11 – São causas de perda de caução:

*a)* O abandono injustificado da obra por mais de um ano, dentro do período máximo previsto para execução da mesma;

*b)* O não início da construção da obra no período dos seis meses posteriores à emissão do respetivo título.

12 – A perda de caução reverte em 80% para a autoridade competente e 20% para o INAG.

13 – A caução é libertada:

*a)* Em 50 % do seu montante, logo que se encontrem realizadas, e após vistoria da respetiva autoridade competente, no local da instalação, obras que correspondam a mais de 50 % do investimento previsto;

*b)* Na totalidade do seu montante, após emissão do parecer favorável da autoridade competente e respetiva vistoria.

## ANEXO II

(a que se refere o artigo 35.º)

A prorrogação do prazo da concessão de utilização dos recursos hídricos dos centros hidroeletroprodutores deve ser calculada tomando como referência a seguinte fórmula:

$$Pro = (N - t) \times \Delta Pot/Pot$$

em que:

Pro = prorrogação;

N = número total de anos da concessão original de utilização do domínio hídrico;

t = número de anos remanescentes até ao final da concessão original de utilização do domínio hídrico;

Pot = potência elétrica da central antes do reforço;

ΔPot = reforço da potência.

## ANEXO III

(a que se refere o artigo 91.º)

(ver documento original)

## ANEXO XII

(a que se refere o n.º 2 do artigo 37.º)

# Republicação do Decreto-Lei n.º 151-B/2013, de 31 de outubro

## CAPÍTULO I
## Disposições gerais

### ARTIGO 1.º
### Objeto e âmbito de aplicação

1 – O presente decreto-lei estabelece, para todo o território nacional e zonas marítimas sob soberania ou jurisdição nacional, o regime jurídico da avaliação de impacte ambiental (AIA) dos projetos públicos e privados que sejam suscetíveis de produzir efeitos significativos no ambiente, procedendo

à transposição da Diretiva 2011/92/UE, do Parlamento Europeu e do Conselho, de 13 de dezembro de 2011, alterada pela Diretiva 2014/52/UE, do Parlamento Europeu e do Conselho, de 16 de abril de 2014, relativa à avaliação dos efeitos de determinados projetos públicos e privados no ambiente (Diretiva AIA).

2 – As decisões proferidas no procedimento de AIA, incluindo na fase de verificação da conformidade ambiental do projeto de execução, são prévias ao licenciamento ou autorização dos projetos suscetíveis de provocar efeitos significativos no ambiente, nos termos do presente decreto-lei, devendo a entidade licenciadora ou competente para a autorização do projeto indeferir o pedido de licenciamento ou autorização sempre que não tenha sido previamente obtida decisão, expressa ou tácita, sobre a AIA.

3 – Estão sujeitos a AIA, nos termos do presente decreto-lei:

*a)* Os projetos tipificados no anexo I do presente decreto-lei, do qual faz parte integrante, sem prejuízo do disposto no n.º 5;

*b)* Os projetos tipificados no anexo II do presente decreto-lei, do qual faz parte integrante, que:

*i)* Estejam abrangidos pelos limiares fixados; ou

*ii)* Se localizem, parcial ou totalmente, em área sensível e sejam considerados, por decisão da autoridade de AIA nos termos do n.º 6 do artigo 3.º, como suscetíveis de provocar impacte significativo no ambiente em função da sua localização, dimensão ou natureza, de acordo com os critérios estabelecidos no anexo III do presente decreto-lei, do qual faz parte integrante; ou

*iii)* Não estando abrangidos pelos limiares fixados, não se localizando em área sensível, nem se encontrando abrangidos pelas exclusões expressamente previstas para o caso geral no anexo II do presente decreto-lei, sejam considerados, por decisão da entidade licenciadora ou competente para a autorização do projeto nos termos do artigo 3.º, como suscetíveis de provocar impacte significativo no ambiente em função da sua localização, dimensão ou natureza, de acordo com os critérios estabelecidos no anexo III do presente decreto-lei;

*c)* Os projetos que em função da sua localização, dimensão ou natureza sejam considerados, por decisão conjunta do membro do Governo competente na área do projeto em razão da matéria e do membro do Governo responsável pela área do ambiente, como suscetíveis de provocar um impacte significativo no ambiente, tendo em conta os critérios estabelecidos no anexo III.

4 – São ainda sujeitas a AIA, nos termos do presente decreto-lei:

*a)* Qualquer alteração ou ampliação de projetos incluídos no anexo I se tal alteração ou ampliação, em si mesma, corresponder aos limiares fixados no referido anexo;

*b)* Qualquer alteração ou ampliação de projetos enquadrados nas tipologias do anexo I ou do anexo II, já autorizados, executados ou em execução e que não tinham sido anteriormente sujeitos a AIA, quando:

*i)* Tal alteração ou ampliação, em si mesma, corresponda ao limiar fixado para a tipologia em causa; ou

*ii)* O resultado final do projeto existente com a alteração ou ampliação prevista atinja ou ultrapasse o limiar fixado para a tipologia em causa e tal alteração ou ampliação seja, em si mesma, igual ou superior a 20% da capacidade instalada ou da área de instalação do projeto existente, ou, sendo inferior, seja considerado, com base em análise caso a caso nos termos do artigo 3.º, como suscetível de provocar impacte significativo no ambiente; ou

*iii)* Não estando fixado limiar para a tipologia em causa, tal alteração ou ampliação seja considerada, com base em análise caso a caso nos termos do artigo 3.º, como suscetível de provocar impacte significativo no ambiente;

*c)* Qualquer alteração ou ampliação de projetos incluídos no anexo I ou no anexo II, anteriormente sujeitos a AIA e já autorizados, executados ou em execução, que:

*i)* Corresponda a um aumento igual ou superior a 20% do limiar e que seja considerada, com base em análise caso a caso nos termos do artigo 3.º, como suscetível de provocar impacte significativo no ambiente; ou

*ii)* Não estando fixado limiar para a tipologia em causa ou não se caracterizando a alteração ou ampliação por um aumento desse limiar, seja considerada, com base em análise caso a caso nos termos do artigo 3.º, como suscetível de provocar impacte significativo no ambiente.

5 – Não estão sujeitas a AIA nem a análise caso a caso as alterações ou ampliações de projetos incluídos nas tipologias dos n.ºs 3 a 9 do anexo II do presente decreto-lei, executados ou em execução, que, tendo sido submetidos a AIA, já foram autorizados, desde que, cumulativamente:

*a)* O projeto inicial e a alteração ou ampliação não se localizem em área sensível;

*b)* Se desenvolvam na área do projeto objeto de DIA favorável ou favorável condicionada;

*c)* Não correspondam a uma alteração da atividade e/ou substâncias ou misturas utilizadas ou produzidas, relativamente aos códigos de atividade económica autorizados; e

*d)* Não incluam a concretização de uma componente que corresponda em si mesma a outra tipologia distinta do projeto inicial.

6 – Não estão sujeitas a AIA nem a análise caso a caso as alterações a projetos que anteriormente tenham obtido DIA favorável ou favorável condicionada submetidos a AIA, que resultem da substituição de equipamentos, com ou sem alteração da capacidade instalada, quando:

*a)* Se incluam nas tipologias dos n.ºs 3 a 9 do anexo II do presente decreto-lei;

*b)* Se desenvolvam na área do projeto objeto de DIA favorável ou favorável condicionada;

*c)* Sejam cumpridas as condições da DIA;

*d)* O projeto inicial e a alteração não se localizem em área sensível; e

*e)* Não se verifique uma alteração da atividade e/ou das substâncias ou misturas utilizadas ou produzidas, com referência aos códigos de atividade económica autorizados.

7 – Estão igualmente sujeitos a AIA os projetos do anexo I que se destinem exclusiva ou essencialmente a desenvolver e ensaiar novos métodos ou produtos e que não sejam utilizados durante mais de dois anos, considerados, com base em análise caso a caso nos termos do artigo 3.º, como suscetíveis de provocar impacte significativo no ambiente.

8 – *(Revogado.)*

9 – Nos termos do n.º 2 do artigo 59.º do anexo ao Decreto-Lei n.º 169/2012, de 1 de agosto, que criou o Sistema da Indústria Responsável, os estabelecimentos industriais a instalar em zona empresarial responsável (ZER) não são sujeitos a procedimento de AIA no caso de o estudo de impacte ambiental (EIA) da ZER ter incluído os requisitos de informação necessários ao EIA do estabelecimento em causa.

10 – O presente decreto-lei não se aplica a projetos destinados unicamente à defesa nacional, ou à proteção civil sempre que os membros do Governo responsáveis pelas áreas da defesa nacional ou da administração interna, respetivamente, reconheçam que o procedimento de AIA tem efeitos adversos sobre os objetivos desses projetos, sem prejuízo de a

aprovação e execução dos mesmos ter em consideração o respetivo impacte ambiental.

### ARTIGO 2.º
### Conceitos

Para efeitos da aplicação do presente decreto-lei, entende-se por:

*a)* «Áreas sensíveis»:

*i)* Áreas protegidas, classificadas ao abrigo do Decreto-Lei n.º 142/2008, de 24 de julho;

*ii)* Sítios da Rede Natura 2000, zonas especiais de conservação e zonas de proteção especial, classificadas nos termos do Decreto-Lei n.º 140/99, de 24 de abril, no âmbito das Diretivas 79/409/CEE, do Conselho, de 2 de abril de 1979, relativa à conservação das aves selvagens, e 92/43/CEE, do Conselho, de 21 de maio de 1992, relativa à preservação dos habitats naturais e da fauna e da flora selvagens;

*iii)* Zonas de proteção dos bens imóveis classificados ou em vias de classificação, definidas nos termos da Lei n.º 107/2001, de 8 de setembro;

*b)* «Auditoria», avaliação, a posteriori, dos impactes ambientais do projeto, tendo por referência normas de qualidade ambiental, bem como as previsões, medidas de gestão e recomendações resultantes do procedimento de AIA;

*c)* «Autorização» ou «licença», decisão que confere ao proponente o direito a realizar o projeto;

*d)* «Avaliação de impacte ambiental» ou «AIA», instrumento de caráter preventivo da política de ambiente, sustentado:

*i)* Na elaboração de um estudo de impacte ambiental;

*ii)* Na realização de consultas públicas e de consultas a entidades competentes em razão da matéria;

*iii)* Na análise pelas autoridades competentes da informação apresentada no estudo e de eventual informação suplementar fornecida pelo proponente ou decorrente das consultas efetuadas; e

*iv)* Na conclusão fundamentada pela autoridade de avaliação de impacte ambiental sobre os efeitos significativos do projeto no ambiente, bem como a identificação e proposta de medidas que evitem, minimizem ou compensem esses efeitos, tendo em vista uma decisão sobre a viabilidade da execução de tais projetos e respetiva pós-avaliação;

*e)* «Consulta pública», forma de participação pública destinada à recolha de opiniões, sugestões e outros contributos do público interessado sobre cada projeto sujeito a AIA;

*f)* «Decisão de verificação de conformidade ambiental de projeto de execução», a decisão, expressa ou tácita, sobre a conformidade ambiental do projeto de execução com a declaração de impacte ambiental emitida, em fase de anteprojeto ou estudo prévio;

*g)* «Declaração de impacte ambiental» ou «DIA», decisão, expressa ou tácita, sobre a viabilidade ambiental de um projeto, em fase de estudo prévio ou anteprojeto ou projeto de execução;

*h)* «Definição do âmbito do estudo de impacte ambiental», fase preliminar e facultativa do procedimento de AIA, na qual a autoridade de AIA identifica, analisa e seleciona as vertentes ambientais significativas que podem ser afetadas por um projeto e sobre as quais o estudo de impacte ambiental deve incidir;

*i)* «Entidade acreditada», entidade reconhecida formalmente pelo organismo nacional de acreditação, nos termos previstos na lei, para realizar atividades que lhe são atribuídas no âmbito do presente decreto-lei;

*j)* «Estudo de impacte ambiental» ou «EIA», documento elaborado pelo proponente no âmbito do procedimento de AIA, que contém uma descrição sumária do projeto, a identificação e avaliação dos impactes prováveis, positivos e negativos, que a realização do projeto pode ter no ambiente, a evolução previsível da situação de facto sem a realização do projeto, as medidas de gestão ambiental destinadas a evitar, minimizar ou compensar os impactes negativos esperados e um resumo não técnico destas informações;

*k)* «Impacte ambiental», conjunto das alterações favoráveis e desfavoráveis produzidas no ambiente, sobre determinados fatores, num determinado período de tempo e numa determinada área, resultantes da realização de um projeto, comparadas com a situação que ocorreria, nesse período de tempo e nessa área, se esse projeto não viesse a ter lugar;

*l)* «Monitorização», processo de observação e recolha sistemática de dados sobre o estado do ambiente ou sobre os efeitos ambientais de determinado projeto e descrição periódica desses efeitos por meio de relatórios com o objetivo de permitir a avaliação da eficácia das medidas previstas na DIA e na decisão de verificação de conformidade ambiental do projeto de execução para evitar, minimizar ou compensar os impactes ambientais significativos decorrentes da execução do respetivo projeto;

*m)* «Participação pública», formalidade essencial do procedimento de AIA, que assegura a intervenção do público interessado no processo de decisão e que inclui a consulta pública;

*n)* «Pós-avaliação», procedimento desenvolvido após a DIA ou a decisão sobre a conformidade ambiental do projeto de execução, que visa avaliar a eficácia das medidas fixadas para evitar, minimizar ou compensar os impactes negativos e potenciar os efeitos positivos, se necessário, nas fases de construção, exploração e desativação, definindo, se necessário, a adoção de novas medidas;

*o)* «Projeto», a realização de obras de construção ou de outras instalações, obras ou intervenções no meio natural ou na paisagem, incluindo as intervenções destinadas à exploração de recursos naturais;

*p)* «Proponente», pessoa singular ou coletiva, pública ou privada, que apresenta um pedido de autorização ou de licenciamento de um projeto;

*q)* «Proposta de definição de âmbito do estudo de impacte ambiental» ou «PDA», documento elaborado pelo proponente no âmbito da fase de definição do âmbito do estudo de impacte ambiental, que contém uma descrição sumária do tipo, características e localização do projeto, e a identificação, análise e seleção das vertentes ambientais significativas que podem ser afetadas e sobre as quais o estudo de impacte ambiental deve incidir;

*r)* «Público», uma ou mais pessoas singulares, pessoas coletivas de direito público ou privado, bem como as suas associações, organizações representativas ou agrupamentos;

*s)* «Público interessado», os titulares de direitos subjetivos ou de interesses legalmente protegidos, no âmbito das decisões tomadas no procedimento administrativo de AIA, bem como o público afetado ou suscetível de ser afetado por essa decisão, designadamente as organizações não governamentais de ambiente (ONGA);

*t)* «Resumo não técnico» ou «RNT», documento que integra o EIA e o Relatório de Conformidade Ambiental do Projeto de Execução e que tem como objetivo servir de suporte à participação pública, descrevendo, de forma coerente e sintética, numa linguagem e com uma apresentação acessível à generalidade do público, as informações constantes dos mesmos;

*u)* «Relatório de Conformidade Ambiental do Projeto de Execução» ou «RECAPE», documento elaborado pelo proponente no âmbito da verificação da conformidade do projeto de execução com a DIA, que contém a descrição do projeto de execução, a análise do cumprimento dos critérios estabelecidos pela DIA emitida em fase de anteprojeto ou estudo prévio, a caracterização pormenorizada dos impactes ambientais considerados relevantes no âmbito do projeto de execução, a identificação e caracterização detalhada das medidas destinadas a evitar, minimizar ou compensar os impactes negativos esperados a adotar nas fases de construção, exploração e desativação, incluindo a descrição da forma de concretização das mesmas, e a apresentação dos programas de monitorização a implementar.

## ARTIGO 3.º
## Apreciação prévia e decisão de sujeição a AIA

1 – A decisão de sujeição a AIA dos projetos submetidos a uma análise caso a caso, nos termos previstos na subalínea iii) da alínea b) do n.º 3, nas subalíneas ii) e iii) da alínea b) e na alínea c) do n.º 4 e no n.º 5 do artigo 1.º, compete à entidade licenciadora ou competente para a autorização do projeto, que notifica o proponente da abertura de procedimento de avaliação de sujeição a AIA.

2 – *(Revogado.)*

3 – Para efeitos do pedido de apreciação prévia e decisão de sujeição a AIA, o proponente deve proceder à apresentação dos elementos identificados no anexo IV do presente decreto-lei e do qual faz parte integrante.

4 – Recebido o pedido e os elementos, a entidade licenciadora ou competente para a autorização de projeto ou a autoridade de AIA, conforme aplicável, procede à análise da suscetibilidade de o projeto provocar impactes significativos no ambiente, com base nos critérios estabelecidos no anexo III do presente decreto-lei, e emite decisão sobre a necessidade de sujeição a AIA, no prazo de 25 dias a contar da receção do pedido.

5 – Quando a entidade licenciadora ou competente para a autorização for simultaneamente proponente do projeto, deve pedir parecer obrigatório à autoridade de AIA.

6 – Excetuam-se do disposto no n.º 1 os projetos e as alterações ou ampliações de projetos que se localizem, parcial ou totalmente, em área sensível, cuja decisão compete à autoridade de AIA, a qual tem em consideração o resultado da consulta às entidades com competência na gestão da área classificada em causa.

7 – A ausência de decisão da autoridade de AIA no prazo previsto no n.º 4 determina a sujeição a AIA de projetos e de alterações ou ampliações de projetos que se localizem em áreas sensíveis.

8 – A decisão de abertura de procedimento administrativo para avaliação da sujeição a AIA é sempre notificada ao proponente, via entidade licenciadora, sem prejuízo do caso previsto no n.º 2 do artigo 14.º e no n.º 2 do artigo 20.º.

9 – Nos projetos de sondagem de pesquisa e ou prospeção de hidrocarbonetos, previstos nas alíneas b) e e) do n.º 2 do anexo II, com exceção dos que tenham fins meramente académicos ou não lucrativos, o procedimento de apreciação prévia definido no presente artigo compreende um período de consulta pública não inferior a 30 dias úteis, que se inicia até 10 dias após a receção, pela autoridade de AIA, da documentação referida no n.º 1, aplicando-se, com as devidas adaptações, o disposto nos artigos 29.º a 31.º.

10 – Nos casos previstos no número anterior, o prazo referido no n.º 4 inicia-se uma vez concluído o período de consulta pública.

11 – As decisões a que se referem os n.ºs 1 e 3 devem incluir, no mínimo, os seguintes elementos:

*a)* As principais razões que a fundamentam, tendo como referência os critérios relevantes enumerados no anexo III;

*b)* As características do projeto e/ou as medidas previstas para evitar ou prevenir o que, de outro modo, teria resultado em efeitos negativos significativos no ambiente, se aplicável, caso se conclua pela não necessidade de sujeição a AIA, as quais devem ser incluídas na licença a emitir pela entidade licenciadora ou competente para a autorização do projeto.

*Contém as alterações dos seguintes diplomas:*
*Retificado pelo/a Declaração de Retificação n.º 7-A/2023 – Diário da República n.º 42/2023, 2.º Suplemento, Série I, de 2023-02-28, produz efeitos a partir de 2023-02-11*

### ARTIGO 4.º
### Dispensa do procedimento de AIA

1 – Em circunstâncias excecionais e devidamente fundamentadas, o licenciamento ou a autorização de um projeto pode, por iniciativa do proponente e mediante despacho dos membros do Governo responsáveis pela área do ambiente e da tutela do projeto, ser concedido com dispensa, total ou parcial, do procedimento de AIA.

2 – Para efeitos do disposto no número anterior, o proponente apresenta à entidade competente para licenciar ou autorizar o projeto um requeri-

mento de dispensa do procedimento de AIA, devidamente fundamentado, do qual constem a descrição do projeto e a indicação dos principais efeitos no ambiente, bem como os elementos fixados em portaria do membro do Governo responsável pela área do ambiente, ouvidos os responsáveis pelas áreas de tutela dos projetos abrangidos pelo presente decreto-lei.

3 – No prazo de 10 dias a contar da data de entrega do requerimento, a entidade competente para licenciar ou autorizar o projeto pronuncia-se sobre o mesmo, remetendo o respetivo parecer à autoridade de AIA.

4 – A autoridade de AIA, no prazo de 20 dias contados da receção do requerimento, emite e remete ao membro do Governo responsável pela área do ambiente o seu parecer, o qual, sendo favorável à dispensa do procedimento de AIA, deve prever:

*a)* Medidas de minimização dos impactes ambientais considerados relevantes a serem impostas no licenciamento ou na autorização do projeto;

*b)* Necessidade de proceder a outra forma de avaliação ambiental, quando tal se justifique.

5 – Sempre que o projeto em causa possa vir a ter impactes significativos no ambiente de um ou mais Estados-Membros da União Europeia, o membro do Governo responsável pela área do ambiente deve promover a consulta destes sobre a dispensa do procedimento de AIA, remetendo uma descrição do projeto, acompanhada de quaisquer informações disponíveis sobre os seus eventuais impactes transfronteiriços.

6 – Na hipótese prevista no número anterior, o prazo para a emissão do parecer pela autoridade de AIA é de 65 dias e deve referir o resultado das consultas efetuadas.

7 – No prazo de 20 dias contados da receção do parecer da autoridade de AIA, o membro do Governo responsável pela área do ambiente e o membro do Governo responsável pela área da tutela decidem o pedido de dispensa do procedimento de AIA e, em caso de deferimento do pedido, determinam, se aplicável, as medidas que devem ser impostas no licenciamento ou na autorização do projeto com vista à minimização dos impactes ambientais considerados relevantes.

8 – Previamente à concessão do licenciamento ou a autorização do projeto, o membro do Governo responsável pela área do ambiente comunica à Comissão Europeia, bem como, na situação referida no n.º 5, ao Estado ou Estados potencialmente afetados a decisão de dispensa do procedimento

de AIA, acompanhada da sua fundamentação e do correspondente requerimento.

9 – O requerimento de dispensa do procedimento de AIA, a decisão e a respetiva fundamentação são colocados à disposição dos interessados nos termos previstos no presente decreto-lei para a publicitação da DIA.

10 – Quando haja lugar a outra forma de avaliação, nos termos da alínea b) do n.º 4, a autoridade de AIA coloca à disposição do público a informação recolhida através dessa avaliação.

11 – Perante a ausência de decisão de dispensa do procedimento de AIA, no prazo de 95 ou 50 dias contados da apresentação do requerimento, consoante haja ou não lugar a consulta de outros Estados-Membros da União Europeia, pode o requerente apresentar pedido de condenação à prática de ato devido, nos termos do disposto no Código de Processo nos Tribunais Administrativos.

## ARTIGO 5.º
## Objetivos da AIA

São objetivos da AIA:

*a)* Identificar, descrever e avaliar, de forma integrada, em função de cada caso particular, os possíveis impactes ambientais significativos, diretos e indiretos, de um projeto e das alternativas apresentadas, tendo em vista suportar a decisão sobre a respetiva viabilidade ambiental, e ponderando nomeadamente os seus efeitos sobre:

*i)* A população e a saúde humana;

*ii)* A biodiversidade, em especial no que respeita às espécies e habitats protegidos nos termos do Decreto-Lei n.º 140/99, de 24 de abril, na sua redação atual;

*iii)* O território, o solo, a água, o ar, o clima, incluindo as alterações climáticas;

*iv)* Os bens materiais, o património cultural, arquitetónico e arqueológico, e a paisagem;

*v)* A interação entre os fatores mencionados, incluindo os efeitos decorrentes da vulnerabilidade do projeto perante os riscos de acidentes graves ou de catástrofes que sejam relevantes para o projeto em causa;

*b)* Definir medidas destinadas a evitar, minimizar ou compensar tais impactes, auxiliando a adoção de decisões ambientalmente sustentáveis;

*c)* Instituir um processo de verificação, a posteriori, da eficácia das medidas adotadas, designadamente através da monitorização dos efeitos dos projetos avaliados;

*d)* Garantir a participação pública e a consulta dos interessados na formação de decisões que lhes digam respeito, privilegiando o diálogo e o consenso no desempenho da função administrativa.

## CAPÍTULO II
## Entidades intervenientes e competências

### ARTIGO 6.º
### Entidades intervenientes

No âmbito da aplicação do presente decreto-lei, intervêm as seguintes entidades:

*a)* Entidade licenciadora ou competente para a autorização do projeto;

*b)* Autoridade de AIA;

*c)* Comissão de avaliação (CA);

*d)* Autoridade nacional de AIA;

*e)* Conselho consultivo de AIA (CCAIA).

### ARTIGO 7.º
### Entidade licenciadora ou competente para a autorização

Compete à entidade que licencia ou autoriza o projeto:

*a)* Remeter à autoridade de AIA os elementos apresentados pelo proponente para efeitos dos procedimentos de AIA e de verificação da conformidade ambiental do projeto de execução com a DIA, quando esses elementos não sejam remetidos através da plataforma eletrónica da autoridade de AIA;

*b)* Remeter à autoridade de AIA o resultado da apreciação do cumprimento das condicionantes da DIA ou das condicionantes da decisão sobre a conformidade ambiental do projeto de execução, sempre que essa verificação lhe esteja atribuída;

*c)* Comunicar à autoridade de AIA e publicitar o conteúdo da decisão final tomada no âmbito do procedimento de licenciamento ou de autorização do projeto;

*d)* Decidir sobre a sujeição a AIA dos projetos abrangidos pelos n.ºs 3 a 5 do artigo 1.º e dela dar obrigatoriamente conhecimento à autoridade de AIA no prazo de cinco dias, designadamente quando a avaliação é feita com base numa análise caso a caso.

## ARTIGO 8.º
## Autoridade de AIA

1 – São autoridades de AIA:

*a)* A Agência Portuguesa do Ambiente, I. P. (APA, I. P.), caso:

*i)* O projeto a realizar esteja tipificado no anexo I, exceto no que se refere às instalações de pecuária intensiva previstas no ponto 23 e às pedreiras e aos projetos de extração de turfa incluídos no ponto 18;

*ii)* O projeto a realizar esteja tipificado nas alíneas a) a e) do ponto 2, com exceção das pedreiras incluídas nas alíneas a) e b) e dos projetos de extração de turfa incluídos na alínea a), nas alíneas a) a j) do ponto 3, e nas alíneas c) a n) do ponto 10, todas do anexo II;

*iii)* O projeto seja relativo a estabelecimento abrangido pelo regime de prevenção de acidentes graves;

*iv)* O projeto se situe em área sob jurisdição de duas ou mais comissões de coordenação e desenvolvimento regional (CCDR);

*v)* Se trate de um projeto localizado no espaço marítimo;

*b)* As CCDR nos restantes casos.

2 – A designação de autoridade de AIA nos termos do número anterior abrange as alterações e ampliações dos projetos referidos.

3 – Compete à autoridade de AIA:

*a)* Decidir sobre a sujeição a AIA dos projetos referidos na subalínea ii) da alínea b) do n.º 3 do artigo 1.º;

*b)* Emitir parecer sobre a sujeição a AIA dos projetos referidos na subalínea iii) da alínea b) do n.º 3, das alterações referidas nas subalíneas ii) e iii) da alínea b) e na alínea c) do n.º 4 e no n.º 5, todos do artigo 1.º;

*c)* Emitir parecer nos termos do n.º 3 do artigo 3.º;

*d)* Emitir parecer sobre o pedido de dispensa do procedimento de AIA;

*e)* Dirigir o procedimento de definição do âmbito do EIA e emitir a respetiva decisão;

*f)* Dirigir o procedimento de AIA;

*g)* Promover a constituição da CA;

*h)* Solicitar pareceres a entidades externas à CA, quando necessário, bem como a colaboração de técnicos especializados, quando se justifique, em função das características do projeto a avaliar e dos seus potenciais impactes ambientais significativos;

*i)* Promover a consulta pública e elaborar o respetivo relatório;

*j)* Proceder à publicitação dos documentos e informações nos termos do presente decreto-lei;

*k)* Emitir a DIA, com exceção dos projetos em que a autoridade de AIA é simultaneamente o proponente, caso em que a proposta de DIA é remetida ao membro do Governo responsável pela área do ambiente;

*l)* Dirigir o procedimento de verificação da conformidade ambiental do projeto de execução e emitir a respetiva decisão;

*m)* Dirigir o procedimento de pós-avaliação;

*n)* Cobrar ao proponente as taxas previstas no presente decreto-lei;

*o)* Enviar à autoridade nacional de AIA as decisões de dispensa de procedimento de AIA;

*p)* Remeter à autoridade nacional de AIA as informações e os documentos que integram os procedimentos de AIA e de verificação da conformidade ambiental do projeto de execução;

*q)* Promover, sempre que necessário, contactos com o proponente e entidades com responsabilidade em matérias relevantes para a AIA.

### ARTIGO 9.º
### Comissão de avaliação

1 – Compete à CA, assegurando a interdisciplinaridade em função da natureza do projeto a avaliar e dos seus potenciais impactes ambientais:

*a)* Emitir parecer técnico sobre a proposta de definição do âmbito (PDA) do EIA;

*b)* Proceder à verificação da conformidade e à apreciação técnica do EIA;

*c)* Emitir parecer técnico final do procedimento de AIA;

*d)* Emitir parecer técnico sobre a conformidade ambiental do projeto de execução com a respetiva DIA.

2 – A CA é presidida por um representante da autoridade de AIA e constituída por:

*a)* Dois representantes da autoridade de AIA para atender às matérias abrangidas pelas tipologias do projeto ou pela natureza dos seus impactes;

*b)* Um representante da entidade com competência em matéria de recursos hídricos sempre que o projeto possa afetar esses recursos e desde que não se encontre já representada nos termos da alínea anterior;

*c)* Um representante da entidade com competência em matéria de conservação da natureza sempre que o projeto possa afetar valores naturais classificados em legislação específica ou zonas definidas como sensíveis, nos termos da legislação aplicável às áreas protegidas ou à conservação de espécies ou habitats protegidos;

*d)* Um representante da entidade com competência em matéria de gestão do património arqueológico e arquitetónico, sempre que o projeto possa afetar valores patrimoniais ou se localize em zonas definidas como sensíveis, nos termos da legislação aplicável às áreas de proteção dos monumentos nacionais e dos imóveis de interesse público;

*e)* Um representante da entidade com competência em matéria de valores geológicos sempre que o projeto possa afetar esses mesmos valores;

*f)* Um representante da entidade competente em matéria de recursos marinhos, sempre que tratar de um projeto localizado no espaço marítimo, desde que não se encontre representado pela autoridade de AIA;

*g)* Um representante da CCDR ou das CCDR territorialmente competentes na área de localização do projeto a licenciar ou autorizar, desde que não se encontrem representadas enquanto autoridade de AIA;

*h)* Um representante da entidade licenciadora ou competente para a autorização do projeto, desde que não se encontre já representada nos termos das alíneas anteriores ou seja proponente do projeto em avaliação, podendo, neste último caso, proceder à designação de um perito independente especializado na área do projeto;

*i)* Um representante da entidade com competência em matéria de vigilância da saúde humana, sempre que o projeto possa afetar a mesma;

*j)* Um representante da entidade com competência em matéria de alterações climáticas, sempre que tal se revele necessário;

*k)* Entidades ou técnicos especializados que assegurem, quando necessário e a convite da autoridade de AIA, outras valências relevantes para a avaliação, incluindo para efeitos de análise dos riscos de acidentes graves e/ou de catástrofes.

3 – Por proposta da autoridade de AIA devidamente fundamentada, o membro do Governo responsável pela área do ambiente pode determinar que a presidência da CA seja assegurada por uma personalidade de reconhecido mérito na área do projeto a avaliar.

4 – O funcionamento da CA rege-se por regulamento próprio, a publicitar no sítio na Internet da autoridade de AIA e no balcão único eletrónico.

5 – Os pareceres setoriais emitidos pelas entidades representadas na CA são obrigatórios e devem ser remetidos à autoridade de AIA nos seguintes prazos:

*a)* No caso de definição do âmbito do EIA, até 10 dias antes do termo dos prazos fixados no n.º 7 do artigo 12.º;

*b)* No caso do procedimento de avaliação, até 30 dias antes do termo dos prazos fixados no n.º 2 do artigo 19.º;

*c)* No caso do procedimento de verificação da conformidade ambiental do projeto de execução, até 20 dias antes do termo do prazo fixado no n.º 7 do artigo 21.º.

6 – Os prazos previstos no número anterior podem ser prorrogados pela autoridade de AIA por uma única vez, mediante solicitação devidamente fundamentada por parte da entidade representada na CA e desde que tal não comprometa o cumprimento dos restantes prazos estabelecidos no presente decreto-lei.

7 – Em caso de falta de emissão de parecer no prazo aplicável de acordo com o disposto nos números anteriores, considera-se o parecer favorável.

## ARTIGO 9.º-A
## Peritos competentes

1 – O proponente deve assegurar que a PDA, o EIA e o RECAPE são elaborados por peritos competentes.

2 – Para efeitos do disposto no número anterior, entende-se por peritos competentes aqueles que cumpram os requisitos definidos por portaria do membro do Governo responsável pela área do ambiente, sob proposta do grupo de pontos focais das autoridades de AIA e ouvido o CCAIA.

## ARTIGO 10.º
## Autoridade nacional, grupo de pontos focais das autoridades de AIA e CCAIA

1 – A APA, I. P., exerce as funções de autoridade nacional de AIA, assegurando a coordenação e apoio técnico no âmbito do presente decreto-lei, competindo-lhe, nomeadamente:

*a)* Definir normas técnicas e orientações para uma aplicação harmonizada dos procedimentos previstos no presente decreto-lei, designadamente no que respeita à densificação dos critérios previstos no anexo III;

*b)* Elaborar e aprovar o regulamento de funcionamento da CA, publicitando-o no seu sítio na Internet e no balcão único eletrónico;

*c)* Decidir, em caso de divergência, sobre questões técnicas relativas à aplicação do presente decreto-lei, designadamente em resposta a solicitações do membro do Governo responsável pela área do ambiente, bem como emitir notas interpretativas;

*d)* Promover a realização de avaliações técnicas para efeitos de verificação da eficácia das medidas destinadas a evitar, minimizar ou compensar os impactes negativos e potenciar os efeitos positivos dos projetos sujeitos a AIA;

*e)* Constituir e coordenar o grupo de pontos focais das autoridades de AIA previsto no número seguinte;

*f)* Assegurar a preparação de relatórios nacionais e a troca de informações com a Comissão Europeia;

*g)* Ser o interlocutor com a Comissão Europeia e com outros Estados-Membros da União Europeia no âmbito do procedimento de consulta recíproca;

*h)* Organizar e manter atualizado um sistema de informação sobre a AIA e promover a total desmaterialização dos processos.

2 – Sob a coordenação da autoridade nacional de AIA, é criado um grupo de pontos focais, cuja composição é assegurada por representantes de todas as autoridades de AIA.

3 – Compete ao grupo de pontos focais das autoridades de AIA acompanhar a evolução das políticas e metodologias de AIA bem como preparar normas e documentos de orientação para uma aplicação harmonizada dos procedimentos adotados no âmbito do presente regime jurídico.

4 – É ainda criado, junto da autoridade nacional de AIA, um conselho consultivo de AIA (CCAIA), com representantes nomeados pelos membros do Governo responsáveis pelas áreas do ambiente e pelas áreas de tutela dos

projetos abrangidos pelo presente decreto-lei, bem como por representantes das associações ou confederações representativas dos setores de atividade em causa, das autarquias locais e das organizações não governamentais.

5 – Compete ao CCAIA acompanhar genericamente a aplicação do presente regime jurídico, elaborar recomendações tendo em vista a melhoria da eficácia e eficiência do processo de AIA e pronunciar-se, quando solicitado pela autoridade nacional de AIA ou pelo membro do Governo responsável pela área do ambiente, sobre as matérias que lhe sejam submetidas para apreciação.

6 – A composição e o funcionamento do CCAIA são definidos por portaria dos membros do Governo responsáveis pela área do ambiente e pelas áreas de tutela dos projetos abrangidos pelo presente decreto-lei.

### ARTIGO 11.º
### Articulação de procedimentos

1 – A tramitação do procedimento de AIA, incluindo a fase de verificação da conformidade ambiental do projeto de execução, é efetuada nos termos do Regime de Licenciamento Único de Ambiente, aprovado pelo Decreto-Lei n.º 75/2015, de 11 de maio.

2 – *(Revogado.)*

3 – *(Revogado.)*

## CAPÍTULO III
## Fases da AIA

### SECÇÃO I
### Definição do âmbito do EIA

### ARTIGO 12.º
### Definição do âmbito do EIA

1 – O proponente pode apresentar à autoridade de AIA, previamente ao início do procedimento de AIA, uma PDA do EIA.

2 – A PDA do EIA, acompanhada de uma declaração de intenção de realizar o projeto, contém uma descrição sumária do tipo, características e

localização do mesmo, devendo observar as normas técnicas fixadas em portaria do membro do Governo responsável pela área do ambiente, ouvidos os responsáveis pelas áreas de tutela dos projetos abrangidos pelo presente decreto-lei.

3 – Recebidos os documentos, a autoridade de AIA, no prazo máximo de cinco dias:

*a)* Promove a constituição da CA, à qual submete a PDA do EIA para análise e emissão do parecer técnico;

*b)* Se necessário, solicita parecer a entidades externas cujas competências o justifiquem ou que detenham conhecimento técnico relevante.

4 – Os pareceres a que se refere a alínea b) do número anterior devem ser emitidos no prazo de 15 dias.

5 – Por iniciativa do proponente ou mediante decisão da autoridade de AIA, a PDA do EIA pode ser objeto de consulta pública, nos termos previstos no presente decreto-lei, que decorre por um período de 15 dias.

6 – A autoridade de AIA apresenta à CA o relatório de consulta pública nos cinco dias subsequentes à sua conclusão.

7 – No prazo de 30 dias a contar da receção da PDA do EIA ou, na situação prevista no número anterior, no prazo de 40 dias, a CA emite parecer sobre a proposta apresentada, atendendo aos pareceres recolhidos e demais elementos constantes do processo.

8 – A autoridade de AIA, com base no parecer da CA, emite decisão sobre os aspetos que devem ser integrados no EIA, comunicando a mesma ao proponente no prazo de cinco dias após o termo dos prazos referidos no número anterior.

9 – A ausência de decisão sobre os aspetos que devem ser integrados no EIA no prazo de 45 ou 35 dias contados da receção da PDA do EIA, consoante haja ou não consulta pública, determina a definição do âmbito do EIA nos termos da proposta apresentada pelo proponente.

10 – A definição do âmbito do EIA vincula o proponente, a autoridade de AIA e as entidades externas consultadas quanto ao conteúdo do EIA, pelo período de dois anos, salvo quando se verifiquem, durante este período, alterações circunstanciais de facto e de direito que manifesta e substancialmente contrariem a decisão.

## SECÇÃO II
## Procedimento de avaliação

### ARTIGO 13.º
### Conteúdo do EIA

1 – O EIA deve conter as informações necessárias em função das características do estudo prévio, anteprojeto ou projeto de execução em causa, atendendo aos conhecimentos e métodos de avaliação existentes, devendo incluir os elementos fixados no anexo V do presente decreto-lei e do qual faz parte integrante, e observar as normas técnicas constantes de portaria aprovada pelo membro do Governo responsável pela área do ambiente, ouvidos os responsáveis pelas áreas de tutela dos projetos abrangidos pelo presente decreto-lei.

2 – O EIA deve, ainda, incluir as diretrizes da monitorização, identificando os parâmetros ambientais a avaliar, as fases do projeto nas quais vai ter lugar e a sua duração, bem como a periodicidade prevista para a apresentação dos relatórios de monitorização à autoridade de AIA.

3 – A informação que deva constar do EIA e que esteja abrangida pelo segredo industrial ou comercial, incluindo a propriedade intelectual, ou que seja relevante para a proteção da segurança nacional ou da conservação do património natural e cultural é inscrita em documento separado e tratada de acordo com a legislação aplicável.

4 – Todos os órgãos e serviços da Administração Pública que detenham informação relevante para a elaboração do EIA e cujo conteúdo e apresentação permita a sua disponibilização pública devem facultar a consulta dessa informação e a sua utilização pelo proponente sempre que solicitados para o efeito.

### ARTIGO 14.º
### Instrução e apreciação prévia do EIA

1 – O proponente apresenta o EIA, acompanhado do respetivo estudo prévio, anteprojeto ou projeto de execução, conforme aplicável, através de uma plataforma eletrónica da entidade licenciadora ou competente para a autorização do projeto ou da autoridade de AIA.

2 – Caso a entidade licenciadora ou competente para autorização do projeto não disponha de plataforma eletrónica ou o projeto em causa não esteja

sujeito a procedimento de licenciamento ou autorização, o proponente deve submeter o EIA, acompanhado do respetivo estudo prévio, anteprojeto ou projeto de execução, conforme aplicável, à autoridade de AIA, através da plataforma do Sistema Integrado de Licenciamento de Ambiente (SILiAmb), a qual comunica o EIA, no prazo de um dia, acompanhado do respetivo estudo prévio, anteprojeto ou projeto de execução, conforme aplicável, à entidade licenciadora ou competente para autorização do projeto.

3 – A falta de elementos instrutórios obrigatórios, que não sejam passíveis de obter oficiosamente, nos termos do anexo V do presente decreto-lei, constitui fundamento de rejeição liminar do pedido e consequente extinção do procedimento, a comunicar ao proponente, caso este não aperfeiçoe o pedido no prazo fixado para o efeito.

4 – No prazo máximo de três dias a contar da receção de todos os elementos instrutórios nos termos do número anterior, a autoridade de AIA remete-os, em simultâneo, às entidades a que se refere o n.º 2 do artigo 9.º, solicitando-lhes a nomeação de representantes para a constituição da CA.

5 – As entidades referidas no número anterior devem indicar, no prazo de três dias, o respetivo representante, considerando-se a CA constituída no termo deste prazo, sem prejuízo de os representantes indicados posteriormente integrarem a CA quando a designação ocorra.

6 – No âmbito da apreciação prévia do EIA, a autoridade de AIA convida o proponente a efetuar a apresentação do projeto e respetivo EIA à CA, imediatamente após a respetiva constituição.

7 – A CA procede à apreciação prévia do EIA, pronunciando-se sobre a sua conformidade, no prazo de 30 dias contados da data da constituição da CA.

8 – No caso de projetos sujeitos ao regime de acesso e exercício de atividade industrial, o prazo previsto no número anterior é de 20 dias.

9 – Para efeitos da verificação da conformidade do EIA, a autoridade de AIA, sob proposta da CA, pode solicitar ao proponente, por uma única vez, a reformulação do RNT ou elementos adicionais sobre os elementos instrutórios referidos no anexo V do presente decreto-lei que sejam diretamente relevantes para formar a sua conclusão fundamentada sobre os efeitos significativos do projeto no ambiente.

10 – A reformulação do RNT e os elementos referidos no número anterior são apresentados em prazo fixado para o efeito, nunca inferior a 10 dias, sob pena de o procedimento não prosseguir.

11 – Com base na apreciação da CA, a autoridade de AIA emite decisão sobre a conformidade do EIA, a qual, em caso de desconformidade, deve ser devidamente fundamentada indicando as normas legais ou regulamentares em causa, e determina o indeferimento liminar do pedido de avaliação e a consequente extinção do procedimento.

12 – Caso o EIA seja conforme, a CA prossegue com a sua apreciação técnica, podendo a autoridade de AIA solicitar parecer a entidades externas cujas competências o justifiquem ou que detenham conhecimento técnico relevante, as quais devem pronunciar-se no prazo de 20 dias.

13 – A análise da conformidade do EIA pode ser efetuada por entidade acreditada para o efeito, nos termos a definir por portaria dos membros do Governo responsáveis pelas áreas do ambiente e das tutelas dos projetos, devendo nesse caso o respetivo comprovativo de conformidade instruir o EIA, seguindo-se a apreciação técnica da CA referida no número anterior.

## ARTIGO 15.º
## Participação pública

1 – Após a emissão da decisão de conformidade do EIA prevista no artigo anterior, a autoridade de AIA promove, no prazo de 5 dias, a publicitação e a divulgação do procedimento de AIA nos termos dos artigos 28.º a 31.º, dando início à consulta pública, que decorre por um período de 30 dias.

2 – No prazo de sete dias após a conclusão do período de consulta pública, a autoridade de AIA envia à CA o relatório da consulta pública.

## ARTIGO 16.º
## Parecer final e emissão da DIA

1 – A CA, tendo em conta os pareceres técnicos recebidos, a apreciação técnica do EIA, o relatório da consulta pública e outros elementos de relevante interesse constantes do processo, elabora o parecer técnico final do procedimento de AIA e remete-o à autoridade de AIA, para preparação da proposta de DIA, até 15 dias antes do termo dos prazos fixados no n.º 2 do artigo 19.º.

2 – Face ao parecer da CA, a autoridade de AIA deve ponderar, em articulação com o proponente, a eventual necessidade de modificação do projeto para evitar ou reduzir efeitos significativos no ambiente, assim como

a necessidade de prever medidas adicionais de minimização ou compensação ambiental.

3 – Nos casos em que se verifique o disposto no número anterior, o procedimento interrompe-se por prazo não superior a seis meses para que o proponente possa apresentar os elementos reformulados do projeto.

4 – A suspensão do procedimento cessa com a entrega à autoridade de AIA dos elementos reformulados pelo proponente.

5 – A natureza ou conteúdo dos elementos podem dar lugar a nova recolha de pareceres, a nova pronúncia da CA, bem como à repetição de formalidades essenciais, nomeadamente da consulta pública, reduzindo-se o prazo desta última para 10 dias.

6 – A DIA é emitida pela autoridade de AIA no prazo de 50 dias contados da data em que cessa o prazo estabelecido nos termos do n.º 3, ou da data em que o proponente apresente os elementos reformulados do projeto, se esta ocorrer antes.

7 – *(Revogado.)*

8 – *(Revogado.)*

### ARTIGO 17.º
### Audiência prévia e diligências complementares

1 – A proposta de DIA é notificada ao proponente para efeitos de audiência prévia, nos termos e com os efeitos previstos no artigo 100.º e seguintes do Código do Procedimento Administrativo (CPA).

2 – *(Revogado.)*

## SECÇÃO III
## Declaração de impacte ambiental

### ARTIGO 18.º
### Conteúdo

1 – A DIA pode ser favorável, favorável condicionada ou desfavorável, com fundamento na avaliação ponderada dos impactes ambientais, positivos e negativos, associados às várias fases de desenvolvimento do projeto, tendo por referência os objetivos da AIA estabelecidos no artigo 5.º.

2 – A DIA desfavorável extingue o respetivo procedimento de AIA.

3 – Por portaria do membro do Governo responsável pela área do ambiente, ouvidos os responsáveis pelas áreas de tutela dos projetos abrangidos pelo presente decreto-lei, é adotado um modelo de DIA, que inclui, no mínimo, os seguintes elementos:

*a)* Identificação do projeto;

*b)* Resumo do conteúdo do procedimento, incluindo dos pareceres apresentados pelas entidades externas consultadas;

*c)* Resumo do resultado da consulta pública e da forma como a mesma foi tida em conta na decisão;

*d)* Razões de facto e de direito que justificam a decisão, incluindo, no caso de a DIA ser favorável condicionada, a fundamentação das condições a adotar, nos termos dos n.ºs 4 a 7;

*e) (Revogada.)*

*f)* Informação das entidades legalmente competentes sobre a conformidade do projeto com os instrumentos de gestão territorial, as servidões e restrições de utilidade pública e de outros instrumentos relevantes; e

*g)* Caso a DIA seja favorável condicionada, o tipo de condições a adotar ao longo das várias fases de desenvolvimento do projeto, nos termos dos n.ºs 4 a 7.

4 – Quando a DIA é favorável condicionada, esta fixa as condições a adotar ao longo das várias fases de desenvolvimento do projeto, que podem incluir, conforme aplicável, as condicionantes à realização do projeto, os elementos a apresentar, as medidas de minimização e de compensação dos impactes ambientais negativos, bem como de potenciação dos impactes positivos, ou os programas de monitorização a adotar.

5 – As condições fixadas nos termos do número anterior devem ser fundamentadas, de forma inequívoca, com razões de facto e de direito, incluindo no que diz respeito à relação das mesmas com os impactes ambientais perspetivados, e devem ser proporcionais à natureza, localização e dimensão do projeto, à significância dos seus impactes ambientais e apresentar o detalhe adequado à fase em que o projeto é sujeito a AIA.

6 – A DIA favorável condicionada apenas pode estabelecer a necessidade de apresentação ou demonstração do cumprimento de condições previamente ao licenciamento ou autorização do projeto, quando estas digam respeito a situações que podem ter implicações ao nível do desenho final do projeto de execução a licenciar ou autorizar.

7 – A DIA favorável condicionada apenas pode estabelecer a necessidade de apresentação ou demonstração do cumprimento de condições previamente ao início da fase de construção, caso se verifique que essas mesmas condições são necessárias à minimização, compensação, potenciação ou monitorização de impactes durante a fase de construção.

8 – Quando as condicionantes estabelecidas na DIA consistam na obtenção de pareceres ou autorizações previstas em legislação ou regulamentação setorial, estes devem ser emitidos no prazo legal ou regulamentarmente estabelecido, findo o qual são aplicáveis as consequências legalmente previstas, nomeadamente o seu deferimento tácito.

9 – A DIA determina a entidade competente para a verificação do cumprimento das condicionantes nela previstas, a qual pode ser a autoridade de AIA ou a entidade licenciadora ou competente para a autorização do projeto.

10 – Nos casos em que a única objeção à emissão de decisão favorável seja a desconformidade ou incompatibilidade do projeto com planos ou programas territoriais, a autoridade de AIA emite uma DIA favorável condicionada à utilização dos procedimentos de dinâmica previstos no regime jurídico dos instrumentos de gestão territorial.

*Contém as alterações dos seguintes diplomas:*

*Retificado pelo/a Declaração de Retificação n.º 12-B/2023 – Diário da República n.º 70/2023, 1.º Suplemento, Série I, de 2023-04-10, produz efeitos a partir de 2023-02-11*

*Retificado pelo/a Declaração de Retificação n.º 7-A/2023 – Diário da República n.º 42/2023, 2.º Suplemento, Série I, de 2023-02-28, produz efeitos a partir de 2023-02-11*

### ARTIGO 19.º
### Competência e prazos

1 – A DIA é emitida pela autoridade de AIA e notificada à entidade licenciadora ou competente para a autorização do projeto e ao respetivo proponente, salvo quanto a projetos em que a autoridade de AIA é simultaneamente proponente, caso em que é emitida pelo membro do Governo responsável pela área do ambiente.

2 – A DIA é emitida nos seguintes prazos, contados da data da submissão do pedido através da plataforma eletrónica a que se refere o n.º 1 do artigo 14.º, sob pena de deferimento tácito:

*a)* 150 dias;

*b)* No caso de projetos sujeitos ao regime de acesso e exercício de atividade industrial e projetos de potencial interesse nacional, no prazo de 90 dias;

*c)* Quando haja lugar à intervenção da entidade acreditada para verificação da conformidade do EIA, nos termos do n.º 13 do artigo 14.º, no prazo de 70 dias.

3 – *(Revogado.)*

4 – No caso de deferimento tácito, a decisão da entidade licenciadora ou competente para a autorização do projeto indica as razões de facto e de direito que justificaram a sua decisão, tendo em consideração o EIA apresentado pelo proponente, bem como os elementos referidos no n.º 1 do artigo 16.º, quando disponíveis.

5 – Quando tenham sido solicitados elementos ou informações adicionais, a contagem dos prazos previstos no presente artigo só se suspende a partir do sétimo dia após a sua receção pelo proponente sem que este o cumpra.

6 – Os prazos previstos no presente artigo não se aplicam caso haja lugar ao procedimento de consulta recíproca previsto no presente decreto-lei.

7 – Os prazos previstos no presente artigo não prejudicam a aplicação de prazos reduzidos definidos em cronograma de projeto de potencial interesse nacional, nos termos da lei.

8 – Nos casos previstos na parte final do n.º 1, a autoridade de AIA remete ao membro do Governo responsável pela área do ambiente a proposta de DIA até 10 dias antes do termo dos prazos fixados no presente artigo.

*Contém as alterações dos seguintes diplomas:*

*Retificado pelo/a Declaração de Retificação n.º 7-A/2023 – Diário da República n.º 42/2023, 2.º Suplemento, Série I, de 2023-02-28, produz efeitos a partir de 2023-02-11*

## SECÇÃO IV
## Procedimento de verificação da conformidade ambiental do projeto de execução

### ARTIGO 20.º
### Relatório e parecer de conformidade ambiental do projeto de execução

1 – O projeto de execução está sujeito à verificação de conformidade ambiental com a DIA sempre que o procedimento de AIA ocorra em fase de estudo prévio ou de anteprojeto.

2 – Para efeitos do disposto no número anterior, o proponente apresenta o projeto de execução, acompanhado do RECAPE:

*a)* Através de uma plataforma eletrónica da entidade licenciadora ou competente para a autorização do projeto; ou

*b)* Caso a entidade licenciadora ou competente para autorização do projeto não disponha de plataforma eletrónica ou o projeto em causa não esteja sujeito a procedimento de licenciamento ou autorização, o proponente deve submeter o RECAPE através da plataforma SILiAmb, a qual comunica o RECAPE, no prazo de um dia, à entidade licenciadora ou competente para autorização do projeto.

3 – Excetuam-se do disposto no número anterior os projetos para os quais não se encontram definidos procedimentos de licenciamento ou autorização, caso em que o proponente apresenta a documentação diretamente na autoridade de AIA.

4 – O procedimento de verificação da conformidade ambiental do projeto de execução inicia-se com a receção, pela autoridade de AIA, da documentação necessária à sua correta instrução, constituindo a falta de algum dos elementos previstos no n.º 2 fundamento de rejeição liminar do pedido, a qual é comunicada ao proponente e à entidade licenciadora ou competente para a autorização do projeto.

5 – Recebida a documentação referida no n.º 2, a autoridade de AIA remete-a à CA ou às entidades representadas na CA conforme as especificidades do RECAPE e do projeto de execução assim o justifiquem.

6 – A autoridade de AIA promove ainda a consulta pública, nos termos do presente decreto-lei, por um período de 15 dias.

7 – No prazo de sete dias após o termo do período da consulta pública, a autoridade de AIA elabora e disponibiliza o relatório da consulta pública.

8 – A autoridade de AIA ou a CA, considerando o previsto no n.º 5, e tendo em conta a análise técnica do RECAPE, do relatório da consulta pública e de outros elementos relevantes constantes do processo, elabora o parecer técnico final sobre a conformidade ambiental do projeto de execução e, quando essa tarefa recaia sobre a CA, remete-o à autoridade de AIA até 10 dias antes do termo do prazo previsto no n.º 7 do artigo seguinte.

### ARTIGO 21.º

### Decisão sobre a conformidade ambiental do projeto de execução

1 – A decisão sobre a conformidade ambiental do projeto de execução é emitida pela autoridade de AIA, tendo em conta os pareceres técnicos emitidos e o relatório de consulta pública, a qual é notificada à entidade licenciadora ou competente para a autorização e ao proponente.

2 – Excetua-se do disposto no número anterior a decisão relativa a projetos para os quais a autoridade de AIA é simultaneamente proponente, a qual é emitida pelo membro do Governo responsável pela área do ambiente.

3 – À proposta de decisão sobre a conformidade ambiental do projeto de execução é aplicável o disposto no artigo 17.º, com as necessárias adaptações.

4 – A decisão de não conformidade ambiental do projeto de execução deve ser fundamentada e indicar expressamente as condições ambientais que o projeto de execução deve observar ou a necessidade da sua reformulação.

5 – A decisão de conformidade ambiental do projeto de execução deve definir as condições ambientais de aprovação do mesmo a adotar nas fases de construção, exploração e desativação do projeto, sendo-lhe aplicável com as necessárias adaptações o disposto no artigo 18.º.

6 – A decisão de conformidade ambiental do projeto de execução determina a entidade competente para a verificação do cumprimento das condições ambientais nela prevista, a qual pode ser a autoridade de AIA ou a entidade licenciadora ou competente para autorização do projeto.

7 – A decisão sobre a conformidade ambiental do projeto de execução é emitida no prazo de 50 dias, contados a partir da data de receção pela autoridade de AIA da documentação referida no n.º 2 do artigo anterior, sob pena de deferimento tácito.

8 – Nos casos previstos no n.º 2, a autoridade de AIA deve remeter ao membro do Governo responsável pela área do ambiente a proposta de decisão até cinco dias antes do termo do prazo fixado no número anterior.

9 – No caso de deferimento tácito, a decisão da entidade licenciadora ou competente para a autorização do projeto indica as razões de facto e de direito que justificam a decisão, tendo em consideração o RECAPE e o projeto de execução, bem como os elementos referidos no n.º 8 do artigo anterior, quando disponíveis.

## SECÇÃO V
## Natureza das decisões

### ARTIGO 22.º
### Natureza jurídica

1 – O ato de licenciamento ou de autorização de projetos abrangidos pelo presente decreto-lei só pode ser emitido:

*a)* Após a notificação da DIA, favorável ou favorável condicionada, no caso de projetos sujeitos a AIA em fase de projeto de execução, ou após o decurso do prazo previsto no n.º 2 do artigo 19.º sem que a decisão expressa seja notificada à entidade licenciadora ou competente para a autorização e ao proponente;

*b)* Após notificação da decisão favorável sobre a conformidade ambiental do projeto de execução, no caso de projetos sujeitos a AIA em fase de estudo prévio ou anteprojeto, ou após o decurso do prazo previsto no n.º 7 do artigo anterior sem que a decisão expressa seja notificada à entidade licenciadora ou competente para a autorização e ao proponente.

2 – O licenciamento ou a autorização do projeto deve indicar a exigência do cumprimento dos termos e condições fixados na DIA expressa ou na decisão expressa sobre a conformidade ambiental do projeto de execução.

3 – São nulos os atos praticados com desrespeito pelo disposto nos números anteriores.

### ARTIGO 23.º
### Caducidade

1 – A decisão da autoridade de AIA sobre o PDA do EIA caduca se, decorridos dois anos sobre a data da sua notificação ao proponente, este não der início ao procedimento de AIA, nos termos do artigo 14.º.

2 – A DIA em fase de projeto de execução caduca se, decorridos quatro anos sobre a data da sua emissão, o proponente não der início à execução do projeto.

3 – A DIA em fase de estudo prévio ou anteprojeto caduca se, decorridos quatro anos sobre a data da sua emissão, o proponente não tiver requerido a verificação da conformidade ambiental do projeto de execução, nos termos previstos no artigo 20.º.

4 – A decisão sobre a conformidade ambiental do projeto de execução caduca se, decorridos quatro anos sobre a data da sua emissão, o proponente não der início à execução do projeto.

5 – Verificando-se a necessidade de ultrapassar os prazos previstos no presente artigo, pode o proponente requerer a prorrogação da respetiva decisão, nos termos do disposto no artigo seguinte.

6 – A caducidade determina a extinção do procedimento e a necessidade de sujeição do projeto a novo procedimento de AIA, devendo a autoridade de AIA, a pedido do proponente, indicar os elementos constantes do processo anterior que podem ser utilizados no novo processo.

## ARTIGO 24.º
## Prorrogação da DIA e da decisão sobre a conformidade ambiental do projeto de execução

1 – O pedido de prorrogação da validade da DIA ou da validade da decisão sobre a conformidade ambiental do projeto de execução deve ser formulado junto da autoridade de AIA antes do termo do prazo de caducidade da DIA ou da decisão da conformidade ambiental do projeto de execução.

2 – O proponente deve instruir o pedido de prorrogação da DIA ou da decisão sobre a conformidade ambiental do projeto de execução, acompanhado da fundamentação da necessidade de prorrogação e de informação sobre a manutenção das condições essenciais que presidiram à emissão da decisão, designadamente no que se refere à situação do ambiente potencialmente afetado pelo projeto.

3 – A decisão de prorrogação do prazo de validade da DIA é proferida pela autoridade de AIA, no prazo máximo de 60 dias a contar da data do pedido, e comunicada à entidade licenciadora ou competente para a autorização e ao proponente.

4 – A decisão de prorrogação do prazo de validade da decisão sobre a conformidade ambiental do projeto de execução é proferida pela autoridade de AIA no prazo máximo de 50 dias a contar da data do pedido, e comunicada à entidade licenciadora ou competente para a autorização e ao proponente.

5 – A autoridade de AIA pode solicitar, por uma única vez, elementos adicionais necessários à análise do pedido de prorrogação referidos nos números anteriores.

6 – Terminado o prazo fixado para apresentação dos elementos mencionados no número anterior sem que os mesmos tenham sido apresentados ou sem que tenha sido solicitada a extensão do referido prazo, o pedido de prorrogação é dado sem efeito e o procedimento extinto.

7 – O pedido de prorrogação da DIA ou da decisão sobre a conformidade ambiental do projeto de execução só pode ser deferido por uma única vez e caso se mantenham válidas as condições que presidiram à emissão das mesmas, designadamente no que se refere à situação do ambiente potencialmente afetado pelo projeto.

8 – Caso não seja proferida decisão nos prazos referidos nos n.ºs 3 e 4, consideram-se os respetivos pedidos tacitamente deferidos.

## ARTIGO 25.º

### Alteração à DIA ou à decisão sobre a conformidade ambiental do projeto de execução

1 – As medidas de minimização e de compensação ou programas de monitorização de uma DIA, ou de decisão sobre a conformidade ambiental do projeto de execução, podem ser alteradas sempre que haja motivo fundamentado ou circunstâncias que o justifiquem.

2 – As alterações referidas no número anterior podem ocorrer por iniciativa da autoridade de AIA, uma vez auscultado o proponente sobre a sua viabilidade económica e técnica, ou por requerimento do proponente.

3 – A decisão sobre o pedido de alteração da DIA é proferida pela autoridade de AIA, ou pelo membro do Governo responsável pela área do ambiente nos casos previstos na parte final do n.º 1 do artigo 19.º, no prazo máximo de 45 dias a contar da data do pedido, e comunicada à entidade licenciadora ou competente para a autorização e ao proponente.

4 – A decisão sobre o pedido de alteração da decisão sobre a conformidade ambiental do projeto de execução é proferida pela autoridade de AIA no prazo máximo de 40 dias a contar da data do pedido, e comunicada à entidade licenciadora ou competente para a autorização e ao proponente.

5 – Os prazos referidos nos números anteriores suspendem-se sempre que o proponente não dê resposta aos elementos adicionais necessários à análise do pedido, solicitados por uma única vez, pela autoridade de AIA, no prazo que lhe for fixado.

6 – Terminado o prazo fixado para apresentação dos elementos mencionados no número anterior sem que os mesmos tenham sido apresentados ou sem que tenha sido solicitada prorrogação do referido prazo, o pedido de alteração é dado sem efeito e o processo arquivado.

7 – Caso não seja proferida a decisão nos prazos referidos nos n.ºs 3 e 4, consideram-se os respetivos pedidos tacitamente deferidos.

8 – Aos pedidos de alteração de DIA aplicam-se com as necessárias adaptações o procedimento e prazos previstos no presente decreto-lei.

## SECÇÃO VI
## Procedimento de pós-avaliação

### ARTIGO 26.º
### Pós-avaliação

1 – Compete à autoridade de AIA dirigir a pós-avaliação do projeto, com a participação das entidades cujas competências o justifiquem ou que detenham conhecimento técnico relevante, incluindo a entidade licenciadora ou competente para a autorização do projeto, podendo ainda recorrer a entidades ou especialistas externos, devendo para o efeito o proponente comunicar à autoridade de AIA as datas do início e do termo das fases de construção, de exploração e de desativação do projeto.

2 – O procedimento de pós-avaliação abrange as fases referidas no número anterior e inclui, designadamente:

*a)* A análise dos relatórios de monitorização e de outra documentação relevante para demonstração do cumprimento das condições fixadas na DIA ou na decisão sobre a conformidade ambiental do projeto de execução;

*b)* A realização de visitas ao local ou locais de implantação do projeto;

*c)* A realização de auditorias.

3 – Para efeitos do disposto na alínea a) do número anterior, compete ao proponente dar cumprimentos às condições fixadas na DIA ou na decisão sobre a conformidade ambiental do projeto de execução, incluindo assegurar a monitorização do projeto nos termos fixados nas referidas decisões, ou, na falta destes, de acordo com o EIA ou o RECAPE apresentados pelo proponente, ou com os elementos referidos no n.º 1 do artigo 16.º ou no n.º 8 do

artigo 20.º, e remeter à autoridade de AIA os respetivos relatórios ou outros documentos relevantes.

4 – A autoridade de AIA remete para apreciação às entidades cujas competências o justifiquem ou que detenham conhecimento técnico relevante os documentos referidos no número anterior.

5 – Caso a decisão sobre os elementos previstos no n.º 3 possa condicionar a construção, exploração ou desativação, a autoridade de AIA deve emitir pronúncia sobre os mesmos no prazo de 30 dias a contar da sua submissão pelo proponente.

6 – Para efeitos do disposto no número anterior, as entidades consultadas devem remeter à autoridade de AIA, no prazo máximo de 10 dias após solicitação da mesma, a respetiva apreciação.

7 – Caso a autoridade de AIA não se pronuncie no prazo referido no n.º 5, ocorre deferimento tácito.

8 – O proponente fica ainda obrigado a fornecer à autoridade de AIA os dados respeitantes ao projeto que no decorrer do procedimento de pós-avaliação lhe sejam solicitados, bem como a facilitar-lhe o acesso aos locais onde o projeto se desenvolve.

9 – Em casos excecionais e devidamente fundamentados, a autoridade de AIA pode estabelecer a adoção de medidas adicionais para minimizar ou compensar impactes negativos significativos não previstos ocorridos durante a construção, exploração ou desativação do projeto e verificados em sede de pós-avaliação, devendo fazê-lo em colaboração com a entidade licenciadora ou competente para a autorização e auscultado o proponente.

10 – No decurso do procedimento de pós-avaliação, o público interessado tem a faculdade de transmitir, por escrito, à autoridade de AIA quaisquer informações ou dados relevantes sobre os impactes ambientais causados pela execução do projeto.

## ARTIGO 27.º
## Auditoria

1 – Para efeitos do disposto na alínea c) do n.º 2 do artigo anterior, a autoridade de AIA solicita ao proponente a realização de auditorias para verificação da implementação das condições impostas pela DIA ou pela decisão da conformidade ambiental do projeto de execução.

2 – Para efeitos do número anterior, é realizada uma auditoria durante a fase de construção e outra três anos após o início da entrada em exploração, nos termos a definir pela autoridade de AIA.

3 – As auditorias referidas no número anterior são realizadas por verificadores qualificados pela APA, I. P., nos termos e condições estabelecidos em portaria a aprovar pelo membro do Governo responsável pela área do ambiente, ouvidos os responsáveis pelas áreas de tutela dos projetos abrangidos pelo presente decreto-lei.

## SECÇÃO VII
## Acesso à informação e participação pública

### ARTIGO 28.º
### Princípio geral

Os procedimentos de AIA, de verificação da conformidade ambiental do projeto de execução e de pós-avaliação são públicos, encontrando-se todos os seus elementos e peças processuais disponíveis na autoridade de AIA, com exceção dos abrangidos pelo segredo industrial ou comercial, incluindo a propriedade intelectual, ou que seja relevante para a proteção da segurança nacional ou da conservação do património natural e cultural.

### ARTIGO 29.º
### Consulta pública

1 – A consulta pública da proposta de definição de âmbito do EIA, do procedimento de AIA e do RECAPE é publicitada com os elementos constantes do anexo VI do presente decreto-lei, do qual faz parte integrante.

2 – O público interessado é titular do direito de participação no âmbito da consulta pública.

3 – Compete à autoridade de AIA decidir, em função da natureza e complexidade do projeto, dos seus impactes ambientais previsíveis, ou do grau de conflitualidade potencial da sua execução, a forma de concretização adequada da consulta pública que permita uma efetiva auscultação do público interessado.

4 – Os resultados da consulta pública devem constar de relatórios elaborados pela autoridade de AIA que contêm a descrição dos meios e formas

escolhidos para a publicitação do projeto e participação dos interessados, bem como a síntese das opiniões predominantemente expressas e a respetiva representatividade.

## ARTIGO 30.º
## Divulgação

1 – São de divulgação obrigatória no balcão único eletrónico, no prazo de cinco dias, os seguintes documentos:

*a)* A decisão sobre a sujeição a AIA nas análises caso a caso referidas no artigo 3.º;

*b)* A decisão de dispensa de procedimento de AIA;

*c)* A PDA, nos casos em que a mesma seja objeto de consulta pública;

*d)* A deliberação sobre a PDA;

*e)* O EIA e respetivo RNT;

*f)* A decisão de desconformidade do EIA;

*g)* Os relatórios da consulta pública;

*h)* Os pareceres emitidos e estudos realizados no âmbito do procedimento de AIA;

*i)* A DIA;

*j)* O RECAPE e respetivo RNT;

*l)* A decisão sobre a verificação da conformidade ambiental do projeto de execução;

*m)* A decisão proferida no âmbito do licenciamento ou da autorização;

*n)* Os relatórios da monitorização.

2 – A divulgação dos documentos referidos no número anterior cabe à autoridade de AIA, à exceção da publicitação do documento mencionado na alínea m) do número anterior, que é da responsabilidade da entidade licenciadora ou competente para a autorização do projeto.

3 – Sem prejuízo da obrigação de divulgação prevista nos números anteriores, após o termo dos procedimentos de definição de âmbito, de AIA e de verificação da conformidade ambiental do projeto de execução, os documentos estão disponíveis para consulta na autoridade de AIA ou na autoridade nacional de AIA.

4 – Após o termo dos respetivos procedimentos, os documentos referidos nas alíneas c) a e) e g) a j) do n.º 1 estão igualmente disponíveis para consulta nas CCDR e nas câmaras municipais da área de localização do projeto.

5 – Os documentos elaborados no decurso do procedimento de pós-avaliação encontram-se disponíveis para consulta na autoridade de AIA.

### ARTIGO 31.º
### Modalidades de divulgação

1 – A divulgação dos procedimentos de definição de âmbito, de AIA e de verificação da conformidade ambiental do projeto de execução é feita através de um anúncio no balcão único eletrónico e no sítio na Internet da autoridade de AIA contendo, pelo menos, os elementos referidos no anexo VI, sem prejuízo da divulgação por outros meios considerados adequados, pela autoridade de AIA, em função da natureza, dimensão ou localização do projeto.

2 – Durante o período de consulta pública previsto no n.º 5 do artigo 12.º, no artigo 15.º e no n.º 6 do artigo 20.º, a PDA, o EIA e o RECAPE devem estar disponíveis:

*a)* Na autoridade de AIA;

*b)* Na autoridade nacional de AIA;

*c)* Nas CCDR da área de localização do projeto;

*d)* Nas câmaras municipais da área de localização do projeto.

## CAPÍTULO IV
## Análise ambiental de corredores

### ARTIGO 31.º-A
### Objetivo e âmbito da análise ambiental de corredores

1 – O procedimento de análise ambiental de alternativas de corredores de infraestruturas lineares visa proceder à seleção de alternativas ambientalmente mais sustentáveis para o seu desenvolvimento.

2 – O procedimento previsto no número anterior pode ser utilizado nos seguintes casos:

*a)* Concessionários de serviços públicos essenciais de fornecimento de água, de transporte e distribuição de energia elétrica, de gás natural, gases de petróleo liquefeitos canalizados e gases de origem renovável;

*b)* Exploração e gestão de sistemas municipais de abastecimento público de água e de saneamento de águas residuais urbanas por entidades habilitadas, nos termos do Decreto-Lei n.º 90/2009, de 9 de abril;

*c)* Transporte público em corredor próprio;

*d)* Infraestruturas relativas a serviços públicos essenciais de comunicações eletrónicas.

3 – A decisão que define os corredores ambientalmente mais sustentáveis habilita o interessado a iniciar um procedimento de AIA na fase de projeto de execução.

4 – A realização do procedimento previsto no presente capítulo depende de iniciativa do operador e pode ser utilizado quando o projeto implique a realização de AIA ou avaliação de incidências ambientais.

### ARTIGO 31.º-B
### Entidades intervenientes

1 – Compete à APA, I. P., coordenar o procedimento de análise ambiental de corredores, com o envolvimento das entidades com competências ambientais ou territoriais relevantes.

2 – Para efeitos da análise ambiental de corredores, é constituída uma conferência procedimental deliberativa nos termos do CPA, pelas entidades que compõem a CA do projeto em causa nos termos do artigo 9.º, ficando deste modo dispensada a constituição da CA.

### ARTIGO 31.º-C
### Procedimento de análise ambiental de corredores

1 – As concessionárias ou entidades responsáveis pela prestação dos serviços previstos no n.º 2 do artigo 31.º-A podem submeter à APA, I. P., um estudo ambiental de alternativas de corredores (EAAC) para desenvolvimento de infraestruturas referidas no n.º 2 do artigo 31.º-A.

2 – O estudo previsto no número anterior pode incidir simultaneamente sobre múltiplas infraestruturas lineares.

3 – O EAAC deve conter as informações necessárias à análise e decisão sobre a alternativa de corredor ambientalmente mais sustentável, designa-

damente os elementos referidos no anexo VII do presente decreto-lei e do qual faz parte integrante.

4 – O pedido previsto no n.º 1 é submetido através do SILiAmb.

5 – No prazo máximo de três dias após a receção do EAAC, a APA, I. P., procede à constituição da conferência procedimental, remetendo-o às entidades que a integram.

6 – A conferência procedimental identifica, no prazo de 15 dias após a receção do EAAC, a necessidade de apresentação de elementos adicionais pelo interessado.

7 – Caso seja identificada a necessidade de apresentação de elementos adicionais, a APA, I. P., solicita os mesmos ao proponente, no prazo de dois dias a contar do prazo estabelecido no número anterior, por uma única vez e fixando um prazo para a sua entrega.

8 – Uma vez remetida a informação, a APA, I. P., promove a consulta pública do EAAC, no prazo de 3 dias a contar da receção dos elementos por um período máximo de 30 dias, salvo se tiver existido AAE, caso em que o período máximo é de 15 dias.

9 – No prazo máximo de 80 dias a contar da receção do EAAC, as entidades que integram a conferência procedimental remetem a sua pronúncia à APA, I. P., a qual deve conter, no mínimo:

*a)* Identificação de todos os corredores alternativos considerados viáveis e, de entre estes, identificação dos preferenciais;

*b)* Identificação de eventuais corredores a excluir;

*c)* Fundamentação das opções indicadas;

*d)* Identificação de orientações para a elaboração dos projetos de execução.

10 – Com base nas referidas pronúncias, a APA, I. P., elabora e apresenta uma proposta de decisão à conferência procedimental, a qual deve identificar todas as alternativas de corredores que se considerem sustentáveis, as quais são consideradas aprovadas.

11 – A decisão da conferência procedimental é notificada pela APA, I. P., ao proponente no prazo máximo de 100 dias a contar da data de receção do EAAC.

12 – O prazo previsto no n.º 9 é diminuído em 15 dias quando tiver existido AAE.

13 – Ocorre deferimento tácito caso a decisão da conferência procedimental não seja notificada no prazo referido no n.º 9, contado desde a data da submissão do pedido.

### ARTIGO 31.º-D
### Efeitos da decisão e articulação com os regimes de avaliação ambiental estratégica e avaliação de impacte ambiental

1 – A decisão da conferência procedimental vincula o proponente, a APA, I. P., e as entidades representadas na conferência procedimental no que respeita aos corredores de implantação de infraestruturas aprovados, pelo período de quatro anos a contar da data da sua notificação ao interessado.

2 – O EAAC apresentado de forma suficientemente detalhada em plano ou programa submetido a avaliação ambiental nos termos do Decreto-Lei n.º 232/2007, de 15 de junho, na sua redação atual, pode ser instruído com os elementos constantes do relatório ambiental, das consultas realizadas e da declaração ambiental que se mantenham válidos, desde que se mantenham os respetivos pressupostos de facto e de direito.

3 – As entidades que se tenham pronunciado na avaliação ambiental nos termos do Decreto-Lei n.º 232/2007, de 15 de junho, na sua redação atual, estão vinculadas ao sentido da sua pronúncia, salvo invocação da alteração dos fundamentos de facto ou de direito.

4 – Os projetos de infraestruturas previstos no n.º 2 do artigo 31.º-A a localizar em corredores aprovados na sequência do procedimento previsto no presente capítulo podem ser submetidos a procedimento de AIA, na fase de projeto de execução, desde que tal se verifique durante o prazo de validade da decisão da conferência procedimental.

5 – Nas situações previstas no número anterior, o proponente deve ter em conta a decisão da conferência procedimental no desenvolvimento dos projetos de execução e respetivos EIA.

### ARTIGO 31.º-E
### Prorrogação do prazo de validade da decisão

1 – Pode ser solicitada a prorrogação do prazo de validade da decisão da conferência procedimental.

2 – O pedido de prorrogação do prazo de validade da decisão só pode ser deferido caso se mantenham as condições que presidiram à emissão da mesma, designadamente no que se refere à situação do ambiente potencialmente afetado pelo corredor.

3 – O proponente deve instruir o pedido de prorrogação com:

*a)* Justificação da necessidade de prorrogação; e

*b)* Demonstração da manutenção das condições essenciais que presidiram à emissão da decisão, designadamente no que se refere à situação do ambiente potencialmente afetado pelo projeto.

4 – A decisão de prorrogação do prazo de validade da decisão é proferida pela APA, I. P., no prazo de 40 dias a contar da data do pedido.

5 – A APA, I. P., pode solicitar, por uma única vez, elementos adicionais necessários à análise do pedido de prorrogação referido nos números anteriores.

6 – Terminado o prazo fixado para apresentação dos elementos mencionados no número anterior sem que os mesmos tenham sido apresentados ou sem que tenha sido solicitada a extensão do referido prazo, o pedido de prorrogação é indeferido.

7 – Ocorre deferimento tácito caso a decisão da APA, I. P., não seja notificada no prazo referido no n.º 4.

## CAPÍTULO V
## Impactes transfronteiriços e interlocução com a Comissão Europeia

### ARTIGO 32.º
### Consulta recíproca

O Estado Português deve consultar o Estado ou Estados potencialmente afetados quanto aos efeitos ambientais de um projeto nos respetivos territórios e quanto às medidas previstas para evitar, minimizar ou compensar esses efeitos, bem como pronunciar-se quando, em idênticas circunstâncias, for consultado por outro Estado.

### ARTIGO 33.º
### Projetos com impactes em outros Estados-Membros da União Europeia

1 – Sempre que o projeto possa produzir um impacte ambiental significativo no território de outro ou outros Estados-Membros da União Europeia, a autoridade de AIA envia, através dos serviços competentes do Ministério dos Negócios Estrangeiros, às autoridades do Estado potencialmente afetado, o mais tardar até à publicitação do procedimento de AIA nos termos do artigo 15.º, pelo menos a seguinte informação:

*a)* A descrição do projeto acompanhada de toda a informação disponível, sobre os eventuais impactes transfronteiriços;

*b)* Informação sobre a natureza da decisão que pode ser tomada.

2 – O Estado-Membro potencialmente afetado pode declarar, no prazo de 30 dias, que deseja participar no procedimento de AIA.

3 – Na situação prevista no número anterior não há lugar a deferimento tácito nos termos previstos no presente decreto-lei.

4 – O disposto nos números anteriores é aplicável aos casos em que haja uma solicitação expressa de um Estado-Membro da União Europeia.

### ARTIGO 34.º
### Procedimento

1 – Sempre que as autoridades competentes do Estado-Membro potencialmente afetado por um projeto sujeito a procedimento de AIA manifestem formalmente a intenção de participar naquele procedimento, são enviados todos os elementos objeto de publicitação obrigatória nos termos do previsto nos artigos 15.º, 28.º e 29.º, acompanhados do projeto, do EIA e do resumo não técnico.

2 – Os resultados da participação pública prevista no Estado-Membro potencialmente afetado são tomados em consideração pela CA na elaboração do parecer final do procedimento de AIA.

3 – Concluído o procedimento, a APA, I. P., envia, através dos serviços competentes do Ministério dos Negócios Estrangeiros, às autoridades do Estado-Membro, a DIA e a decisão final sobre o licenciamento ou a autorização do projeto.

### ARTIGO 35.º
### Participação em procedimentos de AIA de outros Estados-Membros da União Europeia

1 – Sempre que o Estado Português receba informação de outro Estado-Membro sobre um projeto suscetível de produzir um impacte significativo no território nacional, a autoridade nacional de AIA desencadeia o procedimento de participação do público, divulgando a informação recebida ao público interessado e a todas as autoridades a quem o projeto possa interessar.

2 – Os resultados da participação prevista no número anterior são transmitidos aos órgãos competentes do Estado-Membro responsável pelo procedimento de AIA de modo a serem considerados na respetiva decisão final.

3 – A informação do Estado-Membro sobre a conclusão do procedimento é pública, encontra-se disponível na autoridade nacional de AIA e é divulgada através de meios eletrónicos sempre que possível.

## ARTIGO 36.º
## Intercâmbio de informação com a Comissão Europeia

1 – A autoridade nacional de AIA assegura o cumprimento, junto da Comissão Europeia e nos prazos estabelecidos na Diretiva AIA, das respetivas obrigações de comunicação, designadamente no que respeita à experiência adquirida na aplicação deste regime, incluindo informação relativa a:

*a)* Número de projetos, elencados nos anexos I e II, que foram objeto de AIA, nas fases de definição do âmbito do EIA, de avaliação e de verificação da conformidade ambiental do projeto de execução, incluindo os desenvolvidos com consulta recíproca;

*b)* Distribuição dos processos de AIA pelas tipologias de projeto previstas nos anexos I e II;

*c)* Número de projetos elencados no anexo II que foram objeto de uma apreciação prévia de sujeição a AIA, nos termos dos artigos 1.º e 3.º;

*d)* Duração média do processo de avaliação de impacte ambiental;

*e)* Estimativas gerais sobre o custo médio direto dos processos de AIA, incluindo o impacto da aplicação do presente regime jurídico às pequenas e médias empresas.

2 – Para efeitos do número anterior, as autoridades de AIA, as entidades licenciadoras ou outras entidades que se revelem relevantes no contexto do presente regime, enviam à autoridade nacional de AIA, no âmbito das respetivas competências, os elementos solicitados, necessários ao cumprimento das obrigações de comunicação.

3 – Sem prejuízo do número anterior, as autoridades de AIA devem manter atualizada a informação sobre os procedimentos em curso no âmbito da aplicação do presente regime, publicitada na plataforma disponível no sítio na Internet da autoridade nacional de AIA, de modo a permitir o cumprimento das obrigações de comunicação mencionadas no n.º 1.

# CAPÍTULO VI
# Fiscalização e sanções

## ARTIGO 37.º
## Tutela graciosa e contenciosa

1 – Qualquer interessado pode impugnar administrativamente, através de reclamação, recurso hierárquico ou recurso tutelar facultativos, nos termos do CPA, e contenciosamente, nos termos do Código de Processo nos Tribunais Administrativos, qualquer decisão, ato ou omissão ao disposto no presente decreto-lei.

2 – As entidades referidas no n.º 2 do artigo 31.º devem proceder à divulgação, através dos meios adequados, designadamente no seu sítio na Internet, das impugnações referidas no número anterior.

## ARTIGO 38.º
## Competências

1 – A fiscalização do cumprimento das disposições previstas no presente decreto-lei ou dele resultantes e o respetivo sancionamento são da competência da Inspeção-Geral da Agricultura, do Mar, do Ambiente e do Ordenamento do Território (IGAMAOT), sem prejuízo das competências de fiscalização próprias das entidades licenciadoras ou competentes para autorizar o projeto.

2 – Sempre que a autoridade de AIA ou qualquer outra entidade competente tome conhecimento de situações que indiciem a prática de uma contraordenação prevista no presente decreto-lei deve dar notícia à IGAMAOT e remeter-lhe toda a documentação de que disponha para efeito da instauração e instrução do processo de contraordenação e consequente decisão.

## ARTIGO 39.º
## Contraordenações

1 – Para efeitos de determinação da coima aplicável às contraordenações ambientais, nos termos do disposto no artigo 21.º da Lei n.º 50/2006, de 29 de agosto, na sua redação atual, que aprovou a lei-quadro das contraordenações ambientais, estas classificam-se em leves, graves e muito graves, correspondendo-lhes o montante das coimas previsto no artigo 22.º da referida lei.

2 – Constitui contraordenação ambiental muito grave:

*a)* A execução parcial ou total de projetos sujeitos a AIA nos termos dos n.ºs 3, 4 e 5 do artigo 1.º sem que tenha sido emitida a respetiva DIA;

*b)* A execução parcial ou total de projetos sujeitos a AIA nos termos dos n.ºs 3, 4 e 5 do artigo 1.º sem que tenha sido emitida, quando aplicável, a decisão sobre a conformidade ambiental do projeto de execução;

*c)* A execução parcial ou total de projetos sujeitos a AIA nos termos dos n.ºs 3, 4 e 5 do artigo 1.º cuja DIA tenha caducado nos termos previstos no artigo 23.º;

*d)* A execução parcial ou total de projetos sujeitos a AIA nos termos dos n.ºs 3, 4 e 5 do artigo 1.º cuja decisão sobre a conformidade ambiental do projeto de execução, quando aplicável, tenha caducado nos termos previstos no artigo 23.º.

3 – Constitui contraordenação ambiental grave:

*a)* O não cumprimento das medidas fixadas na decisão de dispensa de AIA, nos termos previstos no n.º 7 do artigo 4.º;

*b)* O não cumprimento do conteúdo fixado na DIA nos termos previstos no n.º 3 do artigo 18.º;

*c)* O não cumprimento das medidas fixadas nos termos do n.º 4 do artigo 18.º;

*d)* O não cumprimento das medidas fixadas na decisão sobre a conformidade ambiental do projeto de execução nos termos do n.º 5 do artigo 21.º;

*e)* O não cumprimento das medidas adicionais impostas pela autoridade de AIA nos termos do n.º 6 do artigo 26.º;

*f)* A não realização das auditorias impostas pela autoridade de AIA nos termos do n.º 1 do artigo 27.º.

4 – Constitui contraordenação ambiental leve:

*a)* A falta de remessa dos relatórios de monitorização ou outros documentos à autoridade de AIA nos termos previstos no n.º 3 do artigo 26.º;

*b)* A falta de remessa à autoridade de AIA dos dados do projeto solicitados nos termos do n.º 5 do artigo 26.º;

*c)* Qualquer impedimento ou obstáculo da responsabilidade do proponente ao acesso pela autoridade de AIA aos locais onde o projeto se desenvolve.

5 – A tentativa e a negligência são puníveis nos termos da Lei n.º 50/2006, de 29 de agosto, na sua redação atual.

6 – A condenação pela prática das contraordenações ambientais previstas nos n.ºs 1 e 2 pode ser objeto de publicidade, nos termos do disposto no artigo 38.º da Lei n.º 50/2006, de 29 de agosto, na sua redação atual, quando a medida concreta da coima aplicada ultrapasse metade do montante máximo da coima abstrata aplicável.

### ARTIGO 40.º
### Apreensão cautelar e sanções acessórias

A entidade competente para a aplicação da coima pode proceder a apreensões cautelares e aplicar as sanções acessórias que se mostrem adequadas, nos termos do disposto na Lei n.º 50/2006, de 29 de agosto, na sua redação atual.

### ARTIGO 41.º
### Reposição da situação anterior à infração

1 – Sem prejuízo do disposto no artigo anterior, o infrator está sempre obrigado à remoção das causas da infração e à reconstituição da situação anterior à prática da mesma.

2 – Quando o disposto no número anterior implique uma situação manifestamente desproporcionada, pode no lugar daquela reconstituição ser ponderada a possibilidade de impor ao infrator medidas de minimização e ou de compensação nos termos do artigo seguinte.

3 – Sempre que o dever de reposição da situação anterior não seja voluntariamente cumprido, os serviços competentes do ministério responsável pela área do ambiente atuam diretamente por conta do infrator, sendo as despesas cobradas coercivamente através do processo previsto para as execuções fiscais.

### ARTIGO 42.º
### Medidas compensatórias

Em caso de não ser possível ou considerada adequada pela autoridade de AIA a reposição das condições ambientais anteriores à infração, o infrator é obrigado a executar, segundo orientação expressa daquela entidade, as medidas ambientais necessárias para reduzir ou compensar os impactes provocados.

### ARTIGO 43.º
### Responsabilidade por danos ao ambiente

1 – Caso as medidas compensatórias referidas no artigo anterior não sejam executadas ou, sendo executadas, não eliminem integralmente os danos causados ao ambiente, o infrator fica constituído na obrigação de indemnizar o Estado.

2 – Na total impossibilidade de fixar o montante da indemnização por recurso à caracterização de alternativas à situação anteriormente existente, o tribunal fixa, com recurso a critérios de equidade, o montante da indemnização.

3 – Em caso de concurso de infratores, a responsabilidade é solidária.

4 – O pedido de indemnização é sempre deduzido perante os tribunais comuns.

5 – O disposto nos números anteriores não prejudica o exercício pelos particulares da pretensão indemnizatória nos termos da legislação aplicável.

### ARTIGO 44.º
### Destino das coimas

A afetação do produto das coimas resultante da aplicação das contraordenações ambientais previstas no artigo 39.º é feita nos termos dos artigos 70.º e 73.º da Lei n.º 50/2006, de 29 de agosto, na sua redação atual.

## CAPÍTULO VII
## Disposições finais

### ARTIGO 45.º
### Articulação com outros regimes

1 – *(Revogado.)*

2 – O EIA apresentado pelo proponente no âmbito de procedimento de avaliação de impacte ambiental de projeto previsto de forma suficientemente

detalhada em plano ou programa submetido a avaliação ambiental nos termos do Decreto-Lei n.º 232/2007, de 15 de junho, na sua redação atual, pode ser instruído com os elementos constantes do relatório ambiental, das consultas realizadas e da declaração ambiental que se mantenham válidos, desde que se mantenham os respetivos pressupostos de facto e de direito.

3 – Sempre que o projeto se encontre simultaneamente abrangido pelo presente regime e pelo Decreto-Lei n.º 140/99, de 24 de abril, na sua redação atual, a avaliação de incidências ambientais prevista no seu artigo 10.º é assegurada pelo procedimento de AIA nos termos do presente decreto-lei.

4 – Sempre que o projeto respeite a um estabelecimento abrangido pelo regime de prevenção de acidentes graves envolvendo substâncias perigosas, o procedimento de avaliação de compatibilidade de localização é integrado no procedimento de AIA, conforme o disposto no n.º 9 do artigo 9.º do Decreto-Lei n.º 150/2015, de 5 de agosto.

5 – Sempre que o projeto respeite a uma instalação abrangida pelo regime aplicável à prevenção e controlo integrados da poluição, a informação resultante do procedimento de AIA realizado ao abrigo do presente decreto-lei pode ser utilizada para efeito dos pedidos de licenciamento previstos no Decreto-Lei n.º 127/2013, de 30 de agosto, na sua redação atual, sem prejuízo do previsto neste regime em matéria de articulação com o procedimento de AIA.

6 – Sem prejuízo do disposto nos números anteriores, o proponente deve ter em conta, na informação a apresentar para efeitos de cumprimento das obrigações constantes do presente regime, e sempre que pertinente, os resultados disponíveis de outras avaliações de natureza ambiental.

7 – A avaliação ambiental nos termos do Decreto-Lei n.º 232/2007, de 15 de junho, na sua redação atual, dos parques ou polos de desenvolvimento industrial, zonas industriais e logísticas e plataformas logísticas, dispensa a necessidade de AIA e de análise caso a caso dos mesmos, ao abrigo do presente decreto-lei, sem prejuízo da eventual necessidade de AIA relativamente aos projetos específicos aí a instalar.

## ARTIGO 46.º
## Prazos

Os prazos previstos no presente decreto-lei contam-se nos termos previstos no CPA.

### ARTIGO 47.º
### Tramitação desmaterializada

1 – Excetuados os procedimentos de consulta entre Estados e os procedimentos contraordenacionais, os demais procedimentos e atos regulados pelo presente decreto-lei, nomeadamente os previstos nos artigos 15.º, 17.º e 29.º, são tramitados entre o proponente, o público interessado e as entidades competentes, em suporte informático e por meios eletrónicos, através do balcão único eletrónico, cumprindo os requisitos técnicos determinados pela autoridade de AIA.

2 – Quando, por motivos de indisponibilidade dos meios eletrónicos ou até à implementação do balcão único eletrónico, não for possível o cumprimento do disposto no número anterior, pode ser utilizado qualquer outro meio legalmente admissível.

3 – O balcão único eletrónico compreende as plataformas eletrónicas das entidades intervenientes no âmbito da aplicação do presente decreto-lei, necessárias à realização das formalidades nele previstas.

4 – As plataformas eletrónicas referidas no número anterior devem assegurar a interoperabilidade com o Portal do Cidadão e da Empresa e outros que venham a ser considerados úteis para a articulação de procedimentos permitindo a partilha de informação, nos termos da lei, por todas as entidades envolvidas, nomeadamente sobre o andamento dos procedimentos e as resoluções definitivas neles sejam tomadas.

5 – Os requisitos técnicos das plataformas eletrónicas referidas nos números anteriores são aprovados por portaria dos membros do Governo responsáveis pelas áreas da economia, do ambiente e da modernização administrativa.

6 – O acesso às plataformas eletrónicas pelas entidades intervenientes no âmbito da aplicação do presente decreto-lei deve ser contratualizado com outros organismos da administração, de forma a permitir que estes promovam diretamente alguns procedimentos previstos no presente decreto-lei e que acompanhem os processos que foram por si submetidos, assegurando também que sejam desencadeados alertas automáticos para todas as entidades envolvidas sempre que novos elementos sejam adicionados ao processo.

7 – O balcão único eletrónico deve produzir notificações automáticas para as entidades envolvidas, alertas sobre prazos e novos elementos adicionados ao processo, o preenchimento de formulários e sua instrução, o acesso a documentação de apoio sobre o regime legal aplicável e de caráter técnico

relevante no procedimento de avaliação de impacte ambiental, bem como o pagamento de taxas e adicionais previstos no presente decreto-lei.

8 – Sem prejuízo do disposto no número anterior, a PDA de EIA, o EIA, o RECAPE, os respetivos RNT, o projeto, são apresentados pelo proponente em suporte informático e por meios eletrónicos, cumprindo os requisitos técnicos determinados pela autoridade de AIA, com exceção do projeto que deve ser apresentado um exemplar completo em suporte papel.

9 – Os documentos a que se refere o número anterior são acompanhados de declaração que ateste a autenticidade das declarações prestadas, elaborada e assinada, sempre que possível eletronicamente com assinatura eletrónica qualificada através de cartão do cidadão, quer por parte dos intervenientes públicos quer pelo proponente ou pelo seu legal representante, quando se trate de pessoa coletiva.

10 – O número de exemplares a apresentar pelo proponente é fixado pela autoridade nacional de AIA e divulgado no seu sítio na Internet e no balcão único eletrónico.

## ARTIGO 48.º
## Regiões Autónomas

1 – O presente decreto-lei aplica-se às Regiões Autónomas dos Açores e da Madeira, sem prejuízo da sua adequação à especificidade regional, a introduzir através de decreto legislativo regional, cabendo a sua execução aos serviços competentes das respetivas administrações regionais.

2 – Os serviços e organismos das respetivas administrações regionais autónomas devem remeter à autoridade nacional de AIA a informação necessária ao cumprimento da obrigação de notificação à Comissão Europeia prevista no n.º 2 do artigo 2.º da Diretiva AIA.

3 – O produto das coimas aplicadas nas Regiões Autónomas constitui receita própria das mesmas.

## ARTIGO 49.º
## Taxas

1 – Os procedimentos de dispensa de AIA, de definição do âmbito de EIA, de AIA e de verificação da conformidade ambiental do projeto de execução e de qualificação de verificadores estão sujeitos a taxas destinadas a

custear os encargos administrativos que lhe são inerentes, cujo pagamento é prévio à prática dos atos.

2 – Nos casos em que há lugar a modificação de projeto ou a necessidade de prever medidas adicionais de minimização ou compensação apenas há lugar ao pagamento de um adicional à taxa.

3 – Os valores das taxas e adicionais a liquidação, cobrança, pagamento e afetação da respetiva receita são regulados por portaria do membro do Governo responsável pela área do ambiente e publicitados no balcão único eletrónico.

4 – O pagamento das taxas é efetuado por via eletrónica logo que estejam reunidas as condições necessárias para o efeito.

### ARTIGO 50.º
### Regime transitório

1 – Sem prejuízo do disposto nos n.ºs 2 e 3, o presente decreto-lei não se aplica aos procedimentos de definição do âmbito do EIA, de avaliação e de verificação da conformidade ambiental do projeto de execução com a DIA que se encontrem em curso à data da sua entrada em vigor.

2 – As regras de competência previstas nos artigos 19.º e 21.º são imediatamente aplicáveis aos procedimentos de AIA que se encontrem em curso à data da entrada em vigor do presente decreto-lei, bem como aos que já disponham de DIA emitida nessa data.

3 – As regras de competência previstas nos artigos 24.º, 25.º, 26.º e 27.º, bem como o disposto no artigo 23.º, são imediatamente aplicáveis aos projetos que já disponham, à data da entrada em vigor do presente decreto-lei, de DIA emitida, bem como aos procedimentos de avaliação que se encontrem em curso nessa data.

4 – Até à entrada em vigor das portarias previstas no presente decreto-lei, mantêm-se em vigor as Portarias n.ºs 330/2001, de 2 de abril, 123/2002, de 8 de fevereiro, e 1102/2007, de 7 de setembro, alterada pela Portaria n.º 1067/2009, de 18 de setembro.

### ARTIGO 51.º
### Norma revogatória

É revogado o Decreto-Lei n.º 69/2000, de 3 de maio, alterado pelo Decreto-Lei n.º 197/2005, de 8 de novembro.

### ARTIGO 52.º
### Entrada em vigor

O presente decreto-lei entra em vigor no dia seguinte ao da sua publicação.

## ANEXO I

[a que se refere a alínea a) do n.º 3 do artigo 1.º]

### Projetos abrangidos

1.a) Refinarias de petróleo bruto (excluindo as empresas que produzem unicamente lubrificantes a partir do petróleo bruto).

1.b) Instalações de gaseificação e de liquefação de pelo menos 500 t de carvão ou de xisto betuminoso por dia.

2.a) Centrais térmicas e outras instalações de combustão com uma potência calorífica de pelo menos 300 MW.

2.b) Centrais nucleares e outros reatores nucleares, incluindo o desmantelamento e a desativação dessas centrais nucleares ou dos reatores nucleares (excluindo as instalações de investigação para a produção e transformação de matérias cindíveis e férteis cuja potência máxima não ultrapasse a 1 kW de carga térmica contínua).

3 – Instalações de reprocessamento de combustíveis nucleares irradiados e instalações destinadas:

*a)* À produção ou enriquecimento de combustível nuclear;

*b)* Ao processamento de combustível nuclear irradiado ou resíduos altamente radioativos;

*c)* À eliminação final de combustível nuclear irradiado;

*d)* Exclusivamente à eliminação final de resíduos radioativos;

*e)* Exclusivamente à armazenagem (planeada para mais de 10 anos) de combustíveis nucleares irradiados ou outros resíduos radioativos, num local que não seja o local da produção.

4.a) Instalações integradas para a primeira fusão de gusa e aço.

4.b) Instalações para a produção de metais brutos não ferrosos a partir de minérios, de concentrados ou de matérias-primas secundárias por processos metalúrgicos, químicos ou eletrolíticos.

5 – Instalações destinadas à extração de amianto e para o processamento de amianto e de produtos que contenham amianto:

*a)* No caso de produtos de fibrocimento, com uma produção anual superior a 20 000 t de produto acabado;

*b)* No caso de material de atrito, com uma produção anual superior a 50 t de produtos acabados;

*c)* Para outras utilizações de amianto, utilizações de mais de 200 t/ano.

6 – Instalações químicas integradas, ou seja, as instalações para o fabrico de substâncias à escala industrial mediante a utilização de processos químicos de conversão, em que coexistam várias unidades funcionalmente ligadas entre si e que se destinem à produção dos seguintes produtos:

*a)* Produtos químicos orgânicos de base;

*b)* Produtos químicos inorgânicos de base;

*c)* Adubos (simples ou compostos) à base de fósforo, azoto ou potássio;

*d)* Produtos fitofarmacêuticos de base ou biocidas;

*e)* Produtos farmacêuticos de base que utilizem processos químicos ou biológicos;

*f)* Explosivos.

7.a) Construção de vias para o tráfego ferroviário de longo curso e aeroportos cuja pista de descolagem e de aterragem tenha um comprimento de pelo menos 2100 m; e

7.b) Construção de autoestradas e de estradas reservadas exclusivamente ao tráfego motorizado, com duas faixas de rodagem e quatro ou mais vias, e acessíveis apenas por nós de ligação (interseções desniveladas); e

7.c) Construção de estradas reservadas exclusivamente ao tráfego motorizado, com pelo menos 10 km de troço contínuo.

7.d) Alargamento de autoestradas, com pelo menos 10 km de troço contínuo.

7.e) Alargamento de estradas para duas faixas de rodagem e quatro ou mais vias, com pelo menos 10 km de troço contínuo.

8.a) Vias navegáveis interiores e portos para navegação interior que permitam o acesso a embarcações de tonelagem superior a 4000 GT ou a 1350 t.

8.b) Portos comerciais, cais para carga ou descarga com ligação a terra e portos exteriores (excluindo os cais para ferryboats) que possam receber embarcações de tonelagem superior a 4000 GT ou a 1350 t.

9 – Instalações destinadas à incineração (D10), valorização energética (R1), tratamento físico-químico (D9) ou aterro de resíduos perigosos (D1).

10 – Instalações destinadas à incineração (D10) ou tratamento físico-químico (D9) de resíduos não perigosos com capacidade superior a 100 t/dia.

11 – Sistemas de captação de águas subterrâneas ou de recarga artificial dos lençóis freáticos em que o volume anual de água captado ou de recarga seja equivalente ou superior a 10 milhões de metros cúbicos/ano.

12.a) Obras de transferência de recursos hídricos entre bacias hidrográficas sempre que esta transferência se destine a prevenir as carências de água e em que o volume de água transferido seja superior a 100 milhões de metros cúbicos/ /ano.

12.b) Todos os outros casos de obras de transferência de recursos hídricos entre bacias hidrográficas em que o caudal médio plurianual na bacia de captação exceda os 2000 milhões de metros cúbicos/ano e em que o volume de água transferido exceda 5% desse caudal.

Em qualquer dos casos excluem-se as transferências de água potável.

13 – Estações de tratamento de águas residuais de capacidade superior a 150 000 hab./eq.

14 – Extração de petróleo e gás natural para fins comerciais quando a quantidade extraída for superior a 500 t/dia, no caso do petróleo, e 500 000 m3/dia, no caso do gás.

15 – Barragens e outras instalações concebidas para retenção ou armazenagem permanente de água em que um novo volume ou um volume adicional de água retida ou armazenada seja superior a 10 milhões de metros cúbicos.

16 – Condutas com diâmetro superior a 800 mm e comprimento superior a 40 km, para transporte de:

*a)* Gás, petróleo ou produtos químicos;

*b)* Para o transporte de fluxos de dióxido de carbono ($CO_2$) para efeitos de armazenamento geológico, incluindo estações de bombagem associadas.

17 – Instalações industriais de:

*a)* Fabrico de pasta de papel a partir de madeira ou de outras substâncias fibrosas;

*b)* Fabrico de papel e cartão com uma capacidade de produção superior a 200 t/dia.

18 – Pedreiras e minas a céu aberto numa área superior a 25 ha ou extração de turfa numa área superior a 150 ha.

19 – Construção de linhas aéreas de transporte de eletricidade com uma tensão igual ou superior a 220 kV e cujo comprimento seja superior a 15 km.

20 – Instalações de armazenagem de petróleo, produtos petroquímicos ou produtos químicos com uma capacidade de pelo menos 200 000 t.

21 – Locais de armazenamento conformes com o regime jurídico relativo ao armazenamento geológico de dióxido de carbono.

22 – Instalações destinadas à captura para efeitos de armazenamento geológico de fluxos de $CO_2$ destinados aos locais de armazenamento abrangidos pelo presente anexo ou nas quais a captura anual total de $CO_2$ é igual ou superior a 1,5 Mt.

23 – Instalações para criação intensiva de aves de capoeira ou de suínos, com espaço para mais de:

*a)* 85 000 frangos;

*b)* 60 000 galinhas;

*c)* 3000 porcos de produção (+ 30 kg);

*d)* 900 porcas reprodutoras.

## ANEXO II

[a que se refere a alínea b) do n.º 3 do artigo 1.º]

**Projetos abrangidos**

(ver documento original)

*Contém as alterações dos seguintes diplomas:*

*Retificado pelo/a Declaração de Retificação n.º 7-A/2023 – Diário da República n.º 42/2023, 2.º Suplemento, Série I, de 2023-02-28, produz efeitos a partir de 2023-02-10*

## ANEXO III

[a que se referem as subalíneas ii) a iii) da alínea b) e a alínea c) do n.º 3 do artigo 1.º, o n.º 4 e a alínea a) do n.º 11 do artigo 3.º e a alínea a) do n.º 1 do artigo 10.º]

**Critérios de seleção**

1 – Características dos projetos – as características dos projetos devem ser consideradas especialmente em relação aos seguintes aspetos:

*a)* Dimensão e conceção do projeto;

*b)* Efeitos cumulativos relativamente a outros projetos existentes e/ou licenciados ou autorizados;

*c)* A utilização de recursos naturais, em particular o território, o solo, a água e a biodiversidade;

*d)* Produção de resíduos;

*e)* Poluição e incómodos causados;

*f)* Risco de acidentes graves e/ou de catástrofes, que sejam relevantes para o projeto em causa, incluindo os causados pelas alterações climáticas, em conformidade com os conhecimentos científicos;

*g)* Riscos para a saúde humana.

2 – Localização dos projetos – deve ser considerada a sensibilidade ambiental das zonas geográficas suscetíveis de serem afetadas pelos projetos, tendo nomeadamente em conta:

*a)* O território, tendo em conta os seus usos existentes e comprometidos e a afetação do uso do solo;

*b)* A riqueza relativa, a qualidade e a capacidade de regeneração dos recursos naturais da área de estudo (incluindo o solo e subsolo, o território, a água e a biodiversidade);

*c)* A capacidade de absorção do ambiente natural, com especial atenção para as seguintes zonas:

*i)* Zonas húmidas, zonas ribeirinhas, fozes de rios;

*ii)* Zonas costeiras e o meio marinho;

*iii)* (Revogada.)

*iv)* Zonas montanhosas e florestais;

*v)* Reservas e parques naturais;

*vi)* Zonas classificadas ou protegidas, zonas de proteção especial, nos termos da legislação;

*vii)* Zonas nas quais as normas de qualidade ambiental fixadas pela legislação nacional já foram ultrapassadas;

*viii)* Zonas de forte densidade demográfica;

*ix)* Paisagens e sítios importantes do ponto de vista histórico, cultural ou arqueológico.

3 – Características do impacte potencial – os potenciais impactes significativos dos projetos devem ser considerados em relação aos critérios definidos nos números anteriores, atendendo especialmente à:

*a)* Magnitude e extensão do impacte (área geográfica e dimensão da população suscetível de ser afetada);

*b)* Natureza do impacte;

*c)* Natureza transfronteiriça do impacte;

*d)* Intensidade e complexidade do impacte;

*e)* Probabilidade do impacte;

*f)* A ocorrência esperada, duração, frequência e reversibilidade do impacte;

*g)* Acumulação dos impactes com os de outros projetos existentes e/ou aprovados;

*h)* Possibilidade de redução do impacte de maneira eficaz.

## ANEXO IV

(a que se refere o n.º 3 do artigo 3.º)

### Elementos a fornecer pelo proponente

1 – Introdução:

*a)* Identificação do projeto, do proponente e do licenciador;
*b)* Contactos do proponente.

2 – Caracterização do projeto:

*a)* Objetivo do projeto;
*b)* Características físicas da totalidade do projeto – nomeadamente construções, configurações, infraestruturas e áreas ocupadas na fase de construção e exploração e, caso se justifique, dos trabalhos associados à fase de desativação, incluindo demolição;
*c)* Identificação do previsto nos instrumentos de gestão territorial aplicáveis (uso do solo e servidões ou restrições de utilidade pública);
*d)* Descrição dos projetos associados;
*e)* Descrição do processo – nomeadamente dimensão, capacidade, fluxos e entradas e saídas no sistema;
*f)* Acessos a criar ou alterar;
*g)* Calendarização das fases do projeto (construção, exploração e desativação);
*h)* Utilização de recursos naturais, em particular biodiversidade, território, solo, água, energia e outros, indicando a sua origem e quantificação, sempre que relevante;
*i)* Produção de efluentes, resíduos e emissões;
*j)* Risco de acidentes, atendendo sobretudo às substâncias ou tecnologias utilizadas;
*k)* Alternativas consideradas – principais razões da escolha efetuada, atendendo aos efeitos no ambiente;
*l)* Efeitos cumulativos relativamente a outros projetos.

3 – Descrição do local do projeto:

*a)* Localização e descrição geral da área do projeto e envolvente, com a indicação do local, freguesia, concelho, e das infraestruturas existentes;
*b)* Apresentação da planta de localização com implantação do projeto (escala – 1:25000);
*c)* Indicação das áreas sensíveis e da ocupação atual do solo e da conformidade do projeto com os instrumentos de gestão territorial;

*d)* Descrição dos elementos do ambiente suscetíveis de serem consideravelmente afetados pelo projeto proposto, nomeadamente a biodiversidade, o território, o solo, a água, o ar, o clima, incluindo as alterações climáticas, os bens materiais, o património cultural, arquitetónico e arqueológico e a paisagem, bem como a interação entre os fatores mencionados;

*e)* Descrição dos elementos da população e da saúde humana suscetíveis de serem consideravelmente afetados pelo projeto proposto.

4 – Identificação e avaliação de impactes:

*a)* Descrição qualitativa dos impactes esperados, quer positivos quer negativos, nas fases de construção, exploração e desativação;

*b)* Indicação da natureza (direto, indireto, secundário, temporário e permanente), magnitude, extensão (geográfica e população afetada) e significado (muito ou pouco significativos);

*c)* Identificação das medidas do projeto preconizadas para minimizar os impactes negativos expectáveis nas fases de construção, de exploração e de desativação, se aplicável.

5 – Os critérios previstos no anexo III devem ser tomados em consideração aquando da compilação das informações previstas nos números anteriores, caso sejam aplicáveis face ao concreto projeto.

## ANEXO V

(a que se refere o n.º 1 do artigo 13.º)

### Conteúdo mínimo do EIA

1 – Descrição do projeto, incluindo, em especial:

*a)* A descrição da sua localização;

*b)* A descrição das características físicas da totalidade do projeto, incluindo, caso se justifique, os trabalhos de demolição necessários e as exigências no domínio da utilização e movimentação do solo, nas fases de construção e funcionamento;

*c)* A descrição das principais características da fase de exploração do projeto (em especial os processos de produção), por exemplo, a procura de energia e a energia utilizada, a natureza e a quantidade de materiais e recursos naturais utilizados (nomeadamente água, território, solo e biodiversidade);

*d)* A estimativa dos tipos e quantidades de resíduos e emissões previstos (poluição da água, da atmosfera, do solo e do subsolo, ruído, vibração, luz, calor, radiação) durante as fases de construção e de exploração.

2 – Descrição das alternativas razoáveis (por exemplo, em termos de conceção do projeto, tecnologia, localização, dimensão e escala) estudadas e as suas características específicas, bem como uma indicação das principais razões para a seleção da opção escolhida, incluindo uma comparação dos efeitos no ambiente.

3 – Descrição dos aspetos relevantes do estado atual do ambiente e um esboço da sua provável evolução caso o projeto não seja executado, na medida em que as alterações naturais desse estado atual possam ser avaliadas através de um esforço razoável, em função da disponibilidade dos dados ambientais e do conhecimento científico.

4 – Descrição dos fatores suscetíveis de serem significativamente afetados pelo projeto, nomeadamente a população e a saúde humana, a biodiversidade, o território, o solo, a água, o ar, a paisagem, o clima, incluindo as alterações climáticas, os bens materiais, o património cultural, incluindo os aspetos arquitetónicos e arqueológicos e a paisagem, bem como a interação entre os fatores mencionados.

5 – Descrição dos prováveis efeitos significativos do projeto no ambiente, resultantes, nomeadamente:

*a)* Da construção e da exploração do projeto, incluindo, caso se justifique, os trabalhos de demolição;

*b)* Da utilização de recursos naturais, em particular o território, o solo, a água e a biodiversidade, tendo em conta, na medida do possível, a disponibilidade sustentável desses recursos;

*c)* Da emissão de poluentes, ruído, vibrações, luz, calor e radiação, da criação de incómodos e da eliminação e valorização de resíduos;

*d)* Dos riscos para a saúde humana, para o património cultural ou para o ambiente (por exemplo, devido a acidentes ou catástrofes);

*e)* Da acumulação de efeitos com outros projetos existentes e/ou aprovados;

*f)* Do impacto do projeto sobre o clima e da vulnerabilidade do projeto às alterações climáticas;

*g)* Das tecnologias e das substâncias utilizadas.

6 – Descrição e hierarquização dos impactes ambientais (efeitos diretos e indiretos, secundários e cumulativos, transfronteiriços, a curto, médio e longo prazos, permanentes e temporários, positivos e negativos) decorrentes do projeto e das alternativas estudadas, resultantes da existência do projeto, da utilização dos recursos naturais, da emissão de poluentes, da criação de perturbações e da forma prevista de eliminação de resíduos e de efluentes. Esta análise deverá ter em conta os objetivos de proteção do ambiente, estabelecidos a nível nacional, europeu ou internacional, que sejam pertinentes para o projeto.

7 – Indicação dos métodos de previsão ou de prova, utilizados para identificar e avaliar os impactes no ambiente, bem como da respetiva fundamentação científica.

8 – Descrição das medidas previstas para evitar, prevenir, reduzir ou, se possível, compensar os impactes negativos no ambiente. Esta descrição deve explicar em que medida os efeitos negativos significativos no ambiente são evitados, prevenidos, reduzidos ou compensados e abranger tanto a fase de construção como a de exploração e a de desativação.

9 – Descrição dos impactes negativos significativos esperados do projeto no ambiente, decorrentes do risco de acidentes graves e/ou de catástrofes aos quais o projeto pode ser vulnerável, que sejam relevantes para o projeto em causa. As informações pertinentes disponíveis, obtidas através de avaliações de riscos desenvolvidas de acordo com o disposto, nomeadamente, no Decreto-Lei n.º 150/2015, de 5 de agosto, e no Decreto-Lei n.º 30/2012, de 9 de fevereiro, ou as avaliações relevantes efetuadas nos termos de outros instrumentos podem ser utilizadas para este fim desde que sejam preenchidos os requisitos do presente decreto-lei. Se adequado, a descrição deverá incluir medidas previstas para prevenir ou minimizar os efeitos negativos significativos dessas ocorrências no ambiente e os pormenores relativos à prontidão e à resposta proposta para estas emergências.

10 – Descrição dos programas de monitorização previstos nas fases de construção, exploração e desativação.

11 – Resumo das eventuais dificuldades, incluindo lacunas técnicas ou de conhecimentos, encontradas na compilação das informações requeridas e as principais incertezas envolvidas.

12 – Referência a eventuais sugestões do público e às razões da não adoção dessas sugestões.

13 – Resumo não técnico de todos os itens anteriores, se possível acompanhado de meios de apresentação visual.

14 – Lista de referência com uma discriminação das fontes utilizadas para as descrições e avaliações efetuadas.

## ANEXO VI

(a que se refere o n.º 1 do artigo 29.º)

### Participação pública

Elementos a incluir no anúncio de publicitação dos períodos de consulta pública previstos no presente decreto-lei:

*a)* Identificação do proponente;

*b)* Identificação e localização do projeto;

*c)* Indicação que o projeto está sujeito a procedimento de AIA, no caso da consulta pública prevista no artigo 15.º;

*d)* Indicação que o projeto está sujeito a procedimento de verificação da conformidade ambiental, no caso da consulta pública prevista no n.º 6 do artigo 20.º;

*e)* Indicação que o projeto está sujeito a consulta entre Estados-Membros, quando aplicável;

*f)* Indicação dos documentos que integram o procedimento de AIA e do local e data onde os mesmos se encontram disponíveis, bem como outra informação relevante e meios de disponibilização, no caso da consulta pública prevista no artigo 15.º;

*g)* Indicação dos documentos que integram o procedimento de verificação da conformidade ambiental do projeto de execução e do local e data onde os mesmos se encontram disponíveis, bem como outra informação relevante e meios de disponibilização, no caso da consulta pública prevista no n.º 6 do artigo 20.º;

*h)* Período de duração e forma de concretização da consulta pública;

*i)* Identificação da autoridade de AIA;

*j)* Identificação da entidade competente para emitir a DIA, no caso da consulta pública prevista no artigo 15.º;

*k)* Identificação da entidade competente para emitir a decisão sobre a conformidade ambiental do projeto de execução, no caso da consulta pública prevista no n.º 6 do artigo 20.º;

*l)* Identificação da entidade competente para licenciar ou autorizar o projeto;

*m)* Identificação das entidades que podem fornecer informação relevante sobre o projeto;

*n)* Identificação das entidades junto das quais é possível apresentar opiniões, sugestões e outros contributos e respetivo prazo;

*o)* Indicação expressa de que o licenciamento ou autorização do projeto só podem ser concedidos após emissão da DIA, da decisão sobre a conformidade ambiental do projeto de execução ou decurso do prazo para emissão das mesmas;

*p)* Prazo para a emissão da DIA, no caso da consulta pública prevista no artigo 15.º;

*q)* Prazo para a emissão da decisão sobre a conformidade ambiental do projeto de execução, no caso da consulta pública prevista no n.º 6 do artigo 20.º;

*r)* Indicação da possibilidade de impugnação administrativa, através de reclamação ou recurso hierárquico facultativo, nos termos do Código do Procedimento Administrativo, e contenciosamente, nos termos do Código de Processo dos Tribunais Administrativos, de qualquer decisão, ato ou omissão ao disposto no presente decreto-lei.

## ANEXO VII
(a que se refere o n.º 3 do artigo 31.º-C)

**Conteúdo do Estudo Ambiental de Alternativas de Corredores**

1 – Identificação, objetivo e enquadramento do Estudo Ambiental de Alternativas de Corredores.

2 – Metodologia e critérios adotados.

3 – Período de elaboração.

4 – Equipa técnica.

5 – Delimitação da área de estudo por conjunto de alternativas de corredores.

6 – Justificação das alternativas de corredores objeto de análise.

7 – Caracterização da área de estudo, ao nível das condicionantes territoriais e ambientais.

8 – Identificação dos fatores ambientais críticos.

9 – Análise comparativa dos corredores alternativos, tendo por base a metodologia e os critérios estabelecidos.

10 – Seleção e hierarquização dos corredores considerados ambientalmente mais sustentáveis e respetiva fundamentação, bem como a identificação de eventuais corredores a excluir.

11 – Proposta de condições para o desenvolvimento dos projetos de execução nos corredores selecionados.

12 – Conclusões.

## ANEXO XIII
(a que se refere o n.º 3 do artigo 37.º)

# Republicação do Decreto-Lei n.º 119/2019, de 21 de agosto

## CAPÍTULO I
## Disposições gerais

### ARTIGO 1.º
### Objeto

1 – O presente decreto-lei estabelece o regime jurídico de produção de água para reutilização (ApR), obtida a partir do tratamento de águas

residuais, bem como da sua utilização, por forma a promover a sua correta utilização e a evitar efeitos nocivos para a saúde e para o ambiente.

2 – O presente decreto-lei procede ainda à segunda alteração ao Decreto-Lei n.º 75/2015, de 11 de maio, alterado pelo Decreto-Lei n.º 39/2018, de 11 de junho, que aprova o Regime de Licenciamento Único de Ambiente (LUA).

### ARTIGO 2.º
### Âmbito

1 – O presente decreto-lei aplica-se à reutilização de água proveniente de estações de tratamento de águas residuais (ETAR) domésticas, urbanas e industriais, destinada a usos compatíveis com a qualidade da mesma, designadamente de rega, de usos paisagísticos, de usos urbanos e industriais.

2 – O presente decreto-lei aplica-se, ainda, à reutilização de água remanescente proveniente de certos tipos de cultura agrícola, nomeadamente as culturas fora do solo, que, sendo recolhida, seja passível de ser usada na rega de outro tipo de cultura.

3 – Exclui-se do âmbito de aplicação do presente decreto-lei:

*a)* A reutilização de água para usos potáveis, os quais requerem uma qualidade compatível com o consumo humano, definida no Decreto-Lei n.º 306/2007, de 27 de agosto, na sua redação atual;

*b)* A recirculação ou a reciclagem de água, quando a mesma ocorra em circuito fechado dentro de um ou mais processos;

*c)* A reutilização de água para suporte e manutenção de ecossistemas e de garantia de caudais mínimos na massa de água que viabilizem os usos da massa de água recetora;

*d)* A reutilização de água em sistemas centralizados, desde que os recetores ambientais sejam os mesmos da descarga de água residual tratada que lhe dá origem;

*e)* A reutilização para utilização pelo próprio, incluindo:

*i)* Pela mesma pessoa singular ou coletiva;

*ii)* Pelas entidades incluídas no mesmo grupo, quanto exista influência dominante ou quando uma terceira exerça influência dominante sobre ambas.

4 – Os riscos de contágio por *Legionella*, decorrentes da utilização de ApR, são avaliados no âmbito da Lei n.º 52/2018, de 20 de agosto, na sua redação atual, que estabelece o regime de prevenção e controlo da doença dos legionários.

## ARTIGO 3.º
## Definições

Para efeitos de aplicação do presente decreto-lei, entende-se por:

*a)* «Águas residuais», as águas resultantes de atividades domésticas, urbanas, industriais ou de serviços, as escorrências superficiais, as águas pluviais de sistemas de drenagem unitários ou pseudosseparativos, ou de qualquer afluência ou infiltração acidental nos sistemas de drenagem de águas residuais, as quais se dividem em quatro categorias:

*i)* «Águas residuais domésticas», as águas residuais de serviços e de instalações residenciais, essencialmente provenientes do metabolismo humano e de atividades domésticas;

*ii)* «Águas residuais urbanas», as águas residuais domésticas ou a mistura destas com águas residuais industriais ou com águas pluviais;

*iii)* «Águas residuais industriais», as águas residuais provenientes de qualquer tipo de atividade que não são suscetíveis de ser classificadas como águas residuais domésticas;

*iv)* «Águas pluviais contaminadas», águas pluviais que, em contacto com superfícies impermeabilizadas, sejam passíveis de arrastar materiais em suspensão ou outros poluentes e contaminantes e cuja carga implica a necessidade de tratamento prévio à respetiva reutilização ou à rejeição direta para o meio recetor;

*b)* «Água para reutilização (ApR)», água residual destinada à reutilização e que foi sujeita ao tratamento necessário para alcançar uma qualidade compatível com o uso final pretendido sem deteriorar a qualidade dos recetores;

*c)* «Água remanescente», água sobrante proveniente de certos tipos de cultura agrícola, nomeadamente culturas fora do solo e que pode ser utilizada para supressão das necessidades hídricas de outras culturas agrícolas;

*d)* «Avaliação do risco», processo de comparação dos resultados da análise dos critérios de risco, para a saúde ou ambiente, associado a um dado sistema ou situação, com vista à aceitação do mais reduzido valor de risco possível, que engloba a recolha de informação relativa aos perigos, cenários de exposição, caracterização e gestão do risco e pode ser efetuado com recurso a métodos quantitativos, semiquantitativos ou qualitativos;

*e)* «Barreira ou medida de prevenção», qualquer meio físico, químico ou biológico que reduza ou previna o risco de ocorrência de danos para a saúde ou para o ambiente;

*f)* «Barreira equivalente», medida de controlo que produz um resultado equivalente a uma determinada redução microbiológica correspondente à eliminação de perigo determinado ou redução do mesmo até um nível aceitável;

*g)* 'Comunicação prévia com prazo', comunicação efetuada pelo produtor ou utilizador de ApR para produção de ApR em sistemas descentralizados ou utilização de ApR em sistemas centralizados;

*h)* «Contaminante», qualquer substância física, química ou biológica presente na água, independentemente de constituir ou não um perigo para a saúde ou ambiente;

*i)* «Desinfeção», processo de destruição, remoção ou inativação seletiva dos organismos passíveis de causarem doenças até ao nível apropriado e definido na respetiva licença ou resposta a comunicação prévia quando esta tenha lugar;

*j)* «Licença de produção de ApR», licença emitida ao abrigo do presente decreto-lei para produção de ApR para uso próprio ou, nos sistemas centralizados, para cedência a terceiros da ApR;

*k)* «Licença de utilização de ApR», licença emitida ao abrigo do presente decreto-lei para utilização de ApR produzida por terceiros;

*l)* «Perigo», contaminantes ou poluentes, bem como a respetiva origem, ou outra situação com potencial para provocar danos na saúde, a curto ou longo prazo, ou no ambiente, em particular nos recursos hídricos;

*m)* «Poluente», qualquer substância física, química ou biológica presente na água que constitui um perigo para a saúde ou para o ambiente;

*n)* «Ponto de aplicação», local onde a ApR é aplicada;

*o)* «Ponto de entrega», local onde um sistema centralizado entrega ApR a um utilizador final;

*p)* «Recetor», as pessoas, os animais ou as componentes ambientais naturais, designadamente os recursos hídricos, o solo, a vegetação, vulneráveis aos efeitos adversos de um dado perigo;

*q)* «Rega sem restrição de acesso», rega de áreas com ApR com a possibilidade de permanência de pessoas no local durante o período de rega;

*r)* «Rega com restrição de acesso», rega de áreas com ApR durante determinados períodos e sem permanência de pessoas no local durante esses mesmos períodos;

*s)* «Reutilização de água», a utilização de águas residuais tratadas ou de águas de drenagem de sistemas de rega para benefício de interesses particulares ou da comunidade em geral;

*t)* «Risco», possibilidade de ocorrência de danos decorrentes de um determinado perigo, num dado período temporal ou sob certas circunstâncias;

*u)* «Sistemas centralizados», sistemas de tratamento de águas residuais urbanas abrangidos pelo Decreto-Lei n.º 152/97, de 19 de junho, na sua redação atual, geridos por uma única entidade gestora, que podem produzir ApR para uso próprio, bem como para cedência a terceiros dessa ApR;

*v)* «Sistemas descentralizados», sistemas coletivos ou particulares, geridos por uma entidade coletiva ou particular, que apenas podem produzir ApR para uso próprio;

*w)* «Sistemas descentralizados em simbiose», sistemas de produção de ApR a partir de água remanescente;

*x)* «Sistema de distribuição», rede de recolha, drenagem, elevação ou armazenamento de ApR desde o ponto de entrega até ao ponto de aplicação;

*y)* «Sistema de produção de ApR», sistema de tratamento de águas residuais apto a produzir água com qualidade compatível com o uso final pretendido, que inclui a infraestrutura de drenagem até ao ponto de aplicação, ou, tratando-se de um sistema centralizado, o sistema de tratamento incluindo a infraestrutura de drenagem até ao ponto de entrega, podendo a água ter uma qualidade inferior desde que, após o ponto de entrega, exista um sistema de tratamento adicional que garanta a compatibilidade com o uso final pretendido;

*z)* «Usos industriais», utilização de ApR em atividades industriais ou serviços, incluindo os sistemas de arrefecimento e as lavagens de veículos em unidades industriais;

*aa)* «Usos paisagísticos», utilização de ApR para criação ou para a manutenção de planos de água de enquadramento paisagístico ou de suporte de vida aquática, fora do contexto urbano;

*bb)* «Usos próprios», utilização de ApR em atividades afetas ao produtor de ApR;

*cc)* «Usos urbanos», utilização de ApR, produzidas em sistemas centralizados, em contexto urbano, designadamente para usos recreativos, para enquadramento paisagístico, designadamente fontes ou outros elementos de água, para lavagem de ruas, combate a incêndios, sistemas de arrefecimento, sistemas de enchimento de autoclismos e sistemas de lavagem de veículos;

*dd)* «Utilizações indiretas de ApR», a utilização de ApR que, de forma indireta, possa afetar os recursos hídricos, como os fenómenos de lixiviação, percolação, escorrência ou a condução através de sistemas de drenagem de águas pluviais, e que não implique o retorno direto ao sistema de tratamento de águas residuais ou ao sistema de produção de ApR.

*Contém as alterações dos seguintes diplomas:*
*Alterado pelo/a Declaração de Retificação n.º 12-A/2023 – Diário da República n.º 70/2023, 1.º Suplemento, Série I, de 2023-04-10, produz efeitos a partir de 2023-02-11*

## ARTIGO 4.º
## Entidade competente

1 – A Agência Portuguesa do Ambiente, I. P. (APA, I. P.), é a entidade competente para a emissão das licenças de produção de ApR e das licenças de utilização de ApR e para apreciação das comunicações prévias com prazo apresentadas, nos termos previstos no presente decreto-lei.

2 – A APA, I. P., disponibiliza anualmente no seu sítio na Internet a informação referente às licenças de produção e de utilização de ApR emitidas, bem como às comunicações prévias com prazo admitidas, seja de forma expressa seja por efeito do silêncio.

3 – Sem prejuízo das obrigações de monitorização impostas aos titulares das licenças, compete à APA, I. P., garantir a monitorização das massas de água próximo dos locais de aplicação de ApR, tendo em vista o cumprimento dos objetivos ambientais previstos nos planos de gestão de região hidrográfica.

# CAPÍTULO II
# Licenciamento

## SECÇÃO I
## Avaliação do risco

### ARTIGO 5.º
### Avaliação do risco

1 – A produção e a utilização de ApR estão sujeitas a uma prévia avaliação do risco, nos termos dos números seguintes.

2 – A avaliação do risco para a produção de ApR em sistemas centralizados que preconizem a cedência de água a terceiros deve ser efetuada considerando, como destino final, o ponto de entrega, sem prejuízo de poder incluir as utilizações finais.

3 – A avaliação do risco para a utilização de ApR proveniente de um sistema centralizado deve ser efetuada desde o ponto de entrega até ao ponto de aplicação das ApR.

4 – A produção de ApR em sistemas centralizados para uso próprio exclusivo pode ser sujeita a um procedimento simplificado de avaliação do risco, a definir pela APA, I. P.

5 – A produção e a utilização de ApR em sistemas descentralizados em simbiose não estão sujeitas ao procedimento de avaliação do risco, exceto nas situações em que as entidades responsáveis pela execução das políticas nas áreas da agricultura, ouvidas nos termos do disposto no artigo 11.º, considerem este procedimento necessário.

6 – A avaliação do risco pode ser efetuada com recurso a métodos qualitativos ou semiquantitativos, quando não hajam comprovadamente dados suficientes que suportem uma avaliação quantitativa.

### ARTIGO 6.º
### Procedimento de avaliação do risco

1 – Para efeitos de avaliação do risco associada à produção e utilização de ApR, o requerente deve apresentar junto da APA, I. P., documentação que evidencie:

*a)* Identificação dos perigos físicos, químicos e biológicos para os diversos recetores em presença, designadamente as pessoas, os recursos hídricos, o solo, a vegetação ou os animais;

*b)* Identificação das vias, diretas e indiretas, de exposição entre os perigos e os respetivos recetores e a caracterização dos possíveis cenários de exposição dos recetores, considerando a cenarização a partir das normas mínimas de qualidade, descritas no anexo I do presente decreto-lei, do qual faz parte integrante, e ainda a variação espacial e temporal do projeto de reutilização;

*c)* Caracterização do risco através de métodos quantitativos, qualitativos ou semiquantitativos, com a avaliação do resultado da multiplicação entre a probabilidade de ocorrência dos diferentes cenários de exposição pela severidade dos possíveis danos;

*d)* Gestão do risco, com identificação de medidas de minimização ou de eliminação, através da aplicação de barreiras físicas, químicas, biológicas ou de outras medidas de prevenção;

*e)* Proposta de normas de qualidade da ApR a aplicar a cada reutilização, no ponto de entrega e no ponto de aplicação, em resultado da aplicação do disposto nas alíneas anteriores.

2 – A avaliação do risco associada à utilização de ApR produzida por sistemas centralizados deve determinar, face à qualidade da água produzida e disponível no ponto de entrega e às utilizações em causa, os procedimentos a adotar para a manutenção ou a afinação da qualidade da água e o tipo de barreiras a implementar, sendo-lhe aplicável, com as devidas adaptações, o procedimento previsto no número anterior.

3 – Para efeitos dos números anteriores, a APA, I. P., disponibiliza, no seu sítio na Internet, um documento guia para apoio à avaliação do risco.

4 – No caso de utilização de ApR para o uso da rega agrícola e florestal, devem ser ainda implementadas medidas que garantam a higienização e a segurança alimentar, sempre que aplicável, em observância do disposto no Regulamento (CE) n.º 852/2004 do Parlamento e do Conselho, de 29 de abril de 2004, e no Regulamento (CE) n.º 178/2002 do Parlamento e do Conselho, de 28 de janeiro de 2002, respetivamente, bem como o estabelecido no documento guia mencionado no número anterior.

## SECÇÃO II
## Licenças

### ARTIGO 7.º
### Produção e utilização de água para reutilização

1 – A produção e a utilização de ApR estão sujeitas a comunicação prévia com prazo ou à obtenção prévia de licença, nos termos do presente decreto-lei e do regime do LUA.

2 – Sem prejuízo do disposto no número anterior, não está sujeita à obtenção prévia de licença a utilização de águas residuais tratadas nas instalações da respetiva ETAR que não requeiram a definição de normas de qualidade específicas para o uso em causa ou que não constituam utilizações indiretas de ApR.

### ARTIGO 8.º
### Licença de produção de água para reutilização

1 – Sem prejuízo do disposto no artigo anterior, os sistemas centralizados e os sistemas descentralizados abrangidos pelo presente decreto-lei estão sujeitos à obtenção de licença de produção de ApR, nos termos do presente decreto-lei.

2 – *(Revogado.)*

3 – *(Revogado.)*

4 – *(Revogado.)*

5 – *(Revogado.)*

6 – A licença de produção de ApR deve conter as condições relativas ao fornecimento, os requisitos técnicos e os programas de monitorização, nos termos previstos no anexo VI do presente decreto-lei, do qual faz parte integrante.

7 – Quando esteja em causa a produção de ApR com níveis de qualidade distintos dos constantes do anexo I do presente decreto-lei, nos termos do disposto no n.º 2 do artigo 16.º, estes devem obrigatoriamente constar da licença de produção de ApR.

### ARTIGO 9.º
### Condições de cedência de água para reutilização a terceiros

1 – A cedência de ApR pode ser efetuada:

*a)* Caso a sua utilização por terceiros esteja devidamente licenciada;

*b)* Nos casos previstos no artigo 13.º-A, após o decurso da comunicação prévia com prazo quando a APA, I. P., não se pronuncie no prazo previsto; ou

*c)* Nos casos previstos no artigo 13.º-A, caso seja obtida pronúncia positiva da APA, I. P., no prazo de que esta dispõe para responder após comunicação prévia com prazo.

2 – A APA, I. P., disponibiliza no seu sítio na Internet informação relativa à lista dos produtores e à respetiva caracterização das ApR produzidas, que deve estar integrada na plataforma de licenciamento SILiAmb – Sistema Integrado de Licenciamento do Ambiente.

*Contém as alterações dos seguintes diplomas:*

*Retificado pelo/a Declaração de Retificação n.º 7-A/2023 – Diário da República n.º 42/2023, 2.º Suplemento, Série I, de 2023-02-28, produz efeitos a partir de 2023-02-11*

### ARTIGO 10.º
### Licença de utilização de ApR

1 – Podem ser titulares de licença de utilização de ApR os utilizadores finais de ApR produzida por sistemas centralizados.

2 – A licença de utilização de ApR deve conter as condições relativas ao fornecimento, os requisitos técnicos e os programas de monitorização, nos termos previstos no anexo VI do presente decreto-lei, do qual faz parte integrante.

### ARTIGO 11.º
### Tramitação dos pedidos

1 – Os pedidos de licença de produção de ApR e de licença de utilização de ApR devem ser submetidos juntamente com os respetivos elementos instrutórios, listados no anexo VII do presente decreto-lei, do qual faz parte integrante, bem como com os elementos instrutórios previstos no LUA.

2 – Os pedidos de licença são submetidos pelo requerente, de forma desmaterializada, diretamente na plataforma SILiAmb – Sistema Integrado de Licenciamento do Ambiente.

3 – No prazo de 10 dias a contar da data da apresentação do requerimento, a APA, I. P., analisa o pedido para verificar se o mesmo se encontra instruído com os elementos exigidos, podendo solicitar, por uma única vez, a prestação de informações ou elementos complementares, bem como o aditamento ou reformulação do pedido.

4 – A APA, I. P., pode, em alternativa ao disposto no número anterior e no prazo aí previsto, convocar o requerente para a realização de uma conferência instrutória, na qual são abordados os aspetos considerados necessários para a boa decisão do pedido e, quando aplicável, solicitados os elementos instrutórios adicionais.

5 – A APA, I. P., solicita parecer vinculativo ao delegado de saúde regional territorialmente competente e, no caso da rega agrícola ou florestal, solicita igualmente parecer vinculativo à direção regional de agricultura territorialmente competente.

6 – A APA, I. P., promove as consultas referidas no número anterior, bem como as demais que sejam legal e regulamentarmente exigíveis, no prazo de três dias a contar da receção do pedido ou da receção dos elementos adicionais referidos nos n.ºs 3 e 4, conforme aplicável.

7 – Os pareceres referidos no n.º 5 devem ser emitidos no prazo de 10 dias.

8 – A APA, I. P., pode convocar a realização de conferência procedimental, à qual preside, a realizar com os órgãos de competência consultiva, nos termos e para efeitos do disposto no Código do Procedimento Administrativo.

9 – Em caso de decisão final favorável, a APA, I. P., notifica, no prazo de 10 dias, o requerente para prestar a caução prevista no artigo seguinte, a qual deve ser assegurada no prazo máximo de 15 dias, sob pena de caducidade do procedimento.

10 – A licença de produção de ApR ou a licença de utilização de ApR, consoante aplicável, é remetida pela APA, I. P., ao requerente após a prestação da caução prevista no número anterior.

## ARTIGO 12.º
## Prestação de caução

1 – É obrigatória a prestação de uma caução que garanta o pagamento de indemnizações por eventuais danos causados por erros ou omissões de projeto, relativamente à produção e à utilização de ApR, ou pelo incumprimento das disposições legais e regulamentares aplicáveis.

2 – A caução pode ser prestada por depósito em conta de pagamento numa instituição de crédito ou mediante garantia bancária, a favor da APA, I. P.

3 – Se a caução for prestada mediante garantia bancária, o requerente deve apresentar junto da APA, I. P., documento emitido por instituição de crédito que assegure o pagamento imediato da importância devida, até ao limite do valor da caução.

4 – O valor da caução é calculado em função da dimensão do projeto de reutilização, nomeadamente o volume de ApR produzido ou utilizado e dos fatores de risco associados, nos termos do disposto no anexo VIII do presente decreto-lei, do qual faz parte integrante.

5 – A caução é libertada até seis meses após a cessação de vigência da respetiva licença, caso não existam, a essa data, responsabilidades do titular da licença pelas quais o mesmo deva responder.

## ARTIGO 13.º
## Prazo e renovação das licenças

1 – A licença de produção de ApR e a licença de utilização de ApR são atribuídas pelo prazo máximo de 10 anos, consoante os resultados da avaliação do risco, e atendendo, nomeadamente, ao período de tempo necessário para a amortização dos investimentos realizados, podendo ser renovadas nos termos do presente artigo.

2 – O prazo da licença de utilização de ApR não pode ser superior ao da licença de produção de ApR que lhe está associada.

3 – A renovação da licença de produção de ApR e da licença de utilização de ApR devem ser requeridas pelo interessado, junto da APA, I. P., no prazo de seis meses antes do respetivo termo, ficando a renovação dependente da manutenção da verificação das condições de atribuição, o que pode depender da realização de nova avaliação do risco, nos termos do disposto nos artigos 5.º e 6.º.

## SECÇÃO III
## Comunicação prévia com prazo

*Contém as alterações dos seguintes diplomas:*
*Alterado pelo/a Declaração de Retificação n.º 12-A/2023 – Diário da República n.º 70/2023, 1.º Suplemento, Série I, de 2023-04-10, produz efeitos a partir de 2023-02-11*

### ARTIGO 13.º-A
### Comunicação prévia com prazo

1 – A utilização de ApR produzida em sistemas de produção centralizados, para os quais tenha sido emitida licença de produção, está sujeita ao regime de comunicação prévia com prazo, nos termos do artigo 13.º-B, nos seguintes casos:

*a)* Lavagem de vias urbanas e arruamentos;
*b)* Lavagem de viaturas e de equipamentos de recolha de resíduos urbanos, desde que não usados no transporte, recolha e manipulação de produtos ou resíduos perigosos;
*c)* Combate a incêndios;
*d)* Uso em autoclismos;
*e)* Uso como águas para arrefecimento fora de circuito fechado;
*f)* Produção de energia, nomeadamente hidrogénio;
*g)* Rega de espaços florestais;
*h)* Rega de campos de golfe;
*i)* Rega de jardins.

2 – A produção e a utilização de ApR em sistemas descentralizados estão sujeitas ao regime de comunicação prévia com prazo, nos termos do artigo 13.º-B, desde que os mesmos não recebam águas residuais brutas ou tratadas de terceiros e a ApR produzida se destine ao uso exclusivo nas instalações onde se localiza a produção das mesmas.

3 – O previsto nos números anteriores não prejudica os procedimentos necessários ao cumprimento do Lei n.º 52/2018, de 20 de agosto.

*Contém as alterações dos seguintes diplomas:*
*Alterado pelo/a Declaração de Retificação n.º 12-A/2023 – Diário da República n.º 70/2023, 1.º Suplemento, Série I, de 2023-04-10, produz efeitos a partir de 2023-02-11*

### ARTIGO 13.º-B
### Tramitação da comunicação prévia com prazo

1 – A comunicação prévia com prazo consiste numa declaração que permite ao interessado iniciar a atividade, caso a APA, I. P., não se pronuncie após o decurso do prazo de 20 dias, contados a partir da data da entrega da comunicação.

2 – As comunicações prévias com prazo previstas no artigo 13.º-A devem ser submetidas juntamente com os respetivos elementos instrutórios, listados no anexo VII-A do presente decreto-lei e do qual faz parte integrante, na plataforma SILiAmb – Sistema Integrado de Licenciamento do Ambiente ou em qualquer outro sistema informático onde tal entrega seja legalmente possível.

3 – A comunicação prévia com prazo é acompanhada de um termo de responsabilidade ambiental e de risco contra terceiros, elaborado de acordo com o anexo IX do presente decreto-lei e do qual faz parte integrante.

4 – A APA, I. P., tem 20 dias para se pronunciar sobre os elementos enviados nos termos dos números anteriores e, caso não haja pronúncia durante este prazo, a utilização de ApR nos casos previstos no artigo 13.º-A pode efetuar-se.

5 – Caso a APA, I. P., se pronuncie desfavoravelmente, o procedimento é extinto, podendo o interessado apresentar nova comunicação prévia aproveitando todos os elementos instrutórios anteriormente submetidos, no prazo de um ano a contar da notificação da extinção do procedimento.

*Contém as alterações dos seguintes diplomas:*

*Alterado pelo/a Declaração de Retificação n.º 12-A/2023 – Diário da República n.º 70/2023, 1.º Suplemento, Série I, de 2023-04-10, produz efeitos a partir de 2023-02-11*

### ARTIGO 13.º-C
### Prazo e renovação das comunicações prévias com prazo

1 – A permissão de produção ou utilização de ApR no âmbito do procedimento de comunicação prévia com prazo é válida pelo prazo de 10 anos e renovada, por iguais períodos, automaticamente, salvo se verificada uma situação de alteração das circunstâncias ou se requerida a não renovação, pelo interessado, junto da APA, I. P.

2 – O prazo da permissão de utilização de ApR decorrente de comunicação prévia com prazo não pode ser superior ao da licença de produção de ApR que lhe está associada.

*Contém as alterações dos seguintes diplomas:*
*Retificado pelo/a Declaração de Retificação n.º 12-A/2023 – Diário da República n.º 70/2023, 1.º Suplemento, Série I, de 2023-04-10, produz efeitos a partir de 2023-02-11*

## SECÇÃO IV
## Vicissitudes das licenças

*Contém as alterações dos seguintes diplomas:*
*Aditado pelo/a Declaração de Retificação n.º 12-A/2023 – Diário da República n.º 70/2023, 1.º Suplemento, Série I, de 2023-04-10, produz efeitos a partir de 2023-02-11*

### ARTIGO 14.º
### Transmissão das licenças

1 – As licenças de produção e de utilização de ApR são transmissíveis, nos termos dos números seguintes, desde que se mantenham os requisitos que presidiram à respetiva atribuição, ficando por esse efeito o adquirente sub-rogado em todos os direitos e deveres do transmitente.

2 – As licenças de produção e de utilização de ApR são transmissíveis como parte integrante da respetiva exploração agrícola ou do estabelecimento comercial ou industrial, mediante requerimento dirigido à APA, I. P., com a antecedência mínima de 30 dias em relação à data de produção de efeitos, acompanhado de elementos que comprovem que se mantêm os requisitos necessários à sua manutenção.

3 – O disposto no número anterior é, igualmente, aplicável à transmissão de participações sociais que assegurem, nos termos do Código das Sociedades Comerciais, o domínio de sociedade detentora da licença.

4 – As licenças são, ainda, transmissíveis mediante autorização da APA, I. P., a qual pode ser concedida antecipadamente, caso em que a transmissão da licença só é eficaz após notificação da APA, I. P., com a antecedência mínima de 30 dias em relação à data de produção de efeitos.

5 – As licenças atribuídas a pessoas singulares transmitem-se aos seus herdeiros e legatários, podendo a APA, I. P., declarar a caducidade da licença no prazo de seis meses após a transmissão se constatar que não subsistem as condições necessárias ao cumprimento da mesma ou que o novo titular não oferece garantias de observância das condições estabelecidas.

6 – A decisão de autorização da transmissão da licença é emitida pela APA, I. P., no prazo de 15 dias a contar da apresentação do respetivo requerimento, sendo averbada à correspondente licença e remetida ao novo titular.

7 – A violação do disposto no n.º 1 determina a nulidade do ato de transmissão da licença, sem prejuízo de outras sanções que ao caso couberem.

*Contém as alterações dos seguintes diplomas:*
*Alterado pelo/a Declaração de Retificação n.º 12-A/2023 – Diário da República n.º 70/2023, 1.º Suplemento, Série I, de 2023-04-10, produz efeitos a partir de 2023-02-11*

### ARTIGO 15.º
### Revisão, revogação e caducidade

1 – As licenças de produção e de utilização de ApR podem ser revistas por iniciativa da APA, I. P., sempre que:

*a)* Se verificar uma alteração das circunstâncias de facto existentes à data da emissão da licença, designadamente devido à alteração das condições de risco para a saúde ou para o ambiente;

*b)* Se verificar uma atualização das melhores técnicas disponíveis;

*c)* Ocorrerem alterações substanciais e permanentes na composição qualitativa e quantitativa das águas residuais tratadas afluentes ao sistema de produção, das quais resulte a afetação dos resultados da avaliação do risco prévia à emissão da licença;

*d)* Seja necessária a sua adequação aos instrumentos de gestão territorial ou aos planos de gestão de bacia hidrográfica;

*e)* Se verificar um caso de força maior.

2 – Constituem causas de revogação total ou parcial das licenças de produção e de utilização de ApR:

*a)* A não observância de condições gerais, específicas ou de outras condições previstas na licença;

*b)* O não início da produção ou da utilização no prazo de um ano a contar da data de emissão da licença ou a não produção ou utilização durante dois anos consecutivos;

*c)* A ocorrência de causas naturais que coloquem em risco grave a segurança de pessoas e bens ou do ambiente;

*d)* A inviabilidade da sua revisão para os efeitos previstos nas alíneas do número anterior;

*e)* A falta de prestação ou manutenção da caução prevista no artigo 12.º.

3 – Para efeitos do disposto nos números anteriores, a APA, I. P., notifica o titular do projeto de revisão ou revogação parcial da licença, incluindo a alteração do valor da caução, se aplicável, para, em sede de audiência dos interessados e no prazo de 10 dias, que se pronuncie sobre as respetivas condições, dando conhecimento às entidades referidas no artigo 11.º.

4 – Findo o prazo previsto no número anterior, a APA, I. P., emite decisão final e, caso aplicável, procede ao respetivo averbamento nos termos previstos no Decreto-Lei n.º 75/2015, de 11 de maio, na sua redação atual, notificando o titular e as entidades referidas no artigo 11.º.

5 – Nos casos de revogação total da licença, aplica-se o procedimento previsto nos números anteriores, salvo no que respeita à caução que deve ser libertada nos termos do disposto no n.º 5 do artigo 12.º.

6 – As licenças de produção e de utilização de ApR caducam:

*a)* Com o decurso do prazo fixado;

*b)* Com a extinção da pessoa coletiva que for sua titular;

*c)* Com a morte da pessoa singular que for sua titular, se a APA, I. P., verificar que não estão reunidas as condições para a transmissão da licença, nos termos do disposto no artigo anterior;

*d)* Com a declaração de insolvência do titular.

7 – O titular deve solicitar à APA, I. P., a alteração da licença sempre que pretenda a modificação de alguma das suas condições.

8 – Para efeitos do número anterior, o titular submete o pedido de alteração, aplicando-se o procedimento previsto nos artigos 11.º a 13.º, com as devidas adaptações.

*Contém as alterações dos seguintes diplomas:*

*Alterado pelo/a Declaração de Retificação n.º 12-A/2023 – Diário da República n.º 70/2023, 1.º Suplemento, Série I, de 2023-04-10, produz efeitos a partir de 2023-02-11*

## CAPÍTULO III
## Requisitos e condições aplicáveis à produção e utilização de ApR

### ARTIGO 16.º
### Normas de qualidade da água para reutilização

1 – As normas de qualidade da água a aplicar a cada reutilização e incluídas na respetiva licença para a produção ou para utilização de ApR são definidas pela APA, I. P., com base na avaliação do risco para a saúde e para o ambiente, e considerando os pareceres das entidades referidas no artigo 11.º, nos termos do disposto no artigo 6.º, tendo por referência as normas previstas no anexo I do presente decreto-lei, do qual faz parte integrante.

2 – Sem prejuízo do disposto no número anterior, a licença para produção ou para utilização de ApR pode definir normas de qualidade distintas das definidas no anexo I, em termos de valores ou de parâmetros, em função dos resultados do processo de avaliação do risco conjugado com a aplicação de barreiras, barreiras equivalentes ou medidas de prevenção adequadas.

3 – As normas de qualidade da água a aplicar a cada reutilização sujeita a comunicação prévia com prazo são:

*a)* As previstas no anexo I do presente decreto-lei em caso de ausência de resposta à comunicação prévia com prazo, aplicando-se, em caso de intervalo de valores, o mais elevado; ou

*b)* As incluídas na comunicação ao operador e que resultam da avaliação do risco para a saúde e para o ambiente, considerando os pareceres das entidades referidas no artigo 12.º, nos termos do disposto no artigo 6.º, tendo por referência as normas previstas no anexo I do presente decreto-lei.

4 – As normas de qualidade da água devem ser cumpridas pelo produtor no ponto de entrega de ApR, de acordo com as condições impostas na licença de produção de ApR, e pelo utilizador, de acordo com as condições impostas na licença de utilização de ApR.

5 – Podem ser determinadas normas de qualidade da água distintas das constantes do anexo I do presente decreto-lei desde que exista um sistema de barreiras equivalentes, de acordo com o quadro n.º 1 do anexo II do presente decreto-lei e do qual faz parte integrante, ou outras medidas de prevenção adicional, que se traduzam em resultados similares, que garantam na utilização final a qualidade aplicável ao uso pretendido, nos termos do quadro n.º 2 do anexo II do presente decreto-lei.

6 – A qualidade da ApR no sistema de distribuição, após o ponto de entrega pela entidade produtora de ApR, é da responsabilidade do utilizador final, que deve adotar as medidas que evitem a sua degradação, mantenham a qualidade necessária para o fim ou fins a que se destinam e garantam que não constitui um risco para a saúde e para o ambiente.

### ARTIGO 17.º
### Aplicação de barreiras ou medidas de prevenção

As barreiras ou medidas de prevenção e o correspondente número de barreiras equivalentes, a adotar pelo utilizador final de ApR, são as que constam do anexo II do presente decreto-lei, podendo, na respetiva licença ou na resposta à comunicação prévia com prazo, ser utilizadas outras que produzam resultados equivalentes.

### ARTIGO 18.º
### Verificação da conformidade

Considera-se que as ApR estão conformes com os parâmetros respetivos se, para cada um dos parâmetros aplicáveis, individualmente considerados, as amostras revelarem que as águas obedecem à norma de qualidade descrita na respetiva licença de produção ou de utilização de ApR, ou resultantes da resposta expressa ou, em caso de silêncio, após o decurso do prazo da comunicação prévia com prazo, os previstos na alínea a) do n.º 3 do artigo 16.º, nos seguintes termos:

*a)* Nenhuma amostra excede o valor paramétrico em mais de 75%; e

*b)* O número máximo anual de amostras não conformes não excede os limites descritos no anexo III do presente decreto-lei, do qual faz parte integrante.

*Contém as alterações dos seguintes diplomas:*

*Retificado pelo/a Declaração de Retificação n.º 12-A/2023 – Diário da República n.º 70/2023, 1.º Suplemento, Série I, de 2023-04-10, produz efeitos a partir de 2023-02-11*

### ARTIGO 19.º
### Amostragem e métodos analíticos

1 – Para efeitos de verificação de conformidade das normas de qualidade e para efeitos de fiscalização ou inspeção, devem ser recolhidas, imediatamente antes do ponto de entrega e no ponto de aplicação de ApR, amostras compostas representativas de um período de 24 horas, cujos intervalos de recolha são, sempre que possível, proporcionais aos volumes de água reutilizada, sendo que a partir de 1000 m3/dia devem ser considerados intervalos máximos de 1 hora, sem prejuízo do disposto no presente artigo.

2 – O disposto no número anterior não se aplica aos parâmetros microbiológicos e compostos orgânicos voláteis, para os quais, dada a sua natureza, devem ser recolhidas amostras pontuais.

3 – Nos pontos de aplicação das ApR, sempre que, pela natureza da aplicação, não seja possível a recolha de amostras compostas ou a ApR a aplicar resulte de um armazenamento superior a 24 horas, é admissível a recolha de amostras pontuais.

4 – A verificação da conformidade com as normas de qualidade, para efeitos de fiscalização ou inspeção, pode não ser efetuada de acordo com o disposto no número anterior se, com base na avaliação do risco para a saúde e para o ambiente, resultar, por decisão da APA, I. P., a imposição de condições distintas.

5 – Os métodos analíticos a utilizar devem dar cumprimento ao disposto no Decreto-Lei n.º 83/2011, de 20 de junho, podendo, em alternativa, ser utilizados métodos analíticos devidamente acreditados, caso se verifique a impossibilidade de demonstração dos critérios definidos no presente decreto-lei.

6 – Sem prejuízo do disposto na licença de produção ou na licença de utilização de ApR ou do resultante da comunicação prévia com prazo, na sequência da avaliação do risco, a amostragem de ApR no ponto de entrega bem como no ponto de aplicação deve ser efetuada com a periodicidade descrita no anexo IV do presente decreto-lei e do qual faz parte integrante.

### ARTIGO 20.º
### Monitorização da produção e utilização de água para reutilização

1 – É obrigatória, por parte do titular da licença de produção ou de utilização de ApR, a monitorização diária dos volumes produzidos ou utilizados,

devendo, para o efeito, instalar um contador ou medidor de caudais sempre que os volumes produzidos ou reutilizados sejam iguais ou superiores a 500 m3/dia, incluindo uma unidade eletrónica com ecrã local, para leitura de caudal instantâneo e totalizador, e, caso se revele necessário, dispositivos de registo e transmissão de dados que permitam comunicar à APA, I. P., os dados recolhidos em tempo real.

2 – Compete ao titular da licença de produção de ApR a caracterização qualitativa da ApR produzida, devendo garantir que as características descritas na respetiva licença se mantêm até ao ponto de entrega, em caso de cedência a terceiros e no caso de uso próprio, durante a utilização final.

3 – Nas situações sujeitas a comunicação prévia com prazo para produção de ApR, compete ao promotor da mesma a caracterização qualitativa da ApR produzida, devendo garantir que as características descritas na respetiva comunicação se mantêm durante a produção.

4 – Nas situações sujeitas a comunicação prévia com prazo para utilização de ApR, compete ao promotor da mesma a caracterização qualitativa da ApR utilizada, devendo garantir que as características descritas na respetiva comunicação se mantêm durante a utilização final.

5 – Os parâmetros a monitorizar são os que constam do anexo V do presente decreto-lei e do qual faz parte integrante, sem prejuízo de outros definidos na licença ou no contexto da comunicação prévia com prazo, em conformidade com a avaliação do risco, nos termos do disposto nos artigos 5.º e 6.º.

6 – Compete ao titular da licença de utilização de ApR a monitorização da ApR após o ponto de entrega, devendo garantir que as características descritas na respetiva licença se mantêm durante a utilização final.

7 – Em função dos resultados do procedimento de avaliação do risco, a APA, I. P., pode determinar a monitorização de um ou mais recetores, designadamente o solo, a vegetação ou os recursos hídricos, para verificação de não deterioração dos mesmos, em resultado da utilização de ApR na licença de produção de ApR, na licença de utilização de ApR ou no contexto da comunicação prévia com prazo.

*Contém as alterações dos seguintes diplomas:*

*Retificado pelo/a Declaração de Retificação n.º 12-A/2023 – Diário da República n.º 70/2023, 1.º Suplemento, Série I, de 2023-04-10, produz efeitos a partir de 2023-02-11*

## ARTIGO 21.º
## Transporte de água para reutilização ou de água residual destinada a produção de água para reutilização em sistemas descentralizados

1 – O transporte por via rodoviária de ApR ou de água residual destinada à produção de ApR em sistemas descentralizados com usos industriais e em sistemas descentralizados em simbiose é obrigatoriamente acompanhado por documento de transporte, emitido ao abrigo do Decreto-Lei n.º 147/2003, de 11 de julho, na sua redação atual.

2 – Sempre que o transporte ocorra através de conduta, o produtor de ApR em sistemas descentralizados com usos industriais e em sistemas descentralizados em simbiose fica obrigado a instalar um contador ou medidor de caudais para contabilização da água residual proveniente de terceiros para produção de ApR, incluindo uma unidade eletrónica com ecrã local, para leitura de caudal instantâneo e totalizador, e, caso se revele necessário, dispositivos de registo e transmissão de dados que permitam comunicar à APA, I. P., os dados recolhidos em tempo real.

3 – O destinatário de água residual para produção de ApR em sistemas descentralizados com usos industriais e em sistemas descentralizados em simbiose deve remeter à APA, I. P., com a frequência bienal, o registo da água residual rececionada e guardar os documentos de transporte referidos no número anterior, por um prazo máximo de cinco anos, para apresentação às autoridades com competências de inspeção e de fiscalização ao abrigo do presente decreto-lei.

4 – O produtor de ApR em sistemas descentralizados com usos industriais e em sistemas descentralizados em simbiose fica obrigado a instalar um contador ou medidor de caudais para contabilização da água residual proveniente de terceiros para produção de ApR sempre que o respetivo transporte ocorra através de coletor, incluindo uma unidade eletrónica com ecrã local, para leitura de caudal instantâneo e totalizador, e, caso se revele necessário, dispositivos de registo e transmissão de dados que permitam comunicar à APA, I. P., os dados recolhidos em tempo real.

## ARTIGO 22.º
## Condições anómalas de funcionamento

1 – Sempre que se verifiquem ou sejam expectáveis alterações da qualidade das ApR produzidas decorrentes de situações anómalas no sistema

de produção, nomeadamente avarias, acidentes, anomalias decorrentes de manutenção deficiente, condições meteorológicas desfavoráveis, atos de vandalismo ou outros que alterem as condições normais de um sistema de tratamento de águas residuais, especificadas no respetivo título de utilização para rejeição no meio, emitido ao abrigo da Lei n.º 58/2005, de 29 de dezembro, na sua redação atual, o fornecimento de ApR deve ser imediatamente suspenso até à reposição da regularidade do sistema de produção.

2 – As situações referidas no número anterior devem ser comunicadas pelo produtor de ApR à APA, I. P., no prazo de 24 horas a contar da sua ocorrência.

## CAPÍTULO IV
## Fiscalização e regime contraordenacional

### ARTIGO 23.º
### Inspeção e fiscalização

1 – A verificação do cumprimento do disposto no presente decreto-lei cabe, no âmbito das respetivas competências, à Inspeção-Geral da Agricultura, do Mar, do Ambiente e do Ordenamento do Território (IGAMAOT), à APA, I. P., às autoridades de saúde e às autoridades policiais.

2 – O disposto no número anterior não prejudica o exercício dos poderes de fiscalização e polícia que competem às demais autoridades públicas.

### ARTIGO 24.º
### Contraordenações

1 – Constitui contraordenação ambiental muito grave, punível nos termos do regime aplicável às contraordenações ambientais, previsto na Lei n.º 50/2006, de 29 de agosto, na sua redação atual (LQCOA), a prática dos seguintes atos:

*a)* A produção e a utilização de ApR sem licença ou sem a prestação de comunicação prévia com prazo, nos casos previstos no artigo 13.º-A.

*b)* A não aplicação de barreiras ou medidas de prevenção nos termos previstos no artigo 8.º e de acordo com o especificado na licença;

*c)* O incumprimento das condições estabelecidas na licença, no que respeita:

*i)* À promoção da prática em local distinto do licenciado;

*ii)* Ao normativo de produção e ou utilização estabelecido;

*iii)* À implementação do programa de monitorização estabelecido;

*iv)* À implementação do programa de monitorização do meio recetor quando classificado como uma zona protegida nos termos definidos na alínea jjj) do artigo 4.º da Lei n.º 58/2005, de 29 de dezembro;

*v)* Aos métodos analíticos estabelecidos para caracterização das ApR e ou meio recetor;

*vi)* Às disposições referentes à manutenção da integridade das barreiras;

*vii)* Às disposições referentes à restrição excecional da prática;

*viii)* Ao termo de responsabilidade ambiental e de risco contra terceiros, referido no n.º 3 do artigo 13.º-B.

2 – Constitui contraordenação ambiental grave, punível nos termos da LQCOA, a prática dos seguintes atos:

*a)* A cedência de ApR a utilizadores sem licença;

*b)* O incumprimento das condições estabelecidas na licença, no que respeita:

*i)* À comunicação de ocorrências anómalas, no sistema de produção e ou utilização, no prazo previsto;

*ii)* À implementação do programa de monitorização do meio recetor nas situações não previstas no número anterior;

*iii)* Às disposições de reporte do programa de monitorização para sistemas de produção e ou utilização de ApR para rega com qualidade A ou outros usos com classe compatível à qualidade A, em termos microbiológicos;

*iv)* Às disposições de reporte do programa de monitorização do meio recetor quando classificado como uma zona protegida nos termos definidos na alínea jjj) do artigo 4.º da Lei n.º 58/2005, de 29 de dezembro, na sua redação atual;

*v)* À comunicação de alterações no funcionamento dos sistemas de produção e ou utilização, no prazo previsto;

*vi)* Às disposições de transmissão ou cedência.

3 – Constitui contraordenação ambiental leve, punível nos termos da LQCOA, o incumprimento das condições estabelecidas na licença, no que respeita:

*a)* Às disposições de reporte do programa de monitorização nas situações não previstas no número anterior;

*b)* Às disposições de reporte do programa de monitorização do meio recetor nas situações não previstas no número anterior.

4 – A negligência é punível nos termos do disposto na LQCOA.

5 – A condenação pela prática das infrações muito graves e graves previstas nos n.ºs 1 e 2 pode ser objeto de publicidade quando a medida concreta da coima aplicada ultrapasse metade do montante máximo da coima abstratamente aplicável, nos termos do disposto na LQCOA.

6 – O produto das coimas previstas no presente artigo é repartido de acordo com o disposto no artigo 73.º da LQCOA.

*Contém as alterações dos seguintes diplomas:*

*Retificado pelo/a Declaração de Retificação n.º 7-A/2023 – Diário da República n.º 42/2023, 2.º Suplemento, Série I, de 2023-02-28, produz efeitos a partir de 2023-02-11*

## ARTIGO 25.º

### Instrução e decisão dos processos de contraordenação

Compete à IGAMAOT instruir os processos de contraordenação instaurados no âmbito do presente decreto-lei e decidir da aplicação das correspondentes coimas e sanções acessórias.

## ARTIGO 26.º

### Sanções acessórias e apreensão cautelar

1 – Sempre que a gravidade da infração o justifique, pode a autoridade competente, simultaneamente com a coima, determinar a aplicação das sanções acessórias que se mostrem adequadas, nos termos previstos na LQCOA.

2 – Caso seja determinada como sanção acessória a suspensão de produção ou de utilização de ApR, o reinício da produção ou utilização de ApR, após decorrido o período de suspensão, obriga a uma avaliação pela APA, I. P., das condições para a produção ou utilização.

3 – As entidades competentes para a fiscalização e inspeção podem ainda, sempre que necessário, determinar a apreensão provisória de bens e documentos, nos termos previstos no artigo 42.º da LQCOA.

### ARTIGO 27.º
### Indicadores de qualidade do serviço

A Entidade Reguladora dos Serviços de Águas e Resíduos deve, no prazo de um ano, definir indicadores que permitam mensurar a salvaguarda dos aspetos ambientais associados aos sistemas centralizados no seu sistema de avaliação da qualidade do serviço prestado pelas entidades gestoras integradas no seu âmbito de aplicação.

## CAPÍTULO V
## Disposições finais e transitórias

### ARTIGO 28.º
### Informação ao público

Nos locais de produção e utilização de ApR deve ser colocada informação e sinalética, nos termos definidos por portaria do membro do Governo responsável pela área do ambiente.

### ARTIGO 28.º-A
### Gratuitidade

O pedido e a emissão das licenças ou procedimentos de comunicação prévia com prazo previstos no presente decreto-lei são gratuitos, sendo proibida a cobrança de qualquer tipo de taxa, designadamente a taxa de recursos hídricos.

### ARTIGO 29.º
### Disposições transitórias

1 – Enquanto não estiver disponível a possibilidade de submissão dos requerimentos na plataforma SILiAmb – Sistema Integrado de Licenciamento do Ambiente, nos termos previstos no artigo 11.º, bem como nas situações de indisponibilidade temporária da mesma, os procedimentos decorrem com recurso aos suportes informáticos existentes, sem prejuízo da submissão em papel.

2 – Quando o interessado apresentar o requerimento inicial em suporte informático e por meio eletrónico, as subsequentes comunicações entre a APA, I. P., e o interessado, no âmbito do respetivo procedimento, são realizadas por meios eletrónicos.

3 – O guia para apoio à avaliação do risco prevista no n.º 3 do artigo 6.º é disponibilizado pela APA, I. P., no prazo máximo de 60 dias após a data da entrada em vigor do presente decreto-lei.

### ARTIGO 30.º
### Regiões Autónomas

1 – O presente decreto-lei aplica-se às Regiões Autónomas dos Açores e da Madeira, sem prejuízo da sua adequação à especificidade regional, nos termos da respetiva autonomia político-administrativa, cabendo a sua execução aos serviços e organismos das respetivas administrações regionais com atribuições e competências no âmbito do presente decreto-lei.

2 – O produto das coimas aplicadas nas Regiões Autónomas constitui receita própria destas.

### ARTIGO 31.º
### Alterações legislativas

## Alteração ao Decreto-Lei n.º 75/2015, de 11 de maio

1 – Os artigos 2.º e 3.º do Decreto-Lei n.º 75/2015, de 11 de maio, na sua redação atual, passam a ter a seguinte redação:

«Artigo 2.º

[...]

1 – [...]

*a)* [...]
*b)* [...]
*c)* [...]
*d)* [...]
*e)* [...]
*f)* [...]

*g)* [...]
*h)* [...]
*i)* [...]
*j)* [...]
*k)* [...]
*l)* Regime jurídico de produção de água para reutilização (ApR) obtida a partir do tratamento de águas residuais, bem como da sua utilização, aprovado pelo Decreto-Lei n.º 119/2019, de 21 de agosto.

2 – [...]
3 – [...]
4 – [...]

### Artigo 3.º
[...]

1 – [...]

*a)* [...]
*b)* [...]
*c)* [...]
*d)* [...]
*e)* [...]
*f)* [...]
*g)* [...]
*h)* [...]
*i)* [...]
*j)* [...]
*k)* [...]
*l)* [...]
*m)* [...]
*n)* [...]
*o)* [...]
*p)* [...]
*q)* [...]
*r)* [...]
*s)* [...]
*t)* [...]
*u)* [...]

*v)* [...]
*w)* [...]
*x)* [...]
*y)* [...]
*z)* [...]
*aa)* [...]
*bb)* [...]
*cc)* 'Licença de produção de ApR' licença emitida de acordo com o Decreto-Lei n.º 119/2019, de 21 de agosto, para produção de ApR para uso próprio ou, nos sistemas centralizados, para cedência a terceiros da ApR;
*dd)* 'Licença de utilização de ApR' licença emitida de acordo com o Decreto-Lei n.º 119/2019, de 21 de agosto, para utilização de ApR produzida por terceiros.

2 – [...]»

## ARTIGO 32.º
## Norma revogatória

São revogados os n.ºs 3 e 4 do artigo 58.º do Decreto-Lei n.º 236/98, de 1 de agosto, na sua redação atual.

## ARTIGO 33.º
## Entrada em vigor

O presente decreto-lei entra em vigor no dia seguinte ao da sua publicação.

## ANEXO I
(a que se refere o artigo 16.º)

### Normas de qualidade

### A) Rega

Quadro n.º 1.a: Normas de qualidade de água para reutilização para rega
(ver documento original)

Quadro n.º 1.b: Normas de qualidade de água para reutilização para rega para proteção das culturas agrícolas, florestais e solos
(ver documento original)

Quadro n.º 2: Descrição das classes de rega – Usos e nível de tratamento adequado em função das várias classes de qualidade da água
(ver documento original)

**B) Usos urbanos**

Quadro n.º 3: Normas de qualidade de água para usos urbanos e usos paisagísticos (fora do contexto urbano)
(ver documento original)

Quadro n.º 4: Níveis de tratamento adequados a cada uso urbano
(ver documento original)

**C) Usos industriais**

Quadro n.º 5: Normas de qualidade de água para reutilização em uso industrial (proteção para contacto humano)
(ver documento original)

## ANEXO II

(a que se refere artigo 17.º)

**Aplicação de barreiras ou medidas de prevenção**

Quadro n.º 1: Tipo de barreiras e correspondência com o número de barreiras equivalentes
(ver documento original)

Quadro n.º 2: Número mínimo de barreiras aplicáveis por uso previsto
(ver documento original)

## ANEXO III
(a que se refere artigo 18.º)

### Verificação da conformidade

Número máximo de amostras que podem ser não conformes
(ver documento original)

## ANEXO IV
(a que se refere o artigo 19.º)

### Periodicidade de amostragem

Periodicidade de amostragem em função da classe de qualidade ou uso
(ver documento original)

*Nota.* – Para todos os parâmetros que venham a constar na licença, a periodicidade de amostragem deverá ser ajustada em função dos resultados da avaliação do risco.

## ANEXO V
(a que se refere o artigo 20.º)

### Monitorização

Parâmetros a monitorizar nas ApR em função do tipo de usos
(ver documento original)

## ANEXO VI
(a que se referem os artigos 8.º e 10.º)

### Elementos a constar nas licenças

1 – A licença de produção de ApR é emitida com a seguinte informação:

*a)* A identificação do titular;

*b)* A localização exata do local de produção com identificação da licença de rejeição de águas residuais associada à origem de água para o sistema de produção;

*c)* A identificação do(s) uso(s) potencial(ais) e respetiva localização a que se destina a ApR produzida (em caso de cedência a terceiros) e identificação da(s) finalidade(s) e respetiva localização (em caso de uso próprio);

*d)* A identificação das barreiras ou medidas de prevenção a aplicar, em caso de uso próprio;

*e)* A identificação e localização do(s) ponto(s) de entrega de ApR (em caso de cedência a terceiros);

*f)* Os procedimentos a adotar para a manutenção da qualidade da ApR produzida até ao(s) ponto(s) de entrega (em caso de cedência a terceiros) e a utilizar (em caso de uso próprio);

*g)* O volume de ApR a produzir e a utilizar para uso próprio, previsto no horizonte de projeto (caudal máximo);

*h)* A obrigatoriedade de instalação de instrumentos que assegurem a medição do volume de ApR produzido e, se aplicável, da água residual rececionada a partir de terceiros para produção de ApR em sistemas descentralizados com usos industriais ou em sistemas descentralizados em simbiose, incluindo uma unidade eletrónica com ecrã local, para leitura de caudal instantâneo e totalizador, para volumes superiores a 500 m3/dia, e, caso se revele necessário, dispositivos de registo e transmissão de dados que permitam comunicar à APA, I. P., os dados recolhidos em tempo real;

*i)* As normas de qualidade a aplicar na produção e/ou utilização de ApR e os respetivos níveis de tratamento requeridos;

*j)* A definição dos programas de monitorização a aplicar nas atividades de produção e/ou utilização de ApR, incluindo as medições de água residual rececionada a partir de terceiros para produção de ApR em sistemas descentralizados com usos industriais ou em sistemas descentralizados em simbiose, as medições do volume de ApR produzido, utilizado internamente e cedido a terceiros, bem como, e sempre que se justifique, dos recetores afetados;

*k)* A periodicidade e formato de envio à APA, I. P., dos dados resultantes do programa de monitorização previsto na alínea j);

*l)* Quaisquer outras condições impostas no procedimento de emissão da licença.

2 – A licença de utilização de ApR é emitida com a seguinte informação:

*a)* A identificação do titular;

*b)* A identificação da licença de produção de ApR acessória;

*c)* A identificação da(s) finalidade(s) e respetiva localização a que se destina a ApR produzida;

*d)* O volume de ApR a utilizar e o previsto no horizonte de projeto (caudal máximo);

*e)* A identificação das barreiras ou medidas de prevenção a aplicar;

*f)* A obrigatoriedade de instalação de instrumentos que assegurem a medição do volume de ApR utilizado, incluindo uma unidade eletrónica com ecrã local, para leitura de caudal instantâneo e totalizador, para volumes superiores a 500 m3/dia, e, caso se revele necessário, dispositivos de registo e transmissão de dados que permitam comunicar à APA, I. P., os dados recolhidos em tempo real;

*g)* As normas de qualidade a aplicar a cada aplicação de ApR;

*h)* As medidas a adotar para a manutenção da qualidade da ApR que evitem a sua degradação após o ponto de entrega;

*i)* Os procedimentos de afinação da ApR de acordo com a(s) finalidade(s) pretendida(s) que assegurem a qualidade necessária para o(s) fim(fins) a que se destina(m);

*j)* A definição do programa de monitorização da ApR a utilizar, incluindo as medições do volume utilizado bem como, e sempre que se justifique, dos recetores afetados;

*k)* A periodicidade e formato de envio à APA, I. P., dos dados resultantes do programa de monitorização previsto na alínea j);

*l)* A indicação do valor da caução para recuperação ambiental a prestar nos termos previstos no artigo 17.º do presente decreto-lei;

*m)* Quaisquer outras condições impostas no procedimento de emissão da licença de produção de ApR associada.

## ANEXO VII

(a que se refere o artigo 11.º)

### Elementos instrutórios

1 – Os pedidos de emissão de licença de produção de ApR são instruídos com os seguintes elementos:

*a)* Identificação do produtor e indicação do seu número de identificação fiscal;

*b)* Identificação da licença de rejeição de águas residuais;

*c)* Identificação, se aplicável, da origem e volumes de águas residuais provenientes de terceiros para efeitos de produção de ApR em sistemas descentralizados com usos industriais ou em sistemas descentralizados em simbiose;

*d)* Identificação das finalidades de produção de ApR e respetivos volumes a produzir/utilizar em usos próprios (diários e anuais);

*e)* Avaliação do risco, realizada nos termos previstos no artigo 5.º do presente decreto-lei;

*f)* Indicação dos locais de armazenamento e de entrega, com recurso à indicação das coordenadas geográficas;

*g)* Programa de monitorização;

*h)* Elementos adicionais quando ocorra uso próprio de ApR:

*i)* Finalidade da utilização de ApR;

*ii)* Procedimentos para a manutenção ou afinação da qualidade da água, se aplicável;

*iii)* Tipo de barreiras a adotar considerando as utilizações em causa;

*iv)* Indicação exata dos locais de armazenamento, com recurso às coordenadas geográficas, se diferentes das previstas na alínea e);

*v)* Localização geográfica das parcelas, locais ou equipamentos onde serão aplicadas as ApR, à escala apropriada e em formato digital;

*vi)* Programa de monitorização no meio recetor, se aplicável.

2 – Os pedidos de emissão de licença de utilização de ApR são instruídos com os seguintes elementos:

*a)* Identificação do utilizador e indicação do seu número de identificação fiscal;

*b)* Identificação da licença de produção de ApR;

*c)* Finalidade da utilização de ApR;

*d)* Avaliação do risco, realizada nos termos do previsto no artigo 6.º do presente decreto-lei;

*e)* Indicação exata dos locais de armazenamento e de receção, com recurso às coordenadas geográficas;

*f)* Localização geográfica das parcelas ou locais onde serão aplicadas as ApR, à escala apropriada e em formato digital;

*g)* Programa de monitorização.

## ANEXO VII-A

(a que se refere o n.º 2 do artigo 13.º-B)

### Elementos instrutórios da comunicação prévia

1 – As comunicações prévias para as situações previstas no n.º 1 do artigo 13.º -A devem incluir a seguinte informação:

*a)* Identificação do utilizador e indicação do seu número de identificação fiscal;

*b)* Identificação da licença de produção de água para reutilização (ApR);

*c)* Finalidade(s) da utilização de ApR e volumes de ApR a utilizar no início e o previsto no horizonte de projeto (caudal máximo);

*d)* Qualidade de ApR a utilizar e, se aplicável, identificação das barreiras ou medidas de prevenção a aplicar;

*e)* Indicação do ponto de entrega e armazenamento, se aplicável, com recurso às coordenadas geográficas;

*f)* Caução para recuperação ambiental a prestar nos termos previstos no artigo 12.º do presente decreto-lei e nos termos previstos no anexo VIII do presente decreto-lei.

2 – As comunicações prévias para as situações previstas no n.º 2 do artigo 13.º-A devem incluir a seguinte informação:

*a)* A identificação do produtor/utilizador e indicação do seu número de identificação fiscal;

*b)* A identificação da licença de descarga de águas residuais tratadas;

*c)* A identificação da(s) finalidade(s) da ApR a produzir/utilizar;

*d)* As normas de qualidade da ApR produzida e, se aplicável, a identificação das barreiras ou medidas de prevenção a aplicar;

*e)* A indicação dos locais de produção e de armazenamento, com recurso às coordenadas geográficas, bem como as medidas a adotar para a manutenção da qualidade da ApR que evitem a sua degradação, quer no armazenamento quer no ponto de aplicação;

*f)* A caução para recuperação ambiental a prestar nos termos previstos no artigo 12.º do presente decreto-lei e nos termos previsto do anexo VIII do presente decreto-lei.

*Contém as alterações dos seguintes diplomas:*

*Alterado pelo/a Declaração de Retificação n.º 12-A/2023 – Diário da República n.º 70/2023, 1.º Suplemento, Série I, de 2023-04-10, produz efeitos a partir de 2023-02-11*

*Retificado pelo/a Declaração de Retificação n.º 7-A/2023 – Diário da República n.º 42/2023, 2.º Suplemento, Série I, de 2023-02-28, produz efeitos a partir de 2023-02-11*

## ANEXO VIII

(a que se refere o artigo 12.º)

(ver documento original)

## ANEXO IX

(a que se refere o n.º 3 do artigo 13.º-B)

**Modelo de termo de responsabilidade ambiental e de risco contra terceiros**

Para os efeitos previstos no n.º 3 do artigo 13.º-B do Decreto-Lei n.º 119/2019, de 21 de agosto, na sua atual redação, vem a ... (identificação da pessoa singular/coletiva), NIF/NIPC ..., com morada/sede em ..., com o capital social de ... (apenas aplicável a pessoas coletivas), declarar que para a (selecionar a opção aplicável):

... Utilização de ApR para a(s) finalidade(s) ... (identificar finalidades aplicáveis de acordo com os termos do n.º 1 do artigo 13.º-A do Decreto-Lei n.º 119/2019, de 21 de agosto, na sua atual redação), a utilizar em ... proveniente do sistema centralizado de produção detentor da licença de produção n.º ...

Produção e utilização de ApR para a(s) finalidade(s) ... (identificar finalidades aplicáveis de acordo com os termos do n.º 2 do artigo 13.º-A do Decreto-Lei n.º 119/2019, de 21 de agosto, na sua atual redação), a utilizar em ..., proveniente do sistema descentralizado denominado ...,

sito em ..., se compromete a cumprir na íntegra todos os requisitos dispostos na comunicação prévia com prazo elaborada ao abrigo do artigo 13.º-A do Decreto-Lei n.º 119/2019, de 21 de agosto, na sua atual redação, as demais normas legais aplicáveis de acordo com o estabelecido no Decreto-Lei n.º 119/2019, de 21 de agosto, na sua atual redação, as obrigações decorrentes do cumprimento da Lei n.º 52/2018, de 20 de agosto, que estabelece o regime de prevenção e controlo da doença dos legionários, e (apenas aplicável a utilizações nos termos do n.º 1 do artigo 13.º-A do Decreto-Lei n.º 119/2019, de 21 de agosto, na sua atual redação) as medidas de minimização do risco ou outras condições de gestão do risco aplicáveis à(s) finalidade(s) acima indicada(s) e descritas na avaliação do risco referente ao sistema de produção de água para reutilização (ApR) identificado.

Mais se declara que assume toda a responsabilidade civil decorrente de quaisquer danos/prejuízos para a saúde individual de terceiros (saúde humana e/ou saúde animal), para a saúde pública e para o ambiente, em particular para os recursos hídricos, fauna, solos e vegetação, decorrentes de riscos físicos, microbiológicos e/ou químicos associados à utilização de ApR/produção e utilização de ApR (selecionar a opção aplicável) e compromete-se a pagar todas e quaisquer compensações e/ou indemnizações por estes mesmos riscos e/ou danos/prejuízos.

Data...

Assinatura...

(Nome datilografado ou carimbo.)

*Contém as alterações dos seguintes diplomas:*

*Retificado pelo/a Declaração de Retificação n.º 12-A/2023 – Diário da República n.º 70/2023, 1.º Suplemento, Série I, de 2023-04-10, produz efeitos a partir de 2023-02-11*

# ÍNDICE


Prefácio 5

1. Apresentação 9
2. Síntese das alterações sinalizadas no preâmbulo do Decreto-Lei n.º 11/2023, de 10 de fevereiro 13
3. Das alterações ao Código do Procedimento Administrativo e ao Decreto-Lei da Modernização Administrativa 20
4. Notas finais 42
5. Resumo dos diplomas legais alterados pelo Decreto-Lei n.º 11/2023, de 10 de fevereiro 45
6. Resumo dos regimes jurídicos abrangidos pelo Reporte Ambiental Único 46
7. Anexo: Decreto-Lei n.º 11/2023, de 10 de fevereiro (procede à reforma e simplificação dos licenciamentos ambientais) 50

**Decreto-Lei n.º 11/2023, de 10 de fevereiro**
**Procede à reforma e simplificação dos licenciamentos ambientais** 51
Capítulo I – Disposição geral 51
Artigo 1.º – Objeto 51
Capítulo II – Simplificações procedimentais gerais em matéria de ambiente 56
Artigo 2.º – Reporte Ambiental Único 56
Capítulo III – Alterações legislativas a regimes jurídicos em matéria ambiental 57
Artigo 3.º – Alteração ao Decreto-Lei n.º 151-B/2013, de 31 de outubro 57
Artigo 4.º – Alteração ao anexo II do Decreto-Lei n.º 151-B/2013, de 31 de outubro 67

Artigo 5.º – Alteração sistemática ao Decreto-Lei n.º 151-B/2013, de 31 de outubro 67
Artigo 6.º – Aditamento ao Decreto-Lei n.º 151-B/2013, de 31 de outubro 67
Artigo 7.º – Aditamento de anexo ao Decreto-Lei n.º 151-B/2013, de 31 de outubro 71
Artigo 8.º – Alteração ao Decreto-Lei n.º 120/86, de 28 de maio 71
Artigo 9.º – Alteração ao Decreto-Lei n.º 169/2001, de 25 de maio 72
Artigo 10.º – Alteração ao Decreto-Lei n.º 142/2008, de 24 de julho 75
Artigo 11.º – Alteração ao Decreto-Lei n.º 166/2008, de 22 de agosto 76
Artigo 12.º – Alteração ao Decreto-Lei n.º 73/2009, de 31 de março 76
Artigo 13.º – Alteração ao Decreto-Lei n.º 140/2009, de 15 de junho 77
Artigo 14.º – Alteração ao Decreto-Lei n.º 97/2017, de 10 de agosto 78
Artigo 15.º – Alteração ao Decreto-Lei n.º 127/2013, de 30 de agosto 78
Artigo 16.º – Alteração ao anexo I do Decreto-Lei n.º 127/2013, de 30 de agosto 80
Artigo 17.º – Alteração ao Decreto-Lei n.º 39/2018, de 11 de junho 81
Artigo 18.º – Alteração ao Decreto-Lei n.º 119/2019, de 21 de agosto 81
Artigo 19.º – Alteração ao anexo VI do Decreto-Lei n.º 119/2019, de 21 de agosto 89
Artigo 20.º – Alteração sistemática ao Decreto-Lei n.º 119/2019, de 21 de agosto 89
Artigo 21.º – Aditamento ao Decreto-Lei n.º 119/2019, de 21 de agosto 89
Artigo 22.º – Aditamento dos anexos VII-A e IX ao Decreto-Lei n.º 119/2019, de 21 de agosto 92
Artigo 23.º – Alteração ao Decreto-Lei n.º 226-A/2007, de 31 de maio 92
Artigo 24.º – Alteração à Lei da Água 95
Artigo 25.º – Alteração ao regime geral da gestão de resíduos 96
Artigo 26.º – Alteração ao regime jurídico da deposição de resíduos em aterros 99
Artigo 27.º – Alteração aos anexos ao regime jurídico da deposição de resíduos em aterros 100
Artigo 28.º – Alteração ao Sistema de Indústria Responsável 100
Artigo 29.º – Aditamento ao Decreto-Lei n.º 30-A/2022, de 18 de abril 102
Capítulo IV – Outras alterações legislativas 102

Artigo 30.º – Alteração ao Código do Procedimento Administrativo 102
Artigo 31.º – Aditamento ao Decreto-Lei n.º 135/99, de 22 de abril 105
Artigo 32.º – Aditamento ao Decreto-Lei n.º 135/99, de 22 de abril 107
Capítulo V – Disposições transitórias e finais 107
Artigo 33.º – Licenças ambientais emitidas 107
Artigo 34.º – Execução administrativa 108
Artigo 35.º – Normas transitórias 109
Artigo 36.º – Norma revogatória 110
Artigo 37.º – Republicação 111
Artigo 38.º – Produção de efeitos 111
Artigo 39.º – Entrada em vigor 111
Anexo I – (a que se refere o artigo 4.º) 112
Anexo II – (a que se refere o artigo 7.º) 112
Anexo III – (a que se refere ao artigo 16.º) 113
Anexo IV – (a que se refere o artigo 19.º) 114
Anexo V – (a que se refere o artigo 22.º) 115
Anexo VI – (a que se refere o artigo 22.º) 117
Anexo VII – (a que se refere o artigo 27.º) 118
Anexo VIII – (a que se refere o artigo 27.º) 119
Anexo IX – (a que se refere o artigo 32.º) 120
Anexo X – (a que se refere o artigo 32.º) 120
Anexo XI – **Republicação do Decreto-Lei n.º 226-A/2007, de 31 de maio** 121
Capítulo I – Títulos de utilização de recursos hídricos 121
Secção I – Disposições gerais 121
Artigo 1.º – Títulos 121
Artigo 2.º – Utilização abusiva 121
Artigo 3.º – Conteúdo do direito de uso privativo 122
Artigo 4.º – Realização de obras 122
Artigo 5.º – Autocontrolo, programas de monitorização e planos de emergência 123
Artigo 6.º – Defesa dos direitos do utente privativo 124
Artigo 7.º – Empreendimentos de fins múltiplos 124
Artigo 8.º – Empreendimentos equiparados 125
Artigo 9.º – Sistema Nacional de Informação dos Títulos de Utilização dos Recursos Hídricos 125

Secção II – Atribuição dos títulos de utilização 126
Subsecção I – Disposições gerais 126
Artigo 10.º – Decisão 126
Artigo 11.º – Pedido de informação prévia 126
Artigo 12.º – Autoridade competente 127
Artigo 13.º – Delegação de competências 127
Artigo 14.º – Apresentação de requerimentos 128
Artigo 15.º – Consultas 130
Subsecção II – Autorização 131
Artigo 16.º – Comunicação prévia 131
Artigo 17.º – Pedido de autorização 132
Artigo 18.º – Emissão da autorização 133
Subsecção III – Licença 133
Artigo 19.º – Utilizações sujeitas a licença 133
Artigo 20.º – Procedimento
Artigo 21.º – Licenças sujeitas a concurso 134
Artigo 22.º – Emissão de licença 137
Artigo 23.º – Utilizações do domínio público sujeitas a concessão 138
Artigo 24.º – Atribuição de concessão 138
Artigo 25.º – Contrato de concessão 139
Secção III – Vicissitudes dos títulos 141
Subsecção I – Transmissão e transação dos títulos de utilização 141
Artigo 26.º – Transmissão dos títulos de utilização 141
Artigo 27.º – Transação e cedência temporária dos títulos de utilização de águas 141
Subsecção II – Controlo, modificação e cessação dos títulos 142
Artigo 28.º – Revisão dos títulos de utilização 142
Artigo 29.º – Alteração do título 143
Artigo 30.º – Redução de área 144
Artigo 31.º – Cessação da utilização 144
Artigo 32.º – Revogação dos títulos de utilização 145
Artigo 33.º – Caducidade 146
Artigo 34.º – Termo da licença 146
Artigo 35.º – Termo da concessão 147
Artigo 36.º – Reversão 148
Secção IV – Outros regimes 149
Artigo 37.º – Utilização sujeita a avaliação de impacte ambiental 149
Artigo 38.º – Administrações portuárias 150

Artigo 39.º – Utilizações abrangidas pela Convenção para a Proteção e o Aproveitamento Sustentável das Águas das Bacias Hidrográficas Luso-Espanholas 151
Capítulo II – Utilizações 151
Secção I – Captação de águas 151
Artigo 40.º – Noção 151
Artigo 41.º – Pesquisa e captação de águas subterrâneas 152
Artigo 42.º – Captação de água para consumo humano 153
Artigo 43.º – Delimitação de perímetros de proteção às captações destinadas ao abastecimento público 153
Artigo 44.º – Captação de água para rega 154
Artigo 45.º – Captação de água para produção de energia hidroelétrica 154
Artigo 46.º – Desativação das captações de águas subterrâneas 155
Secção II – Produção de energia elétrica 155
Artigo 47.º – Ocupação do domínio público marítimo para produção de energia elétrica a partir da energia das ondas do mar 155
Secção III – Rejeição de águas residuais 156
Artigo 48.º – Sistemas de disposição de águas residuais 156
Artigo 49.º – Requisitos específicos 156
Artigo 50.º – Normas de rejeição 157
Artigo 51.º – Valores-limite de emissão 157
Artigo 52.º – Normas de rejeição de águas residuais urbanas 158
Artigo 53.º – Normas de rejeição de águas residuais industriais 158
Artigo 54.º – Rejeição de águas residuais industriais em sistemas de disposição de águas residuais urbanas 159
Artigo 55.º – Controlo administrativo e licenças de rejeição 159
Artigo 56.º – Tratamento de lamas 159
Artigo 57.º – Reutilização de águas residuais 160
Secção IV – Recarga e injeção artificial em águas subterrâneas 160
Artigo 58.º – Recarga artificial em águas subterrâneas 160
Artigo 59.º – Injeção artificial em águas subterrâneas 160
Secção V – Imersão de resíduos 161
Artigo 60.º – Requisitos específicos 161
Artigo 61.º – Operações de imersão 162
Secção VI – Construções, apoios de praia e equipamentos e infraestruturas 162
Artigo 62.º – Construções 162
Artigo 63.º – Apoios de praia e equipamentos 163

Artigo 64.º – Estacionamentos e acessos ao domínio público hídrico 164
Secção VII – Infraestruturas hidráulicas 165
Artigo 65.º – Gestão de infraestruturas hidráulicas 165
Artigo 66.º – Responsabilidade técnica 166
Artigo 67.º – Construção de infraestruturas hidráulicas 166
Artigo 68.º – Exploração de infraestruturas hidráulicas 167
Secção VIII – Recarga de praias e assoreamentos artificiais 167
Artigo 69.º – Requisitos específicos 167
Secção IX – Competições desportivas e navegação marítimo-turística, infraestruturas e equipamentos de apoio à navegação 168
Artigo 70.º – Competições desportivas e navegação marítimo-turística 168
Artigo 71.º – Infraestruturas e equipamentos de apoio à navegação 168
Secção X – Instalação de infraestruturas e equipamentos flutuantes, culturas biogenéticas e marinhas 169
Artigo 72.º – Equipamentos flutuantes 169
Artigo 73.º – Culturas biogenéticas 169
Artigo 74.º – Marinhas 170
Secção XI – Aterros e escavações 171
Artigo 75.º – Requisitos específicos 171
Secção XII – Sementeira, plantação, corte de árvores ou arbustos e pastagens 171
Artigo 76.º – Requisitos específicos 171
Secção XIII – Extração de inertes 172
Artigo 77.º – Intervenções 172
Artigo 78.º – Requisitos específicos 172
Capítulo III – Fiscalização e contraordenações 174
Artigo 79.º – Fiscalização e inspeção 174
Artigo 80.º – Responsabilidade pelos encargos de ações de fiscalização ou inspeção 174
Artigo 81.º – Contraordenações 175
Artigo 82.º – Apreensão cautelar e sanções acessórias 177
Artigo 83.º – Processos de contraordenação 177
Artigo 84.º – Reposição da situação anterior à infração 178
Artigo 85.º – Sanção pecuniária compulsória 178
Capítulo IV – Disposições complementares, transitórias e finais 179
Artigo 86.º – Regimes jurídicos especiais 179
Artigo 87.º – Taxas administrativas 180

Artigo 88.º – Alteração ao Decreto-Lei n.º 382/99, de 22 de setembro 180
Artigo 89.º – Situações existentes não tituladas 181
Artigo 90.º – Disposições transitórias sobre títulos 181
Artigo 91.º – Regularização da atribuição de títulos de utilização às empresas titulares de centros eletroprodutores 182
Artigo 92.º – Forma e prazos dos pareceres 183
Artigo 93.º – Disposições transitórias sobre a constituição das ARH 184
Artigo 94.º – Planos e conselhos de bacia hidrográfica 185
Artigo 95.º – Referências legais 185
Artigo 96.º – Norma revogatória 185
Artigo 97.º – Regiões Autónomas 186
Artigo 98.º – Entrada em vigor 186
Anexo I – (a que se referem os artigos 22.º e 25.º) 186
Anexo II – (a que se refere o artigo 35.º) 189
Anexo III – (a que se refere o artigo 91.º) 189
Anexo XII – **Republicação do Decreto-Lei n.º 151-B/2013, de 31 de outubro** 189
Capítulo I – Disposições gerais 189
Artigo 1.º – Objeto e âmbito de aplicação 189
Artigo 2.º – Conceitos 193
Artigo 3.º – Apreciação prévia e decisão de sujeição a AIA 196
Artigo 4.º – Dispensa do procedimento de AIA 197
Artigo 5.º – Objetivos da AIA 199
Capítulo II – Entidades intervenientes e competências 200
Artigo 6.º – Entidades intervenientes 200
Artigo 7.º – Entidade licenciadora ou competente para a autorização 200
Artigo 8.º – Autoridade de AIA 201
Artigo 9.º – Comissão de avaliação 202
Artigo 9.º-A – Peritos competentes 204
Artigo 10.º – Autoridade nacional, grupo de pontos focais das autoridades de AIA e CCAIA 205
Artigo 11.º – Articulação de procedimentos 206
Capítulo III – Fases da AIA 206
Secção I – Definição do âmbito do EIA 206
Artigo 12.º – Definição do âmbito do EIA 206
Secção II – Procedimento de avaliação 208
Artigo 13.º – Conteúdo do EIA 208

Artigo 14.º – Instrução e apreciação prévia do EIA 208
Artigo 15.º – Participação pública 210
Artigo 16.º – Parecer final e emissão da DIA 210
Artigo 17.º – Audiência prévia e diligências complementares 211
Secção III – Declaração de impacte ambiental 211
Artigo 18.º – Conteúdo 211
Artigo 19.º – Competência e prazos 213
Secção IV – Procedimento de verificação da conformidade ambiental do projeto de execução 214
Artigo 20.º – Relatório e parecer de conformidade ambiental do projeto de execução 214
Artigo 21.º – Decisão sobre a conformidade ambiental do projeto de execução 216
Secção V – Natureza das decisões 217
Artigo 22.º – Natureza jurídica 217
Artigo 23.º – Caducidade 217
Artigo 24.º – Prorrogação da DIA e da decisão sobre a conformidade ambiental do projeto de execução 218
Artigo 25.º – Alteração à DIA ou à decisão sobre a conformidade ambiental do projeto de execução 219
Secção VI – Procedimento de pós-avaliação 220
Artigo 26.º – Pós-avaliação 220
Artigo 27.º – Auditoria 221
Secção VII – Acesso à informação e participação pública 222
Artigo 28.º – Princípio geral 222
Artigo 29.º – Consulta pública 222
Artigo 30.º – Divulgação 223
Artigo 31.º – Modalidades de divulgação 224
Capítulo IV – Análise ambiental de corredores 224
Artigo 31.º-A – Objetivo e âmbito da análise ambiental de corredores 224
Artigo 31.º-B – Entidades intervenientes 225
Artigo 31.º-C – Procedimento de análise ambiental de corredores 225
Artigo 31.º-D – Efeitos da decisão e articulação com os regimes de avaliação ambiental estratégica e avaliação de impacte ambiental 227
Artigo 31.º-E – Prorrogação do prazo de validade da decisão 227
Capítulo V – Impactes transfronteiriços e interlocução com a Comissão Europeia 228
Artigo 32.º – Consulta recíproca 228

Artigo 33.º – Projetos com impactes em outros Estados-Membros da União Europeia 228
Artigo 34.º – Procedimento 229
Artigo 35.º – Participação em procedimentos de AIA de outros Estados-Membros da União Europeia 229
Artigo 36.º – Intercâmbio de informação com a Comissão Europeia 230
Capítulo VI – Fiscalização e sanções 231
Artigo 37.º – Tutela graciosa e contenciosa 231
Artigo 38.º – Competências 231
Artigo 39.º – Contraordenações 231
Artigo 40.º – Apreensão cautelar e sanções acessórias 233
Artigo 41.º – Reposição da situação anterior à infração 233
Artigo 42.º – Medidas compensatórias 233
Artigo 43.º – Responsabilidade por danos ao ambiente 234
Artigo 44.º – Destino das coimas 234
Capítulo VII – Disposições finais 234
Artigo 45.º – Articulação com outros regimes 234
Artigo 46.º – Prazos 235
Artigo 47.º – Tramitação desmaterializada 236
Artigo 48.º – Regiões Autónomas 237
Artigo 49.º – Taxas 237
Artigo 50.º – Regime transitório 238
Artigo 51.º – Norma revogatória 238
Artigo 52.º – Entrada em vigor 239
Anexo I – [a que se refere a alínea a) do n.º 3 do artigo 1.º] 239
Anexo II – [a que se refere a alínea b) do n.º 3 do artigo 1.º] 242
Anexo III – [a que se referem as subalíneas ii) a iii) da alínea b) e a alínea c) do n.º 3 do artigo 1.º, o n.º 4 e a alínea a) do n.º 11 do artigo 3.º e a alínea a) do n.º 1 do artigo 10.º] 242
Anexo IV – (a que se refere o n.º 3 do artigo 3.º) 244
Anexo V – (a que se refere o n.º 1 do artigo 13.º) 245
Anexo VI – (a que se refere o n.º 1 do artigo 29.º) 247
Base VII – (a que se refere o n.º 3 do artigo 31.º-C) 249
Anexo XIII – **Republicação do Decreto-Lei n.º 119/2019, de 21 de agosto** 249
Capítulo I – Disposições gerais 249
Artigo 1.º – Objeto 249
Artigo 2.º – Âmbito 250

Artigo 3.º – Definições 251
Artigo 4.º – Entidade competente 254
Capítulo II – Licenciamento 255
Secção I – Avaliação do risco 255
Artigo 5.º – Avaliação do risco 255
Artigo 6.º – Procedimento de avaliação do risco 255
Secção II – Licenças 257
Artigo 7.º – Produção e utilização de água para reutilização 257
Artigo 8.º – Licença de produção de água para reutilização 257
Artigo 9.º – Condições de cedência de água para reutilização a terceiros 258
Artigo 10.º – Licença de utilização de ApR 258
Artigo 11.º – Tramitação dos pedidos 258
Artigo 12.º – Prestação de caução 260
Artigo 13.º – Prazo e renovação das licenças 260
Secção III – Comunicação prévia com prazo 261
Artigo 13.º-A – Comunicação prévia com prazo 261
Artigo 13.º-B – Tramitação da comunicação prévia com prazo 262
Artigo 13.º-C – Prazo e renovação das comunicações prévias com prazo 262
Secção IV – Vicissitudes das licenças 263
Artigo 14.º – Transmissão das licenças 263
Artigo 15.º – Revisão, revogação e caducidade 264
Capítulo III – Requisitos e condições aplicáveis à produção e utilização de ApR 266
Artigo 16.º – Normas de qualidade da água para reutilização 266
Artigo 17.º – Aplicação de barreiras ou medidas de prevenção 267
Artigo 18.º – Verificação da conformidade 267
Artigo 19.º – Amostragem e métodos analíticos 268
Artigo 20.º – Monitorização da produção e utilização de água para reutilização 268
Artigo 21.º – Transporte de água para reutilização ou de água residual destinada a produção de água para reutilização em sistemas descentralizados 270
Artigo 22.º – Condições anómalas de funcionamento 270
Capítulo IV – Fiscalização e regime contraordenacional 271
Artigo 23.º – Inspeção e fiscalização 271
Artigo 24.º – Contraordenações 271
Artigo 25.º – Instrução e decisão dos processos de contraordenação 273

Artigo 26.º – Sanções acessórias e apreensão cautelar 273
Artigo 27.º – Indicadores de qualidade do serviço 274
Capítulo V – Disposições finais e transitórias 274
Artigo 28.º – Informação ao público 274
Artigo 28.º-A – Gratuitidade 274
Artigo 29.º – Disposições transitórias 274
Artigo 30.º – Regiões Autónomas 275
Artigo 31.º – Alterações legislativas 275
Artigo 32.º – Norma revogatória 277
Artigo 33.º – Entrada em vigor 277
Anexo I – (a que se refere o artigo 16.º) 277
Anexo II – (a que se refere artigo 17.º) 278
Anexo III – (a que se refere artigo 18.º) 279
Anexo IV – (a que se refere o artigo 19.º) 279
Anexo V – (a que se refere o artigo 20.º) 279
Anexo VI – (a que se referem os artigos 8.º e 10.º) 279
Anexo VII – (a que se refere o artigo 11.º) 281
Anexo VII-A – (a que se refere o n.º 2 do artigo 13.º-B) 282
Anexo VIII – (a que se refere o artigo 12.º) 283
Anexo IX – (a que se refere o n.º 3 do artigo 13.º-B) 284